Hoog Sensitieve Personen

Elaine N. Aron

Hoog Sensitieve Personen

Hoe blijf je overeind als de wereld je overweldigt

VERTAALD DOOR MARJA WATERMAN

AMSTERDAM · ANTWERPEN

Eerste druk 2002
Vijfentwintigste druk 2008

Copyright © 1996 Elaine N. Aron
Copyright Nederlandse vertaling © 2002 Marja Waterman/
Uitgeverij Archipel, Amsterdam
Oorspronkelijke titel: *The Highly Sensitive Person. How to thrive when the world overwhelms you*
Uitgave: Carol Publishing group, Secaucus, NJ

Niets uit deze uitgave mag worden verveelvoudigd en/of openbaar gemaakt, door middel van druk, fotokopie, microfilm of op welke andere wijze ook, zonder voorafgaande schriftelijke toestemming van Uitgeverij Archipel, Herengracht 370-372, 1016 CH Amsterdam. *No part of this book may be reproduced in any form, by print, photoprint, microfilm or any other means, without written permission from Uitgeverij Archipel, Herengracht 370-372, 1016 CH Amsterdam.*

Omslagontwerp: Freddy Vermeulen
Omslagfoto: Corbis

ISBN 978 90 6305 335 2 / NUR 770
www.uitgeverijarchipel.nl
www.uitgeverijarchipel.be

Aan Irene Bernadicou Pettit, Ph.D.
– als poëet en boerin wist zij dit zaadje tot volle bloei te krijgen

Aan Art, die vooral dol is op de bloemen
– een van de vele liefdes die we delen

Ik geloof echter in aristocratie – als dat tenminste het juiste woord is, en als een democraat het mag gebruiken. Niet een aristocratie van macht[...] maar van het sensitieve, het attente[...] De leden van deze aristocratie komen overal ter wereld in alle lagen van de bevolking door de eeuwen heen voor en als ze elkaar ontmoeten hebben ze aan een half woord genoeg. Ze vertegenwoordigen de ware menselijke traditie, de enige permanente overwinning van ons zonderlinge ras op wreedheid en chaos. Duizenden van hen gaan roemloos ten onder, slechts een paar zijn grote namen. Ze zijn sensitief voor zowel anderen als zichzelf, ze zijn attent zonder bemoeiziek te zijn, hun moed is geen bluf maar de kracht om te verdragen[...].

E.M. Forster, 'What I Believe', in: *Two Cheers for Democracy*

INHOUD

Voorwoord 11
Ben je hoog sensitief? *Een zelftest* 21

1 De feiten omtrent hoog sensitief zijn 23
Een (onterecht) gevoel iets te mankeren

2 Dieper graven 47
Je karaktereigenschap tot in detail begrijpen

3 Algemene gezondheid en levensstijl voor HSP's 66
Liefhebben en leren van je kind/lichaam

4 Je kindertijd en puberteit in een nieuw kader plaatsen 96
Leren jezelf te verzorgen

5 Sociale relaties 124
De valkuil van 'verlegenheid'

6 Het goed doen op je werk 154
Volg je roeping en laat jezelf tot bloei komen

7 Intieme relaties 180
De uitdaging van een sensitieve relatie

8 Het helen van de diepere wonden 214
Een ander proces voor HSP's

9 Artsen, medicijnen en HSP's 240
'Zal ik luisteren naar Prozac of een goed gesprek voeren met mijn dokter?'

10 Ziel en geest 264
Waar de ware schat begraven ligt

Tips voor deskundigen in de gezondheidszorg die met hoog sensitieve mensen werken 291
Tips voor leraren die werken met hoog sensitieve leerlingen 293
Tips voor werkgevers van hoog sensitieve mensen 295

Dankwoord 296
Noten 297

VOORWOORD

'Huilebalk!'
'Angsthaas!'
'Spelbreker!'
Roept dat herinneringen op? Wat dacht je dan van deze goedbedoelde vermaning: 'Doe niet zo overgevoelig.'

Als je net zo was als ik heb je dat heel wat keren gehoord, waardoor je het gevoel kreeg dat je heel anders was dan de rest. Ik was ervan overtuigd dat ik een ernstig gebrek had dat ik verborgen moest houden en dat me veroordeelde tot een tweederangs leven. Ik dacht dat er iets grondig mis was met mij.

Maar het tegengestelde is het geval, en dat geldt voor ons allebei. Als je minimaal veertien vragen van de zelftest in het begin van dit boek met 'ja' hebt beantwoord, of als de gedetailleerde beschrijving in hoofdstuk 1 op jou van toepassing lijkt te zijn (in feite de beste test), dan ben je een zeer bijzonder soort mens, een hoog sensitief persoon – verder aangeduid als 'HSP'. En dit boek is speciaal voor jou geschreven.

Over een sensitief zenuwstelsel beschikken is normaal en is in principe een neutrale eigenschap. Het zit waarschijnlijk in je genen. Het komt voor bij ongeveer 15 tot 20 procent van de bevolking. Het betekent dat je je bewust bent van subtiliteiten in je omgeving, wat in veel situaties een groot voordeel is. Het betekent ook dat je gemakkelijker overweldigd bent als je te lang bent blootgesteld aan een zeer stimulerende omgeving, waarin je bent bedolven onder de geluiden en beelden tot het lijkt of je zenuwstelsel uitgeput is. Sensitief zijn heeft dan ook zowel voor- als nadelen.

In onze cultuur wordt het echter niet als ideaal beschouwd als je over deze eigenschap beschikt, en dat feit heeft waarschijnlijk een enorme invloed op je gehad. Goedbedoelende ouders en leraren hebben je waarschijnlijk geholpen om het te 'overwinnen', alsof het een gebrek was. Andere kinderen waren er ook niet altijd even aardig over. Als volwassene heeft het je waarschijnlijk meer moeite gekost om de juiste baan en relaties te vinden en om in het algemeen een gevoel van eigenwaarde en zelfvertrouwen te krijgen.

Wat dit boek je biedt

Dit boek geeft je eenvoudige, gedetailleerde informatie die je over je eigenschap nodig hebt, informatie die je nergens anders zult aantreffen. Het is het product van vijf jaar onderzoek, diepte-interviews, klinische ervaring, cursussen en individuele consulten met honderden HSP's, en zorgvuldig tussen de regels door lezen wat psychologie al over de eigenschap wist zonder het te beseffen. In de eerste drie hoofdstukken zul je alle basisfeiten over je eigenschap leren kennen en leren hoe je moet omgaan met overstimulatie en overprikkeling van je zenuwstelsel.

Vervolgens gaat dit boek in op de invloed van je sensitiviteit op je persoonlijke geschiedenis, carrière, relaties en innerlijk leven. Het richt zich op de voordelen waar je misschien niet aan hebt gedacht, en het geeft je advies over specifieke problemen waar sommige HSP's mee worden geconfronteerd, zoals verlegenheid of moeite om passend werk te vinden.

Het is nogal een reis die we gaan ondernemen. De meeste HSP's die ik met de informatie uit dit boek heb geholpen, hebben me verteld dat het hun leven drastisch heeft veranderd – en dat moest ik van hen aan jullie doorgeven.

Een boodschap aan de iets-minder-sensitieven

Ten eerste, als je dit boek hebt opengeslagen omdat je de ouder, echtgenoot of vriend van een HSP bent, dan heet ik je bijzonder welkom. Je relatie met jouw HSP zal aanzienlijk verbeteren.

Ten tweede is uit een aselecte telefonische steekproef onder driehonderd personen van alle leeftijden gebleken dat niet alleen 20 procent van de ondervraagden bijzonder of tamelijk sensitief was, maar ook nog eens 22 procent matig sensitief. Degenen onder jullie die tot deze matig sensitieve categorie behoren, zullen ook baat hebben bij dit boek.

Overigens, 42 procent vond zichzelf helemaal niet sensitief – hetgeen een idee geeft hoe het komt dat hoog sensitieve mensen zich zo buiten de rest van de wereld kunnen voelen staan. En natuurlijk is het dat deel van de bevolking dat altijd de radio harder zet of de claxon gebruikt.

Daarnaast kunnen we rustig stellen dat iedereen bij tijd en wijle hoog sensitief kan worden – bijvoorbeeld na een maand alleen in een berghut te hebben doorgebracht. En iedereen wordt sensitiever naarmate hij of zij ouder wordt. Sterker nog, de meeste mensen hebben waarschijnlijk, of ze het nu toegeven of niet, een hoog sensitief aspect dat in bepaalde situaties komt bovendrijven.

En een paar opmerkingen aan het adres van niet-HSP's

Soms voelen niet-HSP's zich buitengesloten en gekwetst door het idee dat wij anders zijn dan zij en misschien klinken alsof we denken dat we op de een of andere manier beter zijn. Dan zeggen ze: 'Bedoel je dat ik niet gevoelig ben?' Het punt is dat 'sensitief zijn' ook kan betekenen dat je begripvol en bewust bent. Zowel HSP's als niet-HSP's kunnen deze kwaliteiten hebben, die optimaal aanwezig zijn als we ons goed voelen en alert zijn op subtiliteiten. Als HSP's zeer rustig zijn, kunnen ze zelfs het voordeel hebben dat ze fijnere nuances onderscheiden. Als we echter overprikkeld zijn, wat HSP's vaak overkomt, zijn we allesbehalve begripvol of gevoelig. In plaats daarvan zijn we overladen, murw, en willen we alleen zijn. Je vrienden, die niet hoog sensitief zijn, worden daarentegen juist begripvoller tegenover anderen in zeer chaotische omstandigheden.

Ik heb er lang over nagedacht hoe ik deze karaktereigenschap moest noemen. Ik wist dat ik niet de fout wilde herhalen om het te verwarren met introversie, verlegenheid, geremdheid en allerlei andere verkeerde etiketten die ons door andere psychologen zijn opgeplakt. Geen daarvan omvat ook de neutrale, laat staan de positieve aspecten van de eigenschap. 'Sensitiviteit' drukt wel het neutrale feit van grotere ontvankelijkheid voor stimulatie uit. Dus het leek tijd om het vooroordeel tegen HSP's te compenseren door een term te gebruiken die in ons voordeel kon worden uitgelegd.

Aan de andere kant is 'hoog sensitief zijn' voor sommigen allesbehalve positief. Terwijl ik dit in mijn doodstille huis zit te schrijven, op een moment dat er over deze eigenschap helemaal niet wordt gepraat, voorspel ik je: dit boek zal meer kwetsende grappen en opmerkingen over HSP's opleveren dan ons lief is. Er is sprake van een enorme collectieve psychologische energie rond het idee van gevoeligzijn – bijna evenveel als rond man-vrouwkwesties, waar gevoeligheid vaak mee wordt verward. (Er worden evenveel sensitieve jongens als meisjes geboren; maar mannen worden verondersteld deze eigenschap niet te bezitten en vrouwen wel. Beide geslachten moeten flink boeten voor deze misvatting.) Wees dus voorbereid op die energie. Bescherm zowel je sensitiviteit als je net ontluikende inzicht erin door het er helemaal niet over te hebben als dat het verstandigst lijkt.

Maar geniet vooral van de wetenschap dat er ook veel mensen zijn zoals jij. We hebben nog nooit contact gehad met elkaar. Maar dat gebeurt nu wel, en zowel wij als de mensen om ons heen zullen daar baat bij hebben. In de hoofdstukken 1, 6 en 10 zal ik uitgebreid ingaan op de belangrijke maatschappelijke functie van HSP's.

Waar jij behoefte aan hebt

Ik heb ontdekt dat HSP's baat hebben bij een viervoudige aanpak, waarop de hoofdstukken in dit boek zijn gebaseerd.

1. *Zelfkennis.* Het is zaak dat je begrijpt wat het betekent om een HSP te zijn. Door en door. En hoe het past binnen je andere karaktereigenschappen en hoe de negatieve houding van de maatschappij je heeft beïnvloed. Vervolgens dien je je sensitieve

lichaam heel goed te leren kennen. Negeer je lichaam niet langer omdat het te zwak lijkt of niet wil meewerken.
2. *Een nieuw kader.* Je moet doelbewust veel van je verleden in een nieuw kader plaatsen, nu je weet dat je als een HSP ter wereld bent gekomen. Zoveel van je 'fouten' waren onvermijdelijk omdat noch je ouders, noch je leraren, vrienden en collega's je hebben begrepen. Je eerdere ervaringen in een nieuw kader plaatsen kan tot een sterk vergroot gevoel van eigenwaarde leiden, wat vooral voor HSP's erg belangrijk is, omdat het onze overbelasting in nieuwe (en dus zeer stimulerende) situaties tempert. In een nieuw kader plaatsen gebeurt echter niet vanzelf. Daarom heb ik aan het eind van ieder hoofdstuk 'activiteiten' opgenomen die er vaak mee te maken hebben.
3. *Helen.* Als je dat nog niet hebt gedaan, moet je nu een begin maken de diepere wonden te helen. Als kind was je erg gevoelig; je had meer dan anderen last van problemen thuis of op school en van kinderziektes en dergelijke. Bovendien week je af van de andere kinderen, waar je vrijwel zeker onder hebt geleden. Juist HSP's kunnen de neiging hebben het benodigde innerlijke werk te vermijden dat nodig is om de wonden uit het verleden te helen, omdat ze de intense gevoelens die daaruit voortvloeien voelen aankomen. Voorzichtigheid en langzaam te werk gaan zijn geboden. Maar je houdt jezelf voor de gek als je het voor je uit schuift.
4. *Hulp om je goed te voelen in de buitenwereld en te weten wanneer je beter op jezelf kunt zijn.* Je kunt en moet, voor je eigen bestwil, betrokken zijn bij de wereld om je heen. De wereld heeft jou echt nodig. Maar je moet de vaardigheid hebben om het niet te overdrijven of je er juist aan te onttrekken. Dit boek laat je ontdekken hoe je dat doet, omdat het vrij is van de verwarrende boodschappen uit een minder sensitieve cultuur.

Ik zal je ook inzicht geven in de invloed van jouw eigenschap op je intieme relaties. En ik ga in op psychotherapie en HSP's – welke HSP's in therapie zouden moeten gaan en waarom, in welke vorm van therapie, bij wie, en vooral in hoeverre therapie anders is voor HSP's. Vervolgens bespreek ik HSP's in relatie tot de medische zorg, inclusief uitgebreide informatie over medicijnen zoals Prozac, dat vaak wordt gebruikt door HSP's. Aan het eind van dit boek zullen we genieten van onze innerlijke rijkdom.

Over mijzelf

Ik ben onderzoekspsycholoog, hoogleraar, psychotherapeut en romanschrijfster. Wat er echter het meest toe doet is dat ik net als jij een HSP ben. Ik schrijf dit boek per se niet vanaf een voetstuk om jou, arme drommel, van je 'syndroom' af te helpen. Ik heb persoonlijke ervaring met *onze* karaktereigenschap, met zowel de voordelen als de uitdagingen die deze oplevert.

Thuis als kind onttrok ik me aan de chaos in mijn familie. Op school meed ik sport, spelletjes en kinderen in het algemeen. Het leverde een mengeling van opluchting en vernedering op als mijn strategie slaagde en ik compleet genegeerd werd.

Op de middelbare school nam een extravert type me onder haar hoede. Onze vriendschap hield stand en daarnaast studeerde ik ijverig. Toen ik ging studeren, werd mijn leven er aanzienlijk moeilijker op. Na veel onderbrekingen, waaronder een vierjarig huwelijk, waar ik veel te jong in stapte, studeerde ik uiteindelijk cum laude af aan de University of California in Berkeley. Maar ik heb heel wat uurtjes huilend doorgebracht op de wc, omdat ik dacht dat ik gek werd. (Mijn onderzoek heeft uitgewezen dat deze vorm van terugtrekken, meestal om te huilen, kenmerkend is voor HSP's.)

Tijdens mijn eerste poging om verder te studeren kreeg ik de beschikking over een kantoortje, waarin ik me ook terugtrok om te huilen, in een poging om mezelf tot bedaren te brengen. Vanwege dergelijke reacties besloot ik na het behalen van mijn doctorandustitel te stoppen met studeren, hoewel ik van alle kanten werd aangemoedigd om te promoveren. Het heeft me vijfentwintig jaar gekost om de informatie over mijn eigenschap te verzamelen die me in staat heeft gesteld mijn reacties te begrijpen en uiteindelijk die doctorstitel te realiseren.

Op mijn drieëntwintigste leerde ik mijn huidige echtgenoot kennen en nestelde ik me in een zeer beschermd leventje van schrijven en het opvoeden van mijn zoon. Over het feit dat ik er niet 'uit' kwam, voelde ik me tegelijkertijd opgetogen en beschaamd. Ik was me vaag bewust van mijn gemiste kans om te leren, om meer publieke erkenning van mijn capaciteiten te krijgen, om beter contact te krijgen met allerlei soorten mensen. Maar op grond van mijn beroerde ervaringen dacht ik geen keus te hebben.

Aan sommige stimulerende gebeurtenissen ontkom je echter niet. Ik moest een medische behandeling ondergaan waarvan ik in een paar weken dacht te zijn hersteld. In plaats daarvan bleef mijn lichaam maandenlang fysieke en emotionele reacties vertonen. Ik was opnieuw gedwongen mijn mysterieuze 'gebrek' onder ogen te zien dat mij zo anders maakte. Dus ik probeerde wat psychotherapie. En ik trof het. Nadat mijn therapeut me een paar sessies lang had aangehoord, zei zij: 'Maar natuurlijk was je van slag, je bent een zeer sensitief persoon.'

Wat is dit, dacht ik, een slap excuus? Ze zei dat ze er nooit veel aandacht aan had besteed, maar dat het haar ervaring was dat mensen daadwerkelijk verschilden in de mate waarin ze stimulansen verdroegen en ook in de mate waarin ze openstonden voor de diepere betekenis van een gebeurtenis, of deze nu positief of negatief was. In haar ogen was een dergelijke gevoeligheid beslist geen teken van een geestelijk gebrek of stoornis. Dat hoopte ze tenminste niet, omdat ze zelf zeer sensitief was. Ik herinner me hoe ze grijnsde toen ze zei: 'Net als de meeste mensen die ik echt de moeite waard vind om te kennen.'

Ik heb diverse jaren in therapie gezeten, wat beslist geen tijdsverspilling is geweest, waarin ik diverse ervaringen uit mijn jeugd heb doorgewerkt. Maar het centrale thema werd de invloed van deze eigenschap. In de eerste plaats mijn gevoel dat er iets aan me mankeerde. Dan het feit dat anderen bereid waren me in bescherming te nemen zodat ze konden genieten van mijn verbeelding, inlevingsvermogen, creativiteit en inzicht, wat ikzelf allemaal maar nauwelijks kon waarderen. En als gevolg daarvan isoleerde ik mezelf van de rest van de wereld. Maar naarmate ik inzicht verwierf was ik in staat de wereld weer in te stappen. Inmiddels geniet ik ervan om deel uit te maken van dingen, een deskundige te zijn, en de bijzondere gave van mijn sensitiviteit met anderen te delen.

Het onderzoek dat ten grondslag ligt aan dit boek

Aangezien kennis over mijn eigenschap mijn leven veranderde, besloot ik er meer over te gaan lezen, maar er was bijna niets verkrijgbaar. Ik bedacht dat introversie misschien het onderwerp was dat er het dichtst bij in de buurt kwam. De psychiater Carl Jung heeft bijzonder wijze dingen over dit onderwerp geschreven, en noemde het een neiging om in zichzelf te keren. Aan het werk van Jung, zelf een HSP, heb ik veel steun gehad, maar het meer wetenschappelijke werk over introversie concentreerde zich op het feit dat introverte mensen niet gemakkelijk in de omgang waren, en daardoor ging ik me afvragen of introversie en gevoeligheid wel terecht over één kam werden geschoren.

Aangezien ik over zo weinig informatie kon beschikken, besloot ik een berichtje te plaatsen in de nieuwsbrief van de universiteit waar ik destijds doceerde. Ik vroeg iedereen die het gevoel had overgevoelig voor stimulatie, in zichzelf gekeerd of zeer emotioneel te zijn, mee te werken aan een interview. Al snel had ik meer dan genoeg vrijwilligers.

Vervolgens wijdde de plaatselijke krant een artikel aan het onderzoek. Hoewel in het artikel niet stond hoe ik te bereiken was, werd ik door ruim honderd mensen gebeld en geschreven om me te bedanken, om hulp te vragen of gewoon om te zeggen: 'Zo ben ik ook.' Twee jaar later namen mensen nog steeds contact met me op. (HSP's willen nog wel eens goed nadenken voor ze iets ondernemen!)

Op basis van de interviews (veertig, elk van twee à drie uur lang) ontwikkelde ik een vragenlijst die ik onder duizenden mensen overal in Noord-Amerika heb verspreid. Daarnaast organiseerde ik een aselecte telefonische steekproef onder driehonderd mensen. Voor jou is van belang dat alles wat in dit boek staat is gebaseerd op gedegen onderzoek, uitgevoerd door mijzelf of door anderen. Anderzijds put ik uit mijn herhaalde observaties van HSP's, mijn cursussen, gesprekken, individuele consulten en psychotherapie met hen. Op deze manier heb ik duizenden kansen gehad om een kijkje te nemen in de privé-levens van HSP's. Ondanks dat alles zul je me vaker 'waarschijnlijk' en 'misschien' horen zeggen dan je gewend bent in boeken voor een breed publiek, maar ik denk dat HSP's dat wel kunnen waarderen.

Mijn besluit om al dit onderzoek te doen, erover te schrijven en het te doceren heeft me tot een soort pionier gemaakt. Maar ook dat is een aspect van het HSP-zijn. We zien vaak als eerste wat er te gebeuren staat. Naarmate ons vertrouwen in onze kwaliteiten groeit, laten misschien steeds meer HSP's van zich horen – op onze eigen sensitieve manier.

Instructies voor de lezer

1. Nogmaals, ik spreek de lezer aan als een HSP, maar dit boek is evenzeer geschreven voor degene die als vriend, familielid, adviseur, werkgever, onderwijzer of arts meer inzicht wil hebben in HSP's.
2. Het lezen van dit boek brengt met zich mee dat je jezelf gaat zien als iemand met een eigenschap die bij velen voorkomt. Dat wil zeggen, je krijgt een etiket opgeplakt. Dat heeft als voordeel dat je je normaal kunt voelen en kunt profiteren van de ervaringen en het onderzoek van anderen. Maar elk etiket gaat voorbij aan jouw unieke zelf. HSP's verschillen onderling aanzienlijk, ondanks hun gemeenschappelijke eigenschap. Herinner jezelf daaraan tijdens het lezen van dit boek.
3. Als je dit boek aan het lezen bent, zie je waarschijnlijk alles in je leven in het licht van het hoog sensitief zijn. Dat valt te verwachten. Sterker nog, dat is precies het idee erachter. Er volledig in opgaan helpt je elke nieuwe taal te leren, inclusief een nieuwe manier om over jezelf te praten. Als anderen zich wat bezorgd, buitengesloten of geïrriteerd voelen, vraag hun dan om geduld te oefenen. Op een dag zal het idee een plek hebben gekregen en zul je er minder mee bezig zijn.
4. Dit boek bevat een aantal activiteiten die nuttig zijn gebleken voor HSP's. Maar ik ga je niet vertellen dat je ze *moet* doen als je baat wilt hebben bij dit boek. Vertrouw op je HSP-intuïtie en doe wat goed voelt.
5. Elk van deze activiteiten kan sterke gevoelens oproepen. Als dat

gebeurt raad ik je dringend aan professionele hulp te zoeken. Als je op dit moment in therapie bent, zou dit boek goed moeten passen in het werk dat je daar doet. De ideeën in dit boek zouden zelfs de benodigde duur van je therapie kunnen bekorten, aangezien je een nieuw ideaal zelfbeeld ontwikkelt – niet het ideaal van jouw cultuur, maar dat van jezelf, iemand die je kunt zijn en misschien al bent. Maar onthoud dat dit boek geen vervanging is voor een goede therapeut als zaken erg diep gaan of je in verwarring brengen.

Dit is een spannend moment voor mij, nu ik me voorstel dat je de bladzijde omslaat en deze nieuwe wereld van mij, van jou, van ons binnenstapt. Na zo lang te hebben gedacht dat je wellicht de enige was, is het fijn om je te midden van lotgenoten te weten, of niet soms?

Ben je hoog sensitief?
Een zelftest

Beantwoord iedere vraag al naar gelang je gevoel je ingeeft. Antwoord met 'ja' als het in ieder geval enigszins voor jou opgaat. Antwoord met 'nee' als het niet speciaal of helemaal niet voor jou geldt.

Ik ben me bewust van subtiele signalen in mijn omgeving.	JA	NEE
Ik word beïnvloed door de stemmingen van anderen.	JA	NEE
Ik ben nogal gevoelig voor pijn.	JA	NEE
Tijdens drukke dagen merk ik dat ik behoefte heb om me terug te trekken in mijn bed of een donkere kamer of een andere plek waar ik ongestoord alleen kan zijn.	JA	NEE
Ik ben bijzonder gevoelig voor de effecten van cafeïne.	JA	NEE
Ik raak gemakkelijk overvoerd door dingen als fel licht, sterke geuren, grove weefsels of harde sirenes.	JA	NEE
Ik heb een rijke en complexe innerlijke belevingswereld.	JA	NEE
Ik voel me niet op mijn gemak bij harde geluiden.	JA	NEE
Ik kan diep geroerd raken door kunst of muziek.	JA	NEE
Ik ben consciëntieus.	JA	NEE
Ik schrik gemakkelijk.	JA	NEE
Ik voel me opgejaagd als ik veel moet doen in korte tijd.	JA	NEE
Als mensen zich in een fysieke omgeving niet prettig voelen weet ik meestal wat er moet gebeuren om dat te veranderen (door bijvoorbeeld het licht te dimmen of het meubilair te verplaatsen).	JA	NEE
Ik raak geïrriteerd als mensen proberen me te veel dingen tegelijk te laten doen.	JA	NEE

Ik doe erg mijn best te voorkomen dat ik fouten maak of dingen vergeet.	JA	NEE
Ik kijk uit principe niet naar gewelddadige films of tv-shows.	JA	NEE
Ik voel me ongemakkelijk als er veel om me heen gebeurd.	JA	NEE
Als ik erge honger heb heeft dat een sterke invloed op mijn concentratievermogen of mijn humeur.	JA	NEE
Veranderingen in mijn leven brengen me van mijn stuk.	JA	NEE
Ik heb een neus voor delicate geuren, smaken, geluiden en kunstwerken en geniet daarvan.	JA	NEE
Het vermijden van situaties die mij van streek maken of overbelasten heeft bij mij een hoge prioriteit.	JA	NEE
Als ik met iemand moet wedijveren of op mijn vingers word gekeken, word ik zo nerveus of gespannen dat mijn prestaties veel minder zijn dan gewoonlijk.	JA	NEE
Als kind werd ik door mijn ouders of leraren gevoelig of verlegen gevonden.	JA	NEE

JOUW SCORE

Als je veertien of meer vragen met 'ja' hebt beantwoord, ben je waarschijnlijk hoog sensitief.

Maar eerlijk gezegd is geen enkele psychologische test zo betrouwbaar dat je je leven erop zou moeten baseren. Als je slechts één of twee vragen met 'waar' hebt beantwoord maar ze zijn wel *uitzonderlijk* waar voor jou, dan sta je wellicht ook in je recht om jezelf hoog sensitief te noemen.

Lees door, en als je jezelf herkent in de diepgaande beschrijving van een HSP in hoofdstuk één, kun je jezelf als zodanig beschouwen. De rest van dit boek zal je helpen jezelf beter te begrijpen en zal je leren te floreren in de niet-zo-gevoelige hedendaagse wereld.

1 De feiten omtrent hoog sensitief zijn
Een (onterecht) gevoel iets te mankeren

In dit hoofdstuk leer je de basisfeiten over je karaktertrek kennen en hoe deze jou van anderen onderscheidt. Ook zul je de rest van je aangeboren persoonlijkheid leren kennen en zal je duidelijk worden wat het beeld is dat jouw cultuur van je heeft. Maar eerst laat ik je kennismaken met Kristen.

Ze dacht dat ze gek was

Kristen was nummer drieëntwintig die ik interviewde in het kader van mijn onderzoek naar HSP's. Ze was een intelligente studente met een heldere blik in haar ogen. Maar tijdens het interview begon haar stem al snel te trillen.

'Het spijt me,' fluisterde ze. 'Maar ik heb me eigenlijk ingeschreven om met u te praten omdat u een psycholoog bent en ik met iemand moest praten die me kan vertellen...' Haar stem brak. '...of ik soms *gek* ben?' Ik bestudeerde haar meelevend. Ze voelde zich overduidelijk wanhopig, maar niets van wat ze tot nu toe had gezegd had mij de indruk gegeven dat ze geestelijk niet in orde zou zijn. Maar tegen die tijd luisterde ik al op een andere manier naar mensen zoals Kristen.

Ze begon opnieuw, alsof ze bang was me de tijd te geven om te antwoorden. 'Ik voel me zo anders. Dat heb ik altijd al gehad. Ik bedoel niet... ik bedoel, mijn familie was fantastisch. Mijn jeugd was bijna idyllisch tot ik naar school toe moest. Hoewel mam zegt dat ik altijd een humeurige baby ben geweest.'

Ze haalde diep adem. Ik zei iets geruststellends, en ze ging verder. 'Maar op de kleuterschool was ik overal bang voor. Zelfs tijdens muziekles. Als de potten en pannen werden uitgedeeld om op te slaan deed ik altijd mijn handen over mijn oren en begon te huilen.'

Ze keek weg, en ook nu stonden de tranen in haar ogen. 'Op de lagere school was ik altijd het lievelingetje van de meester. Toch vonden ze me een beetje "typisch".'

Haar 'typische' gedrag leidde tot een kwellende reeks van medische en psychologische onderzoeken. In eerste instantie voor achterlijkheid. Als gevolg daarvan kwam ze terecht in een leerprogramma speciaal voor hoogbegaafde leerlingen, wat mij niet verbaasde.

Maar de boodschap was nog steeds: 'Er is iets mis met dit kind.' Haar gehoor werd getest. Dat was goed. In de vierde klas kreeg ze een hersenscan op basis van de theorie dat haar introversie het gevolg was van epilepsieaanvallen. Aan haar hersenen mankeerde niets.

De uiteindelijke diagnose? Ze had 'problemen stimuli te filteren'. Maar het resultaat was een kind dat ervan overtuigd was dat ze tekortschoot.

Bijzonder maar volkomen onbegrepen

De gestelde diagnose klopte wel tot op dat punt. HSP's nemen erg veel in zich op – alle subtiele signalen die anderen niet oppikken. Maar wat anderen als normaal beschouwen, zoals harde muziek of mensenmassa's, kan hoogst stimulerend en daardoor stressvol zijn voor HSP's.

De meeste mensen negeren sirenes, felle lichten, onbekende geuren, rommel en chaos. HSP's worden daardoor in de war gebracht.

De meeste mensen voelen hun voeten wel als ze de hele dag in een stad of een museum hebben rondgewandeld, maar ze haken niet af als je voorstelt 's avonds nog naar een feest te gaan. HSP's hebben na zo'n dag behoefte om alleen te zijn. Ze zijn van streek en hebben te veel prikkels moeten verwerken.

De meeste mensen lopen een kamer binnen en merken misschien het meubilair op en de mensen die zich daar bevinden – dat is het dan wel. HSP's kunnen zich onmiddellijk bewust zijn, of ze het willen of niet, van de stemming, de vriendschappen en haatgevoelens, de frisheid of mufheid van de lucht en de persoonlijkheid van degene die de bloemen heeft geschikt.

Als je een HSP bent, is het echter moeilijk te vatten dat je beschikt over een bepaalde bijzondere vaardigheid. Hoe vergelijk je innerlijke ervaringen met elkaar? Dat is niet eenvoudig. Over het algemeen valt het je op dat je minder lijkt te kunnen verdragen dan andere mensen. Je vergeet dat je hoort tot een groep die vaak heel veel creativiteit, inzicht, passie en zorgzaamheid heeft laten zien – zaken die door de maatschappij hogelijk gewaardeerd worden.

We zijn echter een totaalpakket. Het feit dat sensitiviteit een karaktereigenschap van ons is, betekent dat we ook voorzichtig zijn, in onszelf gekeerd en meer tijd alleen nodig hebben. Omdat mensen zonder deze eigenschap (de meerderheid) dat niet begrijpen, beschouwen ze ons als timide, verlegen, zwak, of – de grootste aller zonden – ongezellig. Omdat we vrezen deze etiketten opgeplakt te krijgen, proberen we net als anderen te zijn. Maar dat leidt er weer toe dat we overvoerd en gestrest raken. En vervolgens levert *dat* het etiket op van neurotisch of gek te zijn, eerst in de ogen van anderen en vervolgens in die van onszelf.

Het gevaarlijke jaar van Kristen

Iedereen doet in zijn leven stressvolle ervaringen op, maar HSP's reageren sterker op dergelijke stimulansen. Als je deze reacties beschouwt als een uiting van een of andere stoornis, vererger je de stress die elke willekeurige levenscrisis toch al met zich meebrengt. Vervolgens voel je je al snel hopeloos en waardeloos.

Kristen ging bijvoorbeeld door een dergelijke crisis in het jaar dat ze ging studeren. Ze had altijd op een rustige particuliere middelbare school gezeten en was nog nooit van huis weg geweest. Plotseling woonde ze tussen vreemden, moest ze te midden van de menigte haar plekje bevechten voor de te volgen vakken en voor boeken, en was ze altijd overgestimuleerd. Bovendien werd ze ineens ontzettend verliefd (zoals HSP's kunnen zijn). Kort daarna ging ze naar Japan om de familie van haar vriendje te ontmoeten, een gebeurtenis waar ze zich terecht flink ongerust over maakte. Toen ze in Japan was, ging ze naar eigen zeggen 'over de rooie'.

Kristen had zichzelf nooit beschouwd als een angstig persoon, maar in Japan werd ze plotseling overspoeld door angsten en kon ze niet slapen. Vervolgens raakte ze in een depressie. Beangstigd door haar eigen emoties zakte haar zelfvertrouwen tot het nulpunt. Haar jeugdige vriend kon niet met haar 'idiote' gedrag overweg en wilde een eind maken aan de relatie. Tegen die tijd was ze terug op school, maar was ze bang dat ze er ook daar een puinhoop van zou maken. Kristen balanceerde op het randje.

Nadat ze haar verhaal snikkend had afgemaakt, keek ze naar me op. 'En toen hoorde ik over dit onderzoek, over gevoelig zijn, en ik dacht: zou dat misschien op mij slaan? Maar dat zal vast wel niet. Of wel?'

Ik zei tegen haar dat ik daar op basis van ons korte gesprek natuurlijk niet zeker van kon zijn, maar dat ik geloofde dat haar gevoeligheid in combinatie met al deze stressfactoren inderdaad heel goed haar geestesgesteldheid zouden kunnen verklaren. Vervolgens had ik het voorrecht om aan Kristen uit te leggen hoe ze in elkaar stak – een uitleg waar ze duidelijk al veel langer behoefte aan had gehad.

Een definitie van hoge sensitiviteit – twee dingen om te onthouden

FEIT 1: *Iedereen, HSP of niet, voelt zich het best als hij of zij noch te verveeld noch te geprikkeld is.*
Een individu zal het best presteren, of het nu gaat om het voeren van een gesprek of een spelen van een belangrijke wedstrijd, als zijn of haar zenuwstelsel gematigd alert en geprikkeld is. Te weinig prikkeling maakt iemand duf en inefficiënt. Om die te weinig geprikkelde fysieke toestand te veranderen, drinken we koffie, doen we de radio aan, bellen we met een vriend(in), beginnen we een praatje met een onbekende, veranderen we van baan – wat dan ook!

Het andere uiterste is dat we overstuur en verward raken en gaan stuntelen als ons zenuwstelsel overbelast wordt. We kunnen niet meer nadenken; ons lichaam is ongecoördineerd; we hebben er geen grip op. Opnieuw beschikken we over vele manieren om de situatie te corrigeren. Soms nemen we rust. Of sluiten we ons geestelijk af. Sommigen drinken alcohol of nemen een valium.

De beste hoeveelheid prikkeling ligt daar ergens tussenin. Dat er een behoefte en verlangen is naar een 'optimaal niveau van prikkeling' is zelfs een van de best gefundeerde conclusies van de psychologie. Het geldt voor iedereen, zelfs baby's. Ze hebben er een hekel aan om verveeld of overvoerd te zijn.

FEIT 2: *Mensen verschillen aanzienlijk in de mate waarin hun zenuwstelsel in dezelfde situatie door dezelfde stimulansen wordt geprikkeld.*
Dit verschil is grotendeels aangeboren en is zeer wezenlijk en normaal. Het kan zelfs in alle hogere diersoorten worden waargenomen – muizen, katten, honden, paarden, apen en mensen. Binnen een soort ligt het percentage dat zeer gevoelig is voor stimulatie gewoonlijk rond de 15 à 20 procent. Evenals sommige exemplaren binnen een soort een beetje groter zijn dan hun soortgenoten, zijn sommige ook wat sensitiever. Sterker nog, door zorgvuldig te fokken en de sensitieve dieren met elkaar te laten paren kun je binnen een paar generaties een sensitief ras creëren. Kortom, van de aangeboren karaktereigenschappen creëert deze de opvallendste en best waarneembare verschillen.

Het goede en het minder goede nieuws

Wat dit verschil in prikkelbaarheid betekent, is dat je stimulatieniveaus onderscheidt die anderen ontgaan. Dit geldt zowel voor subtiele geluiden en beelden als voor fysieke sensaties zoals pijn. Het is niet zo dat jouw gehoor, gezichtsvermogen of andere zintuigen scherper zijn (veel HSP's dragen een bril). Het verschil lijkt ergens in de route naar de hersenen te liggen of in de hersenen zelf, in een zorgvuldiger informatieverwerking. We staan meer stil bij alles. En we onderscheiden dingen in fijnere gradaties. Net als die machines die fruit sorteren op grootte – wij sorteren in tien groottes terwijl anderen in twee of drie groottes sorteren.

Je bewuster zijn van het subtiele maakt je intuïtiever, wat eenvoudig betekent dat je op een halfbewuste of onbewuste manier informatie oppikt en verwerkt. Het resultaat is dat je iets vaak 'gewoon weet' zonder te beseffen hoe. Bovendien zorgt deze diepgaander verwerking van subtiele details ervoor dat je meer bezig bent met het verleden en de toekomst. Je 'weet gewoon' hoe dingen zich zo ontwikkeld hebben of hoe bepaalde zaken zullen uitpakken. Dit is dat 'zesde zintuig' waarover wordt gesproken. Je kunt ernaast zitten natuurlijk, net als je ogen en oren ernaast kunnen zitten, maar je intuïtie klopt dermate vaak dat veel HSP's zieners, hoogst intuïtieve kunstenaars of uitvinders zijn, maar ook consciëntieuze, voorzichtige en wijze mensen.

De mindere kant van deze eigenschap laat zich op de intensere niveaus van stimulatie zien. Wat *matig* prikkelend is voor de meeste mensen, is zeer prikkelend voor HSP's. Wat *zeer* prikkelend is voor de meeste mensen, brengt een HSP volledig van slag, tot ze een omslagpunt bereiken dat 'transmarginale geremdheid' heet. Transmarginale geremdheid werd rond de eeuwwisseling voor het eerst aan de orde gesteld door de Russische fysioloog Ivan Pavlov, die ervan overtuigd was dat het fundamenteelste aangeboren verschil tussen mensen was hoe snel ze dit omslagpunt bereikten en dat degenen die zich snel afsluiten een fundamenteel afwijkend soort zenuwstelsel hebben.

Niemand houdt ervan om al te zeer geprikkeld te worden, of je nu HSP bent of niet. Men voelt zich stuurloos en het hele lichaam zendt signalen uit dat het in de problemen zit. Overprikkeling betekent meestal dat men niet in staat is optimaal te presteren. Uiteraard kan het ook gevaar betekenen. Een extra angst voor overprikkeling is misschien in ons allemaal aanwezig. Aangezien een pasgeborene niet kan vluchten of vechten of zelfs gevaar kan herkennen, kan het maar het best gaan huilen bij alles wat nieuw is, alles wat prikkelt, zodat volwassenen het kunnen redden.

Net als de brandweer reageren wij HSP's meestal op valse alarms. Maar als onze sensitiviteit ook maar één keer een leven zou redden, dan is het een eigenschap met een ingebouwd nut. Inderdaad, als onze eigenschap leidt tot overvoering is het lastig. Maar het is onderdeel van een totaalpakket met vele voordelen.

Meer over stimulatie

Stimulatie is alles wat het zenuwstelsel op gang brengt, alert maakt, en de zenuwen een nieuwe lading elektrische vonken doet rondsturen. We beschouwen stimulatie gewoonlijk als iets wat van buitenaf komt, maar het kan natuurlijk ook vanuit ons lichaam komen (zoals pijn, spierspanning, honger, dorst of seksuele gevoelens) of als herinneringen, fantasieën, gedachten of plannen.

Stimulatie kan in intensiteit variëren (zoals de sterkte van een geluid), of in duur. Het kan stimulerender zijn omdat het ons verrast, zoals wanneer iemand opschrikt van een toeter of van een gil, of omdat het zo complex is, zoals wanneer je op een feest bent en vier gesprekken tegelijk hoort, plus de muziek.

Vaak kunnen we aan stimulatie gewend raken. Maar soms denken we dat eraan gewend zijn en storen we ons er niet aan, tot we ons plotseling doodmoe voelen en weten hoe het komt: we hebben op een bewust niveau iets geaccepteerd terwijl het ons eigenlijk uitputte. Zelfs een gematigde en bekende stimulatie, zoals een gewone werkdag, kan ervoor zorgen dat een HSP 's avonds rust nodig heeft. Als dat punt is bereikt, kan een extra 'geringe' stimulatie de laatste druppel zijn.

Stimulatie is des te ingewikkelder omdat dezelfde stimulus voor verschillende mensen verschillende betekenissen kan hebben. Een druk winkelcentrum rond kerst doet de ene persoon denken aan gezellige winkeldagen met het hele gezin en zorgt voor een vakantiegevoel. Maar een ander werd vroeger misschien gedwongen mee te gaan winkelen, moest cadeaus zien te kopen zonder daarvoor het geld te hebben, had geen idee wat te kopen of had nare herinneringen aan kerst in voorgaande jaren. Voor die persoon zijn die drukke winkelcentra rond kerst een straf.

Een regel die altijd opgaat is dat als we geen controle hebben over stimulatie, het ons meer van slag maakt, en nog *meer* als we het gevoel hebben iemands slachtoffer te zijn. Muziek die we zelf draaien kan prettig zijn, maar als het uit de stereo van de buren schalt kan het irritant zijn, en als we hun van tevoren hebben gevraagd de muziek wat zachter te zetten wordt het een vijandige inbreuk. Zelfs dit boek kan je irritatie wat opschroeven als je begint te erkennen dat je tot een minderheid behoort waarvan het recht op minder stimulatie over het algemeen wordt genegeerd.

Vanzelfsprekend zou het helpen als we allemaal verlicht waren en vrij van al deze associaties waren, zodat niets ons kon prikkelen. Geen wonder dat zoveel HSP's geïnteresseerd zijn in spiritualiteit.

> JE SENSITIVITEIT OP WAARDE SCHATTEN
>
> Denk eens terug aan een of meer momenten waarop je sensitiviteit jou of iemand anders heeft behoed voor lijden, een groot verlies of zelfs de dood. (In mijn eigen geval zou het hele gezin dood zijn geweest als ik niet wakker was geworden bij de eerste flikkering van de vlammen op de zolder van het oude houten huis waarin we woonden.)

Is prikkeling werkelijk iets anders dan opwinding en angst?

Het is belangrijk om prikkeling niet te verwarren met angst. Angst veroorzaakt prikkeling, maar dat doen vele andere emoties ook, waaronder blijdschap, nieuwsgierigheid en woede. Maar we kunnen ook overvoerd raken door halfbewuste gedachten of een laag spanningsniveau die geen waarneembare emotie opwekken. Vaak zijn we ons niet bewust van wat ons prikkelt, zoals het nieuwe van een situatie of geluid of de vele dingen die onze ogen zien.

In feite zijn er diverse manieren om geprikkeld te *zijn* en allerlei andere manieren om ons geprikkeld te *voelen*, en ze verschillen iedere keer weer van persoon tot persoon. Prikkeling kan zich uiten in blozen, trillen, een snelle hartslag, bevende handen, niet kunnen nadenken, een knoop in de maag, gespannen spieren en transpirerende handen of andere lichaamsdelen. Vaak zijn mensen zich in dergelijke situaties niet bewust van sommige of van al deze reacties als ze zich aandienen. Aan de andere kant zeggen mensen dat ze zich geprikkeld voelen, terwijl die prikkeling zich nauwelijks op de eerdergenoemde manieren uit. Toch beschrijft deze term iets wat al deze ervaringen en fysieke toestanden gemeen hebben. Net als het woord 'stress' is 'prikkeling' een woord dat werkelijk iets aangeeft, wat we allemaal herkennen, ook al kent dat allerlei verschijningsvormen. En natuurlijk heeft stress veel te maken met prikkeling: onze reactie op stress is geprikkeld raken.

Als we prikkeling eenmaal opmerken, willen we het een naam geven en de oorzaak kennen om gevaar te kunnen herkennen. En vaak denken we dat aan onze prikkeling angst ten grondslag ligt. We beseffen niet dat ons hart misschien extra hard slaat van pure inspanning om de extra stimulatie te verwerken. Of andere mensen nemen aan dat we bang zijn, gezien onze kennelijke prikkeling, dus nemen wij dat ook maar aan. Als we vervolgens concluderen dat we bang moeten zijn, raken we nog meer geprikkeld. En vermijden we in de toekomst deze situatie, terwijl als we erin waren gebleven en eraan gewend waren geraakt we ons misschien veel rustiger hadden gevoeld. Het belang om angst en prikkeling niet met elkaar te verwarren zal in hoofdstuk 5 opnieuw aan de orde komen, als we het hebben over 'verlegenheid'.

Jouw karaktereigenschap maakt je wel degelijk bijzonder

Als jij een sensitief mens bent pluk je daar vele vruchten van. Jouw geest werkt anders. Onthoud dat wat nu volgt *gemiddeld genomen* opgaat; niemand verenigt al deze kenmerken in zich. Maar vergeleken met niet-HSP's zijn de meesten van ons:

– beter in het signaleren en vermijden van fouten;
– zeer consciëntieus;

– in staat zich uitstekend te concentreren (*maar we presteren het best zonder afleiding*);
– bijzonder goed in werkzaamheden die oplettendheid, accuratesse, snelheid en het opsporen van kleine verschillen vereisen;
– in staat om zaken op de diepere niveaus van wat psychologen het 'semantisch geheugen' noemen te verwerken;
– vaak aan het denken over ons eigen denken;
– in staat om te leren zonder dat we ons ervan bewust zijn dat we hebben geleerd;
– zeer aangedaan door de stemmingen en emoties van anderen.

Vanzelfsprekend zijn er vele uitzonderingen, vooral waar het onze plichtsgetrouwheid betreft. En we hoeven ons hier niet voor op de borst te kloppen; onder het mom van 'goed doen' kan een hoop ellende worden veroorzaakt. Al deze vruchten hebben zo hun beurse plekjes. We zijn zo vaardig, maar helaas, als we worden bekeken, gemeten of geëvalueerd kunnen we onze competentie vaak niet laten zien. Onze diepere manier van verwerken wekt misschien de indruk dat we in eerste instantie niet kunnen meekomen, maar in de loop der tijd begrijpen en onthouden we meer dan anderen. Misschien is dat de reden waarom HSP's beter talen leren (hoewel spanning ervoor kan zorgen dat men het minder vloeiend spreekt dan anderen).

Overigens is het geen teken van egocentrisme om meer dan anderen na te denken over onze eigen gedachten. Het betekent dat als ons wordt gevraagd waar we aan denken, we sneller geneigd zijn iets te noemen wat betrekking heeft op onze innerlijke denkwereld of overpeinzingen dan op de wereld om ons heen. Maar we zullen niet minder vaak dan een ander aangeven dat we over andere mensen denken.

Ons lichaam is ook anders. De meesten van ons beschikken over een zenuwstelsel dat ervoor zorgt dat we:

– bijzonder goed zijn in verfijnde motorische bewegingen;
– goed zijn in stilhouden;
– 'ochtendmensen' zijn (*hierop zijn vele uitzonderingen*);

– meer beïnvloed worden door stimulerende middelen zoals cafeïne, tenzij we er heel erg aan gewend zijn;
– meer georiënteerd zijn op de werking van de rechterhersenhelft (minder rechtlijnig, creatiever op een synthetiserende manier);
– gevoeliger zijn voor dingen in de lucht (*inderdaad, dat betekent meer hooikoorts en eczeem*).

Nogmaals, per saldo lijkt ons zenuwstelsel ontworpen te zijn om op subtiele ervaringen te reageren, hetgeen er ook voor zorgt dat we langzamer herstellen als we op intensieve stimuli moeten reageren.

Maar HSP's bevinden zich niet voortdurend in een geprikkelder stemming. We zijn niet 'chronisch geprikkeld' in het dagelijks leven of als we slapen. We zijn gewoon geprikkelder door nieuwe of aanhoudende stimulatie. (Een HSP zijn is *niet* hetzelfde als 'neurotisch' zijn – dat wil zeggen, voortdurend angstig zonder aanwijsbare oorzaak.)

Hoe je jouw 'anders zijn' moet bekijken

Ik hoop dat je inmiddels jouw karaktereigenschap in een positief daglicht ziet. Maar ik raad je eigenlijk aan om haar als neutraal te beschouwen. Pas als je in een bepaalde situatie belandt, wordt ze een voordeel of nadeel. Aangezien de eigenschap bij alle hogere diersoorten voorkomt, moet het in veel omstandigheden nut hebben. Ik vermoed dat het in een bepaald percentage van alle hogere diersoorten blijft bestaan omdat het nuttig is om er in ieder geval een paar bij te hebben die altijd oog hebben voor subtiele signalen. 15 tot 20 procent lijkt ongeveer de juiste verhouding om altijd alert te zijn op gevaar, nieuw voedsel, de behoeften van de jongen en de zieken, en de gewoonten van andere dieren.

Uiteraard is het ook goed om een flink aantal in een groep te hebben die niet zo alert zijn op alle gevaren en gevolgen van iedere handeling. Zij zullen zonder veel nadenken ergens op afstormen om iets nieuws te onderzoeken of voor de groep of het gebied te vechten. Elke samenleving heeft beide soorten nodig. En misschien zijn er meer *minder* sensitieve exemplaren nodig omdat er van hen minder overleven! Dit is uiteraard allemaal speculatie van mijn kant.

Ik vermoed echter ook dat het menselijk ras meer van HSP's profiteert dan andere diersoorten. HSP's hebben meer van wat mensen onderscheidt van andere diersoorten: we hebben verbeeldingskracht. Wij mensen, en vooral HSP's, zijn ons zeer bewust van het verleden en de toekomst. Als je er bovendien van uitgaat dat alle uitvindingen worden ingegeven door een bepaalde behoefte, dan moeten HSP's veel meer tijd besteden aan pogingen om oplossingen te bedenken voor menselijke problemen, gewoon omdat ze gevoeliger zijn voor honger, kou, onzekerheid, uitputting en ziekte.

Soms wordt gesteld dat mensen met onze eigenschap minder gelukkig zijn of minder in staat zijn om gelukkig te zijn. Natuurlijk kunnen we ongelukkig en humeurig overkomen, in ieder geval op niet-HSP's, omdat we zo veel tijd besteden aan het denken over zaken als de zin van het leven en de dood en hoe ingewikkeld alles is – beslist geen zwart-witgedachten. Aangezien de meeste niet-HSP's niet graag lijken na te denken over dergelijke zaken, nemen ze aan dat we wel ongelukkig moeten zijn als we zoveel piekeren. En we worden er beslist niet gelukkiger van als zij ons vertellen dat we ongelukkig zijn (aan de hand van *hun* definitie van geluk) en dat we een probleem voor hen vormen omdat we ongelukkig lijken te zijn. Al die beschuldigingen zouden *iedereen* ongelukkig kunnen maken.

Aristoteles sloeg de spijker op zijn kop, toen hij vroeg: 'Wat zou je liever zijn, een gelukkig varken of een ongelukkig mens?' HSP's geven de voorkeur aan het goede gevoel zeer bewust en zeer menselijk te zijn, zelfs als we van datgene waar we ons van bewust zijn niet altijd vrolijk worden.

Het gaat er *niet* om dat niet-HSP's varkens zouden zijn! Ik *weet* gewoon dat iemand zal gaan roepen dat ik een elite van ons probeer te maken. Maar dat zou bij de meeste HSP's niet langer blijven hangen dan vijf minuten, omdat ze zich al snel schuldig voelen over hun superioriteitsgevoel. Mijn doel is alleen maar om ons voldoende aan te moedigen zodat we onszelf meer als gelijken van hen beschouwen.

Erfelijkheid en omgeving

Sommigen van jullie vragen zich misschien af of deze eigenschap echt aangeboren is, vooral als je je een periode herinnert waarin je sensitiviteit leek op te komen of toe te nemen.

In de meeste gevallen is sensitiviteit aangeboren. Hiervoor bestaat afdoende bewijs, dat voornamelijk is gebaseerd op onderzoeken onder eeneiige tweelingen die afzonderlijk van elkaar zijn opgegroeid maar zich op dezelfde manier hebben ontwikkeld, wat altijd suggereert dat gedrag in ieder geval voor een deel genetisch bepaald is.

Aan de andere kant gaat het niet altijd op dat beide helften van een gescheiden tweeling deze eigenschap hebben, zelfs als ze eeneiig zijn. Elk van beiden zal bijvoorbeeld ook een persoonlijkheid ontwikkelen gebaseerd op de moeder die hem of haar opvoedt, ook al is dat niet de biologische moeder. Het is een feit dat er waarschijnlijk geen aangeboren eigenschappen zijn die niet evengoed kunnen worden versterkt, getemperd of totaal ontwikkeld of geëlimineerd kunnen worden door bepaalde soorten ervaringen in het leven. Een kind dat bijvoorbeeld thuis of op school onder druk staat, hoeft maar met een geringe neiging tot sensitiviteit te worden geboren om zich terug te trekken in die situatie. Hetgeen verklaart waarom kinderen met oudere broers en zussen vaker HSP's zijn – en dat heeft niets te maken met genen. Op dezelfde wijze hebben onderzoeken onder babyaapjes die getraumatiseerd waren doordat ze van hun moeder waren gescheiden, uitgewezen dat deze apen zich in volwassenheid ongeveer hetzelfde gedragen als apen die sensitief zijn geboren.

De omstandigheden kunnen de eigenschap ook laten verdwijnen. Veel kinderen die hoog sensitief zijn geboren, worden flink aangespoord door hun ouders, school of vrienden om zich harder op te stellen. Wonen in een luidruchtige of drukke omgeving, opgroeien in een groot gezin of gedwongen zijn tot meer fysieke actie kan soms de sensitiviteit doen afnemen, zoals sensitieve dieren waar intensief mee wordt omgegaan soms wat van hun natuurlijke voorzichtigheid verliezen, in ieder geval bij bepaalde mensen of in specifieke situaties. Dat de onderliggende eigenschap volledig verdwenen is, lijkt echter onwaarschijnlijk.

Hoe staat het met jou?

Het is voor ieder afzonderlijk moeilijk te achterhalen of je de eigenschap hebt meegekregen of in de loop van je leven hebt ontwikkeld. Het beste bewijs daarvoor, hoewel het niet sluitend is, is of je ouders zich jou vanaf je geboorte als sensitief herinneren. Als je kunt, vraag dan aan hen of aan wie jou op dat moment verzorgde, om je alles te vertellen hoe jij was in de eerste zes maanden van je leven.

Waarschijnlijk krijg je meer te horen als je *niet* begint met de vraag of je gevoelig was. Vraag gewoon hoe je was als baby. Vaak blijkt het vanzelf uit hun verhalen over jou. Vraag na een poosje over bepaalde typische kenmerken van hoog sensitieve baby's. Deed je moeilijk over veranderingen – over uitgekleed worden en in bad gedaan worden, over het proberen van nieuw voedsel, over lawaai? Had je veel last van krampjes? Had je moeite in slaap te komen, was je moeilijk in slaap te houden, of sliep je gewoon niet veel, vooral als je oververmoeid was?

Onthoud dat als je ouders nog geen ervaring hadden met andere baby's, hun misschien niets ongewoons is opgevallen op die leeftijd omdat ze je met niemand konden vergelijken. Bovendien krijgen ouders al snel de schuld van de moeilijkheden van hun kinderen, zodat je ouders jou en zichzelf er misschien van willen overtuigen dat er aan jouw jeugd niets mankeerde. Als je wilt kun je hen geruststellen dat je weet dat ze hun best hebben gedaan en dat alle baby's hun ouders voor bepaalde problemen stellen maar dat je je afvraagt met welke problemen jij op de proppen kwam.

Je zou hun ook de vragenlijst uit het begin van dit boek kunnen laten zien. Vraag hun of zij of andere familieleden deze eigenschap hebben. Vooral als er familieleden van beide zijden zijn die het

hebben, is de kans heel groot dat jouw eigenschap aangeboren is.
Maar wat als dat niet zo is of als je daar niet zeker van bent? Het doet er waarschijnlijk helemaal niet toe. Wat er *wel* toe doet, is dat het nu *jouw* eigenschap is. Dus sta niet te lang stil bij deze vraag. Het volgende onderwerp is veel belangrijker.

Onze cultuur leren kennen – waar je je niet bewust van bent zal je toch kwetsen

Jij en ik leren onze eigenschap als iets neutraals te beschouwen – nuttig in bepaalde situaties, en in andere niet – maar onze cultuur ziet het, of welke eigenschap dan ook, beslist niet als neutraal. De antropoloog Margaret Mead had hier een goede verklaring voor. Hoewel pasgeborenen in een bepaalde cultuur een breed scala aan aangeboren karaktereigenschappen laten zien, zal slechts een kleine selectie hieruit, een bepaald soort, als ideaal worden beschouwd. De ideale persoonlijkheid wordt, zoals Mead het omschrijft, belichaamd 'in iedere vezel van de maatschappelijke structuur – in de zorg voor het jonge kind, de spelletjes die kinderen spelen, de liedjes die mensen zingen, de politieke organisatie, de religieuze voorschriften, de kunst en de filosofie'. Andere eigenschappen worden genegeerd, veroordeeld of in het uiterste geval belachelijk gemaakt.

Wat is het ideaal in onze cultuur? Films, reclames en de manier waarop openbare ruimtes zijn ontworpen, vertellen ons dat we zo stoer moeten zijn als de Terminator, zo stoïcijns als Clint Eastwood en zo extravert als Goldie Hawn. We zouden ons prettig gestimuleerd moeten voelen door felle lichten, lawaai en een groep vrolijke jongens in een café. Als we ons overvoerd en sensitief voelen, kunnen we altijd een aspirientje nemen.

Als je maar één ding uit dit boek zou onthouden, laat het dan het volgende onderzoek zijn. Xinyin Chen en Kenneth Rubin van de University of Waterloo in Ontario in Canada en Yuerong Sun van de Shanghai Teachers University hebben 480 schoolkinderen in Shanghai met 296 in Canada vergeleken om te zien welke eigenschappen de kinderen het geliefdst maakten. In China behoorden de 'verlegen' en 'gevoelige' kinderen tot degenen die het vaakst door anderen werden gekozen als vriend(in) of speelkameraadje. (In Mandarijnen-Chinees betekent het woord voor 'verlegen' of 'stil' 'goed' of 'welgemanierd'; 'sensitief' kan worden vertaald als 'begripvol', wat een lovende term is.) In Canada behoorden de verlegen en gevoelige kinderen tot de groep die het minst vaak gekozen werd. De kans is groot dat dit het soort houding is waar jij in je ontwikkeling mee bent geconfronteerd.

Denk je eens in hoeveel invloed het feit dat je niet ideaal bent voor jouw cultuur op je moet hebben gehad. Dat moet wel consequenties hebben – niet alleen voor de manier waarop anderen met jou zijn omgegaan, maar ook hoe je met jezelf bent omgegaan.

DE MEERDERHEID BEPAALT HET NIET LANGER

1. *Wat was de houding van jouw ouders ten opzichte van je sensitiviteit?* Wilden ze dat je eraan vasthield of dat je die liet varen? Beschouwden ze het als onhandig, als verlegenheid, weinig mannelijk, lafheid, een teken van artistieke aanleg, of aandoenlijk? Hoe dachten de andere familieleden erover, of je vriend(inn)en of leraren?
2. *Denk eens aan de media, vooral in je jeugd.* Wie waren je grote voorbeelden of idolen. Leken ze op HSP's? Of waren het mensen op wie je bij nader inzien nooit zou kunnen lijken?
3. *Kijk eens hoe je je als gevolg daarvan opstelde.* In welk opzicht heeft het invloed gehad op je carrière, je liefdesrelaties, je vrijetijdsbesteding en vriendschappen?
4. *Hoe word je nu als HSP door de media behandeld?* Denk aan de positieve en negatieve beelden van HSP's. Welke hebben de overhand? (Merk op dat het slachtoffer in een film of een boek vaak wordt gepresenteerd als iemand die van nature gevoelig, kwetsbaar en snel van streek is. Dit is goed voor het dramatische effect, om-

> dat het slachtoffer zichtbaar geschokt en van slag is, maar slecht voor HSP's, omdat 'slachtoffer' over één kam wordt geschoren met sensitiviteit.)
> 5. *Denk eens na hoe HSP's hebben bijgedragen aan de samenleving.* Zoek naar voorbeelden in je eigen omgeving of mensen over wie je hebt gelezen. Je zou kunnen beginnen met Abraham Lincoln.
> 6. *Denk eens aan je eigen bijdrage aan de samenleving.* Bij wat je ook doet – beeldhouwen, kinderen opvoeden, natuurkunde studeren, stemmen – ben je geneigd diep over de kwesties na te denken, aandacht te besteden aan de details, een beeld van de toekomst te hebben, en consciëntieus te zijn.

Het vooroordeel van de psychologie

Psychologisch onderzoek verwerft waardevolle inzichten in mensen en veel van wat je in dit boek aantreft, is op die onderzoeksresultaten gebaseerd. Maar psychologie is niet onfeilbaar. Ze vormt slechts een weerspiegeling van de vooroordelen van de cultuur waaruit ze voorkomt. Ik zou je talloze voorbeelden kunnen geven van psychologisch onderzoek dat een vooroordeel weerspiegelt dat mensen die ik HSP's noem minder gelukkig en geestelijk minder gezond zijn, zelfs minder creatief en intelligent (de eerste twee zijn beslist *niet* waar). Ik zal deze voorbeelden echter bewaren om mijn collega's bij te scholen. Wees in ieder geval voorzichtig waar het gaat om jezelf tot iets te bestempelen, zoals 'geremd', 'introvert' of 'verlegen'. In de loop van dit boek zul je begrijpen waarom elk van deze etiketten juist *niet* op jou van toepassing is. Over het algemeen gaan ze voorbij aan de essentie van de karaktereigenschap en geven ze haar een negatieve klank. Uit onderzoek is bijvoorbeeld gebleken dat de meeste mensen, zeer ten onrechte, introversie associëren met een slechte geestelijke gezondheid. Als HSP's zich met deze opgeplakte etiketten vereenzelvigen, verzwakt dat hun zelfvertrouwen en neemt hun spanning toe in situaties waarin men verwacht dat mensen met dat etiket zich ongemakkelijk voelen.

Het helpt om te weten dat in culturen waarin de eigenschap hoger gewaardeerd wordt, zoals in Japan, Zweden en China, het onderzoek een andere teneur heeft. Japanse psychologen lijken bijvoorbeeld te verwachten dat hun sensitieve onderzoeksobjecten beter presteren, en dat doen ze ook. Bij het bestuderen van stress zien Japanse psychologen meer fouten in de manier waarop de niet-sensitieve mensen ermee omgaan. Het heeft echter geen zin om de psychologie van onze cultuur of de goedbedoelende onderzoekers de zwartepiet toe te spelen. Zij doen hun best.

Koninklijke raadgevers en strijdbare leiders

De wereld wordt steeds meer aangestuurd door agressieve culturen – degene die graag verder kijken, willen groeien, concurreren en winnen. Dit komt doordat bij een ontmoeting tussen twee culturen de agressievere van de twee als vanzelf de overhand neemt.

Hoe zijn we in deze situatie beland? Voor het grootste deel van de wereld is het op de Aziatische steppen begonnen waar de Indo-Europese cultuur is ontstaan. Deze nomaden te paard bleven in leven door hun kuddes paarden en vee uit te breiden, voornamelijk door de kuddes en het land van anderen te stelen. Ongeveer zevenduizend jaar geleden kwamen ze Europa binnen, en iets later bereikten ze het Midden-Oosten en Zuid-Azië. Vóór hun komst was er vrijwel geen oorlog, slavernij, monarchie of overheersing van de enc klasse over de andere. De nieuwkomers maakten van degenen die ze tegenkwamen zonder paard, horigen of slaven, bouwden ommuurde steden op de plek van vredige nederzettingen en stelden zich ten doel hun koninkrijk of imperium door middel van oorlog of handel nog verder uit te breiden.

De langstlevende, gelukkige Indo-europese culturen hebben altijd gebruikgemaakt van twee klassen om zichzelf aan te sturen – de strijdbare leiders, die tegenwicht kregen van hun koninklijke of geestelijke adviseurs. En de Indo-europese culturen hebben goed voor zichzelf gezorgd. De helft van de wereld spreekt een Indo-europese taal, wat betekent dat ze niet anders dan op een Indo-europese manier kunnen denken. Expansie, vrijheid en roem zijn goed. Dat zijn de waarden van de strijdbare leiders.

Maar willen agressieve samenlevingen voortbestaan, dan zullen ze altijd behoefte hebben aan die klasse van geestelijken, rechters en adviseurs. Deze klasse biedt tegenwicht aan de leiders en strijders (zoals het Hooggerechtshof tegenwicht geeft aan de president en het leger). Het is een bedachtzamer groep die vaak tot taak heeft de impulsen van de krijgshaftige leiders in banen te leiden. Aangezien de raadgevende klasse het vaak bij het rechte eind heeft, worden degenen die tot die klasse behoren alom gerespecteerd als adviseurs, geschiedkundigen, leraren, wetenschappers en de handhavers van het recht. Zij beschikken bijvoorbeeld over de vooruitziende blik om te zorgen voor het welzijn van het gewone volk waarvan de samenleving afhankelijk is, de mensen die het voedsel produceren en de kinderen grootbrengen. Ze waarschuwen tegen overhaaste oorlogen en uitputting van het land.

Kortom, een sterke klasse van koninklijke adviseurs staat erop om na te denken voor er wordt gehandeld. En deze klasse probeert – en ik denk met toenemend succes in deze tijd – om de prachtige, expansieve energie van hun samenleving af te wenden van agressie en overheersing. Die energie kunnen we beter gebruiken voor creatieve uitvindingen, onderzoek en het beschermen van onze planeet en de mensen zonder machtsmiddelen.

HSP's vervullen vaak een dergelijke adviesrol. Wij zijn de schrijvers, geschiedkundigen, filosofen, rechters, kunstenaars, onderzoekers, theologen, therapeuten, leraren, ouders en gewoon consciëntieuze burgers. Wat wij in al deze rollen meebrengen is een neiging om alle mogelijke effecten van een idee in overweging te nemen. Vaak moeten we onszelf impopulair maken door de meerderheid in haar vaart te belemmeren. Om onze rol dus goed te kunnen vervullen is het zaak dat we goed in ons vel steken. We dienen alle boodschappen van de strijders dat we niet zo goed zijn als zij te negeren. De strijders hebben hun eigen doortastende stijl, die ook zo zijn voordelen heeft. Maar wij hebben ook onze eigen stijl en onze eigen belangrijke bijdrage te leveren.

De zaak-Charles

Charles was een van de weinige door mij ondervraagde HSP's die zijn hele leven al wist dat hij sensitief was en het altijd als iets positiefs had beschouwd. Zijn ongewone jeugd en de consequenties daarvan laten duidelijk zien hoe belangrijk eigenwaarde is en hoeveel invloed de cultuur heeft waarin iemand opgroeit.

Charles is gelukkig getrouwd met zijn tweede vrouw en geniet van zijn goedbetaalde en lovenswaardige academische loopbaan op het gebied van diensverlening en wetenschap. In zijn vrije tijd is hij een uitzonderlijk getalenteerd pianist. En voor zijn gevoel zijn deze gaven meer dan voldoende om zijn leven betekenis te geven. Toen ik dat in het begin van het interview allemaal hoorde, was ik uiteraard erg nieuwsgierig naar zijn achtergrond.

Dit is het eerste wat Charles zich kan herinneren. (Dit vraag ik altijd in mijn interviews – zelfs als het niet klopt, zet datgene wat men zich herinnert vaak de toon of geeft het het thema aan van het hele leven.) Hij staat op een trottoir achter een groep mensen die een etalage met kerstdecoraties staat te bewonderen. Hij roept uit: 'Iedereen aan de kant, ik wil ook kijken.' Ze lachen en laten hem naar voren komen.

Wat een zelfvertrouwen! Deze moed om zo dapper voor zichzelf op te komen is zonder twijfel van huis uit ingegeven.

De ouders van Charles waren verrukt over zijn sensitiviteit. In hun vriendenkring – hun artistieke, intellectuele subcultuur – werd sensitiviteit geassocieerd met bijzondere intelligentie, een goed nest en fijne smaak. In plaats van zich zorgen te maken dat hij zoveel studeerde in plaats van te spelen met andere jongens, moedigden zijn ouders hem aan om nog meer te lezen. In hun ogen was Charles de ideale zoon.

Met deze achtergrond geloofde Charles in zichzelf. Hij wist dat hij er al op jonge leeftijd een uitstekende smaak en fatsoensnormen op nahield. Hij beschouwde zichzelf absoluut niet als een mislukkeling. Uiteindelijk besefte hij wel dat hij ongewoon was en tot een minderheid behoorde, maar de hele subcultuur om hem heen was ongewoon en dat had hem geleerd deze subcultuur als superieur in plaats van inferieur te zien. Hij had zich te midden van onbekenden altijd op zijn gemak gevoeld, ook toen hij werd ingeschreven op de beste scholen, gevolgd door een topuniversiteit en vervolgens als hoogleraar aan de slag kon.

Toen ik Charles vroeg of hij voordelen aan de eigenschap kon ontdekken, kostte het hem geen moeite er vele op te noemen. Hij was er bijvoorbeeld zeker van dat het bijdroeg aan zijn muzikale talent. Het had hem ook geholpen zijn zelfbewustzijn te verdiepen gedurende een aantal jaren psychoanalyse.

Wat de nadelen van de eigenschap en zijn manier om daarmee om te gaan betreft: hij heeft erg veel last van lawaai, dus hij woont in een rustige buurt en heeft zichzelf omringd met prachtige subtiele geluiden, waaronder een fontein in zijn achtertuin en goede muziek. Hij heeft diepe emoties die af en toe tot een depressie kunnen leiden, maar hij onderzoekt en analyseert zijn gevoelens. Hij weet dat hij zaken te zwaar opneemt, maar probeert dat zichzelf niet kwalijk te nemen.

Zijn ervaring van overprikkeling is vooral een heftige lichamelijke reactie, waarvan de naweeën hem uit zijn slaap kunnen houden. Maar gewoonlijk kan hij het op het moment zelf aan door zichzelf onder controle te houden, door 'mijzelf op een bepaalde manier aan te passen'. Als zaken op het werk te veel voor hem worden, gaat hij weg zodra hij kan en 'loopt het eruit' of gaat pianospelen. Hij heeft met opzet een zakelijke carrière gemeden vanwege zijn sensitiviteit. Toen hij promotie kreeg naar een academische functie die hem te veel spanning opleverde, is hij van functie veranderd zodra hij kon.

Charles heeft zijn leven rond zijn eigenschap georganiseerd, waarbij hij een optimaal prikkelingsniveau handhaaft zonder zich op welke manier dan ook in gebreke te voelen dat hij dat zo doet. Toen ik hem vroeg – wat ik gewoonlijk doe – welk advies hij aan anderen zou geven, zei hij: 'Besteed genoeg tijd aan het veroveren van je plek in deze wereld – je sensitiviteit is niet iets om bang voor te zijn.'

Iets om trots op te zijn

Dit eerste hoofdstuk is wellicht behoorlijk stimulerend geweest! Allerlei sterke, verwarrende gevoelens kunnen in je naar boven zijn gekomen. Ik weet echter uit ervaring dat naarmate je in dit boek vordert, je gevoelens steeds helderder en positiever zullen worden.

Nogmaals samengevat, je vangt subtiele signalen op die anderen missen, waardoor je als vanzelf snel op het prikkelingsniveau belandt waarop je je niet langer op je gemak voelt. Dat eerste feit over jou zou niet waar kunnen zijn als het tweede niet ook van toepassing was. Het is een totaalpakket, en een heel goed pakket ook.

Het is ook belangrijk dat je voor ogen houdt dat dit boek zowel over je persoonlijke aangeboren fysieke eigenschap gaat, als over je veelal onbegrepen maatschappelijke belang. Je bent geboren om je te begeven tussen de adviseurs en de denkers, de spirituele en geestelijke leiders van jouw samenleving. Dat is iets om trots op te zijn.

WERKEN MET WAT JE HEBT GELEERD
Plaats je reacties op verandering in een nieuw kader

Aan het eind van sommige hoofdstukken vraag ik je om je ervaringen 'in een nieuw kader' te plaatsen, in het licht van wat je nu weet. 'In een nieuw kader plaatsen' is een term uit de cognitieve psychotherapie, die eenvoudigweg betekent dat je iets op een nieuwe manier ziet, in een nieuwe samenhang, met een nieuw kader eromheen.

Je eerste taak op dit gebied is om aan drie belangrijke veranderingen in je leven terug te denken die je je goed herinnert. HSP's reageren gewoonlijk met weerstand op veranderingen. Of we proberen onszelf erin te storten, maar hebben er toch last van. We kunnen gewoon niet zo goed met verandering omgaan, zelfs niet als het veranderingen ten goede zijn. Dat kan nog het meest frustrerend zijn. Toen mijn roman was gepubliceerd en ik naar Engeland toe moest om het boek te promoten, werd de fantasie die ik al jarenlang koesterde eindelijk realiteit. Uiteraard werd ik ziek en kon ik amper van de reis genieten. Op dat moment dacht ik dat ik mezelf als een neuroot van mijn grote moment beroofde. Nu ik mijn eigenschap beter begrijp, zie ik in dat de reis gewoon te spannend was.

Mijn nieuwe inzicht in die ervaring is precies wat ik bedoel met 'in een nieuw kader plaatsen'. Dus nu is het jouw beurt. Denk aan drie belangrijke veranderingen of verrassende wendingen in je leven. Kies er één uit – een verlies of een beëindiging – die op dat moment verschrikkelijk was voor jou. Kies er één die neutraal had moeten overkomen, als gewoon een grote verandering. En één die positief was, iets om te vieren of iets wat goedbedoeld voor jou werd gedaan. Volg nu voor elk van deze ervaringen de volgende stappen.

1. *Denk terug aan je reactie op die verandering en hoe je er altijd tegen aangekeken hebt.* Had je het gevoel dat je een 'verkeerde' reactie gaf, of een die anderen niet zouden hebben? Of dat die reactie te lang duurde? Besloot je dat er op de een of andere manier iets mis met je was? Probeerde je het feit dat je van streek was voor anderen verborgen te houden? Of hadden anderen het door en vertelden ze je dat je overdreven reageerde?

Hier volgt een voorbeeld van een negatieve verandering. Josh is inmiddels dertig, maar gedurende ruim twintig jaar heeft hij een gevoel van schaamte met zich meegedragen vanaf het moment dat hij halverwege de derde klas van school moest veranderen. Op zijn oude school was hij goed in de smaak gevallen vanwege zijn tekentalent, zijn gevoel voor humor, zijn bijzondere smaak voor kleding, enzovoort. Op de nieuwe school zorgden dezelfde kwaliteiten ervoor dat hij het mikpunt werd van pesterijen. Hij deed alsof het hem niets kon schelen, maar diep van binnen voelde hij zich afschuwelijk. Zelfs op zijn dertigste vroeg hij zich in zijn achterhoofd af of hij het misschien verdiend had om zo impopulair te zijn. Misschien was hij echt een beetje vreemd en een 'zwakkeling'. Waarom was hij anders niet beter voor zichzelf opgekomen? Misschien hadden ze allemaal gelijk.

2. *Bezie je reactie in het licht van wat je nu weet over hoe je lichaam automatisch reageert.* In het geval van Josh zou ik zeggen dat hij gedurende die eerste weken op de nieuwe school enorm geprikkeld was. Het moet moeilijk zijn geweest om ad rem te reageren, om goed te presteren bij de spelletjes en bij de lesopdrachten aan de hand waarvan de andere kinderen een nieuwe leerling beoordelen. De pestkoppen zagen hem als een gemakkelijk doelwit dat hen stoerder deed lijken. De anderen waren bang om hem te verdedigen. Hij verloor zijn zelfvertrouwen en voelde zich tekortschieten, en niet geliefd. Dit verergerde zijn spanning wanneer hij iets nieuws probeerde in het bijzijn van de anderen. Hij kon nooit ontspannen en normaal overkomen. Het was een pijnlijke periode, maar niets om je voor te schamen.
3. *Ga na of er op dit moment iets moet gebeuren.* Ik kan je vooral aanraden om je nieuwe kijk op de situatie met iemand anders te delen – vooropgesteld dat zij daarvoor openstaan. Misschien zou het zelfs iemand kunnen zijn die er destijds bij was en die je zou kunnen helpen het plaatje completer te maken. Ik raad je ook aan om je oude en nieuwe kijk op de ervaring op te schrijven en dat een poosje te bewaren bij wijze van geheugensteuntje.

2 Dieper graven
Je karaktereigenschap tot in detail begrijpen

Laten we nu eens je gedachtewereld zodanig herorganiseren dat er voor jou geen twijfel mogelijk is dat jouw karaktereigenschap daadwerkelijk bestaat. Dit is belangrijk, omdat de eigenschap zo weinig in het vakgebied van de psychologie is besproken. We zullen zowel een praktijkgeval aanhalen als een wetenschappelijk bewijs, dat grotendeels voortkomt uit onderzoek naar de aard van kinderen, wat goed aansluit op het praktijkgeval, dat gaat over twee kinderen.

We observeren Rob en Rebecca

Rond de tijd dat ik mijn onderzoek begon naar hoge sensitiviteit, beviel een goede vriendin van een tweeling – een jongen, Rob, en een meisje, Rebecca. Vanaf de allereerste dag was te merken dat ze verschillend waren, en ik begreep precies waardoor dat kwam. De wetenschapper in mij was opgetogen. Ik zou niet alleen een hoog sensitief kind kunnen zien opgroeien, maar Rob had zijn eigen 'controlegroep' oftewel vergelijkingsmateriaal meegenomen in de vorm van zijn zus Rebecca, die in exact dezelfde omgeving ter wereld was gekomen.

Een bijzonder voordeel van het feit dat ik Rob vanaf zijn geboorte kende, was dat het alle twijfels wegnam die ik had over de erfelijkheid van de eigenschap. Hoewel het waar was dat hij en zijn zus ook vanaf het begin anders werden behandeld, kwam dat aanvankelijk vooral door zijn sensitiviteit, een verschil waarmee hij was geboren. (Rob en Rebecca zijn een twee-eiige tweeling, wat betekent dat hun genen niet méér overeenkomen dan de genen van elke willekeurige broer en zus.)

Als klap op de vuurpijl waren de geslachten die normaal gesproken worden geassocieerd met sensitiviteit omgedraaid. De jongen, Rob, was de sensitieve van de twee; het meisje, Rebecca, was dat niet. De stereotypen waren ook omgedraaid in de zin dat Rob kleiner was dan Rebecca.

Wees niet verbaasd als het lezen over Rob een emotionele reactie bij je oproept. Waar mijn hele beschrijving om draait, is juist dat een deel ervan ook op jou van toepassing kan zijn. Aldus kunnen vage herinneringen of gevoelens terugkomen van voor de tijd dat je bewuste herinneringen hebt. Laat die gevoelens gewoon over je heen komen. Observeer ze. Het zou nuttig kunnen zijn ze op te schrijven. Het zal dienen als nuttige informatie tijdens het doorwerken van de volgende hoofdstukken.

Slaapproblemen

Tijdens de eerste dagen na de geboorte waren de karakterverschillen tussen Rob en Rebecca het grootst als ze moe waren. Rebecca viel zonder problemen in slaap en sliep door. Rob bleef wakker en huilde, vooral als er een verandering was geweest in de vorm van visite of een uitstapje. Dat betekende dat pa en ma moesten gaan wandelen, zingen, hem wiegen of troosten in een poging hem tot bedaren te brengen.

Het huidige advies voor iets oudere sensitieve kinderen is om het kind op bed te leggen en de overstimulatie, wat de werkelijke oorzaak van het huilen is, geleidelijk te laten temperen door de rust en de duisternis. H S P's weten maar al te goed wat 'te moe om te slapen' inhoudt. In feite zijn ze te *geprikkeld* om te slapen.

Een pasgeboren baby een uur laten schreeuwen kunnen de meeste ouders echter niet verdragen, waarschijnlijk omdat het niet echt de beste oplossing is. Een baby wordt meestal het best getroost door beweging. In het geval van Rob ontdekten zijn ouders uiteindelijk dat hij het best in slaap viel in een elektrische schommelwieg.

Vervolgens hadden ze een probleem om hem in slaap te houden. Er zijn altijd momenten in ieders slaapcyclus waarop het eenvoudig of moeilijk is om wakker te worden gemaakt, maar sensitieve kinderen lijken minder periodes van diepe, onverstoorbare slaap te hebben. En als ze eenmaal wakker zijn kost het hun veel meer moeite om weer in slaap te komen. (Dit gold waarschijnlijk ook voor jou vroeger, ook al herinner je het je misschien niet.) Mijn eigen oplossing met ons hoog sensitieve kind was om dekens over zijn wieg te hangen. In zijn tentje was het helemaal rustig en knus, vooral als we hem op een onbekende plek te slapen legden. Soms dwingen sensitieve kinderen hun ouders tot een grote dosis inlevingsvermogen en creativiteit.

Eén nacht, twee kinderen

Toen Rob en Rebecca bijna drie jaar waren, werd hun broertje geboren. Mijn man en ik kwamen 's nachts naar hun huis en sliepen in het bed van hun ouders, die in het ziekenhuis waren. We waren gewaarschuwd dat Rob wel eens wakker kon worden van een nachtmerrie. (Hij had er veel meer dan zijn zus – HSP's hebben daar vaak last van.)

Zoals te verwachten viel, kwam Rob om vijf uur 's ochtends zacht snikkend onze kamer binnenlopen. Toen hij de verkeerde mensen in het bed van zijn ouders aantrof, ging zijn slaperig gehuil over in geschreeuw.

Ik heb geen idee wat er in hem omging. Misschien: 'Gevaar! Mama is weg! Afschuwelijke wezens hebben haar plek ingenomen!'

De meeste ouders zijn het erover eens dat alles gemakkelijker wordt als een kind eenmaal verstaat wat er tegen hem wordt gezegd. Dit geldt al helemaal voor hoog sensitieve kinderen, die in hun eigen verbeeldingswereld opgaan. De truc was om hem tussen zijn snikken door een paar snelle, troostende woorden van mijn kant toe te fluisteren.

Gelukkig heeft Rob een geweldig gevoel voor humor. Dus ik herinnerde hem aan een avond kort daarvoor waarop ik had opgepast en hun koekjes bij wijze van 'voorafje' voor het avondeten had gegeven.

Hij slikte zijn snik weg, staarde me aan en begon toen te glimlachen. En ergens in zijn hersenen was ik verschoven van de categorie van 'Monster Dat Mama Heeft Meegenomen' naar 'Gekke Elaine'.

Ik vroeg hem of hij tussen ons in wilde liggen, maar ik wist dat hij voor zijn eigen bed zou kiezen. Vlot lag hij er weer in en sliep lekker door.

De volgende ochtend liep Rebecca naar binnen. Toen ze zag dat haar ouders er niet waren, glimlachte ze en zei: 'Hoi Elaine. Hoi Art', en liep weer weg. Dat is het verschil met een niet-HSP.

Je moet er niet aan denken dat ik een type zou zijn geweest dat tegen Rob had geschreeuwd dat hij zijn kop moest houden en terug zijn bed in moest. Dat zou hij waarschijnlijk wel hebben gedaan, met het gevoel er helemaal alleen voor te staan in deze enge wereld. Maar hij zou niet meer in slaap zijn gevallen. Zijn intuïtieve geest zou urenlang op de gebeurtenis hebben voortgeborduurd, en hij zou waarschijnlijk onder meer tot de conclusie zijn gekomen dat het op de een of andere manier zijn schuld was. Sensitieve kinderen hebben geen klappen of trauma's nodig om bang te zijn voor het donker.

We completeren het plaatje van Rob

Overdag, als de tweeling in dat eerste jaar mee op stap ging, was Rebecca gefascineerd door de liveband in het Mexicaanse restaurant; Rob zette het op een huilen. In hun tweede jaar was Rebecca verrukt van golven, de kapper en draaimolens; Rob was er bang voor, in ieder geval in eerste instantie, net als op de eerste dag op de kleuterschool en bij de opwinding die gepaard ging met elke verjaardag en vakantie. Daarnaast ontwikkelde Rob angsten – voor dennenappels, figuurtjes op zijn dekbedovertrek of schaduwen op de muur. Die angsten waren vreemd en onwerkelijk voor ons, maar ze waren wel degelijk echt voor hem.

Kortom, Robs jeugd is wat moeilijk geweest voor hem en zijn zorgzame, stabiele, competente ouders. Hoe oneerlijk het ook is, het blijkt dat de lastige aspecten van een karakter meer tot uiting komen wanneer de thuisomgeving stabiel is. Anders zal een kind om te overleven alles doen wat nodig is om zich aan zijn verzorgers aan te passen, waarbij het eigen karakter weggeschoffeld wordt om later op een andere manier weer boven te komen, mogelijk in de vorm van stressgerelateerde fysieke symptomen. Maar Rob is vrij om zichzelf te zijn, dus zijn gevoeligheid laat hij open en bloot zien. Hij is in staat zijn gevoelens te uiten, en als gevolg daarvan kan hij leren wat wel en niet voor hem werkt.

Tijdens zijn eerste vier levensjaren bijvoorbeeld barstte Rob vaak in een kwade huilbui uit als hij zich overvoerd voelde. Op dat soort momenten hielpen zijn ouders hem geduldig zijn kalmte te hervinden. En maand na maand leek hij beter in staat niet overvoerd te raken. Als hij bijvoorbeeld naar een enge of verdrietige film zat te kijken, leerde hij tegen zichzelf te zeggen wat zijn ouders zouden zeggen: 'Het is maar een film', of: 'Ja, maar het loopt toch wel goed af.' Of hij deed zijn ogen dicht en zijn handen voor zijn oren of liep even de kamer uit.

Waarschijnlijk omdat hij voorzichtiger is, was hij langzamer in zijn fysieke ontwikkeling. Hij houdt er niet van om met andere jongens wilde, ruige spelletjes te spelen. Maar hij wil wel graag zijn zoals zij en hij doet zijn best, dus wordt hij geaccepteerd. En omdat hij zo zorgvuldig let op zijn afstemming op de situatie, vindt hij school tot nu toe erg leuk.

Er zijn nog een paar andere dingen te melden over Rob die mij gezien zijn eigenschap niet verbazen. Hij heeft een buitengewone verbeeldingskracht. Hij voelt zich aangetrokken tot alles wat met kunst te maken heeft, vooral muziek (dat geldt voor veel HSP's). Hij is grappig en een echte komediant als hij zich bij zijn publiek op zijn gemak voelt. Sinds zijn derde jaar 'denkt hij als een advocaat', in de zin dat hij details snel opmerkt en een subtiel onderscheid maakt tussen dingen. Hij maakt zich druk over het lijden van anderen en is beleefd, aardig en attent – behalve misschien als hij overvoerd is door te veel stimulatie. Zijn zus heeft overigens haar eigen talloze goede eigenschappen. Een daarvan is dat zij heel evenwichtig is, het houvast in het leven van haar broer.

Wat maakt Rob en Rebecca zo verschillend van elkaar? Hoe komt het dat je zo veel vragen van de zelftest aan het begin van dit boek met 'ja' hebt beantwoord terwijl dat voor de meeste mensen niet opgaat?

Je bent echt een volledig andere soort

Jerome Kagan, een psycholoog van de Harvard University, heeft een groot deel van zijn loopbaan gewijd aan onderzoek naar deze eigenschap. In zijn ogen is het karakterverschil even duidelijk als een andere kleur haar of ogen. Uiteraard geeft hij er andere benamingen aan – geremdheid, verlegenheid of bedeesdheid bij kinderen – en ik ben het niet eens met zijn termen. Maar ik begrijp dat oppervlakkig gezien, en vooral in een onderzoeksomgeving, de kinderen die hij onderzoekt inderdaad vooral geremd, verlegen of bedeesd lijken te zijn. Onthoud maar dat, als ik het over Kagan heb, sensitiviteit de karaktereigenschap is waar het om draait en dat een kind dat onbeweeglijk anderen observeert, innerlijk juist zeer *on*geremd kan zijn in zijn of haar verwerking van alle nuances van wat er te zien valt.

Kagan volgt al jaren de ontwikkeling van tweeëntwintig kinderen met deze eigenschap. Daarnaast bestudeert hij negentien kinderen die erg 'ongeremd' lijken te zijn. Volgens hun ouders hadden de 'geremde' kinderen als baby meer dan gemiddeld last van allergieën, slapeloosheid, darmkrampen en verstopping. Op jonge leeftijd, als ze voor het eerst in het laboratorium zijn, is hun hartslag over het algemeen hoger en deze verandert weinig onder druk. (Een hartslag kan ook niet veel veranderen als die al hoog is.) Onder druk verwijden hun pupillen zich sneller, en staan hun stembanden onder grotere spanning, waardoor hun stemmen hoger worden. (Veel HSP's zullen opgelucht zijn nu ze weten hoe het komt dat hun stem zo raar klinkt als ze gespannen zijn.)

De lichaamssappen (bloed, urine en speeksel) van sensitieve kinderen laten aanwijzingen zien voor een hoog gehalte aan norepinefrine in hun hersenen, vooral nadat de kinderen in het laboratorium aan diverse vormen van stress zijn blootgesteld. Norepinefrine wordt geassocieerd met opwinding; het is in feite de hersenvariant van adrenaline. De lichaamssappen van sensitieve kinderen bevatten ook meer cortisol, zowel onder stress als gewoon thuis. Cortisol is het hormoon dat aanwezig is wanneer men in een min of meer continue toestand van opwinding of alertheid verkeert. Onthoud cortisol; we komen hier later op terug.

Kagan bestudeerde baby's om te kijken welke tot 'geremde' kinderen zouden opgroeien. Hij ontdekte dat ongeveer 20 procent van alle baby's 'sterk reactief' zijn wanneer ze aan diverse stimuli worden blootgesteld: ze buigen en strekken heftig hun ledematen, trekken hun rug hol alsof ze geïrriteerd zijn of proberen weg te komen, en huilen vaak. Een jaar later had tweederde van de reactieve baby's uit het onderzoek zich ontwikkeld tot 'geremde' kinderen en vertoonde een hoog angstniveau in nieuwe situaties. Slechts 10 procent vertoonde lagere angstniveaus. Dus de eigenschap is zo ongeveer vanaf de geboorte waarneembaar, zoals het geval was met Rob.

Al het voorgaande wijst op wat ik al heb verteld – dat sensitieve kinderen een ingebouwde neiging hebben om sterker te reageren op externe stimuli. Maar Kagan en anderen ontdekken de details die daarvoor zorgen. Kagan heeft bijvoorbeeld ontdekt dat het voorhoofd van baby's die deze eigenschap later bleken te hebben, aan de rechterkant koeler was, hetgeen een grotere activiteit van de rechterhersenhelft impliceert. (Daarbij wordt het bloed aan de oppervlakte onttrokken ten behoeve van de activiteit.) Uit andere onderzoeken is gebleken dat veel HSP's meer activiteit in de rechterhersenhelft hebben, vooral degenen die vanaf de geboorte tot in hun jeugd sensitief blijven – dat wil zeggen, die dus duidelijk zo geboren zijn.

Kagans conclusie is dat mensen met de eigenschap van sensitiviteit of geremdheid een bijzonder soort vormen. Zij wijken genetisch gezien aanzienlijk af, hoewel ze uiterst menselijk blijven, net zoals bloedhonden en collies sterk verschillend zijn hoewel ze beide zonder twijfel honden zijn.

Mijn eigen onderzoek wijst ook in de richting van een afzonderlijke genetische 'soort' van sensitieve mensen. In mijn aselecte telefonische steekproef onder driehonderd mensen ontdekte ik ook een afzonderlijke groep en daarnaast een continuüm. Op een schaal van één tot vijf had 20 procent het gevoel dat ze 'uitzonderlijk' of 'behoorlijk' sensitief waren. Nog eens 27 procent noemde zichzelf 'gematigd' sensitief. Samen leken deze drie categorieën een continuüm te vormen. Maar plotseling werd de lijn doorbroken. Een magere 8 procent was 'niet' sensitief. En een overweldigende 42 procent zei dat ze 'helemaal niet' sensitief waren, alsof we inwoners van Lapland vroegen wat ze van kokosnoten vonden.

Op basis van mijn vele ontmoetingen met HSP's heb ik het gevoel dat ze inderdaad een aparte groep vormen, die zich onderscheidt van de niet-sensitieve mensen. Toch komt sensitiviteit bij hen ook in verschillende soorten en maten voor. Dit heeft wellicht te maken met het feit dat er verschillende oorzaken kunnen zijn voor de eigenschap, die leiden tot verschillende soorten, of 'smaken' van sensitiviteit, waarvan sommige sterker zijn dan andere, of die ertoe leiden dat sommige mensen met twee of drie soorten of meer worden geboren. En er zijn zo veel manieren waarop mensen hun sensitiviteit kunnen vergroten of verminderen door middel van ervaringen of bewuste keuzes. Al deze effecten zouden een vertroebeling van de grens kunnen veroorzaken van wat nog steeds in principe een afzonderlijke groep is.

Het gevoel dat Rob en Rebecca twee verschillende soorten mensen zijn, lijdt echter geen twijfel. Jij bent ook anders. Jouw 'anderszijn' is een feit.

De twee systemen van de hersenen

Een aantal onderzoekers meent dat de hersenen uit twee systemen bestaan en dat de balans tussen deze twee sensitiviteit creëert. Het ene systeem, het systeem van de 'gedragsactivering' (oftewel 'aanpak' of 'facilitering'), is verbonden met die delen van de hersenen die boodschappen van de zintuigen verwerken en opdrachten aan de ledematen geven om te bewegen. Dit systeem is ontwikkeld om ons tot nieuwe dingen aan te zetten. Het is waarschijnlijk bedoeld om ons gretig op zoek te houden naar de goede dingen van het leven, zoals vers voedsel en gezelschap, wat we allemaal nodig hebben om te overleven. Als het activeringssysteem aan het werk is, zijn we nieuwsgierig, onverschrokken en impulsief.

Het andere systeem wordt het systeem van de 'gedragsgeremdheid' (oftewel 'terugtrekking' of 'vermijding') genoemd. (Je kunt aan de benamingen al aflezen welk systeem volgens jouw cultuur als 'goed' wordt beschouwd.) Dit systeem wordt geacht ons van dingen weg te houden, en ons attent te maken op gevaar. Het maakt ons alert, behoedzaam en waakzaam voor signalen. Het is geen verrassing dat dit systeem verbonden is aan alle delen van de hersenen waarvan Kagan opmerkte dat deze actiever waren bij zijn 'geremde' kinderen.

Maar wat doet dit systeem nu werkelijk? Het neemt alles wat in een bepaalde situatie speelt in zich op en vergelijkt dan automatisch het heden met wat in het verleden normaal en vertrouwd is geweest en wat er voor de toekomst te verwachten valt. Als dit niet met elkaar overeenkomt, roept het systeem ons een halt toe en wacht tot we inzicht hebben in de nieuwe situatie. In mijn ogen is dit een zeer significant onderdeel van intelligent handelen. Ik geef dan ook de voorkeur aan een positievere benaming: het systeem van de automatische controlepauze.

Maar laten we nu eens kijken in hoeverre iemand een actiever systeem van automatische controlepauze kan hebben. Stel je eens voor dat Rob en Rebecca op een ochtend op school komen. Rebecca ziet hetzelfde klaslokaal, dezelfde leraar en dezelfde kinderen als gisteren. Ze gaat lekker spelen. Rob merkt op dat de leraar een slecht humeur heeft, dat een van de kinderen boos kijkt en dat er in de hoek een paar tassen staan die er daarvoor niet waren. Rob aarzelt en besluit misschien dat hij beter maar op zijn hoede kan zijn. Dus opnieuw is sensitiviteit – de subtiele verwerking van zintuiginformatie – het grote verschil. Merk op hoe de psychologie de twee systemen tegengestelde doelstellingen heeft toegeschreven. Dit komt overeen met de tegenstelling die ik in het voorgaande hoofdstuk beschreef tussen de klasse van de oorlogszuchtige leiders en de klasse van de koninklijke adviseurs.

Deze verklaring van sensitiviteit op grond van twee systemen suggereert ook dat er twee soorten HSP's zijn. Sommigen hebben misschien een controlepauzesysteem dat slechts van gemiddelde sterkte is, maar een nog zwakker activeringssysteem. Dit soort HSP zou wel eens heel rustig, stil en tevreden met een eenvoudig leven kunnen zijn. Alsof de koninklijke adviseurs monniken zijn die het hele land c.q. de hele persoon aansturen. Een ander soort HSP zou wel eens zowel heel nieuwsgierig als zeer behoedzaam kunnen zijn, onverschrokken maar ook snel gespannen, en gemakkelijk verveeld maar ook gemakkelijk overvoerd. Het optimale spanningsniveau bevindt zich in een smalle marge. Je zou kunnen zeggen dat er binnen de persoon een voortdurende machtsstrijd gaande is tussen de adviseur en de impulsieve, expansiegerichte strijder.

Ik denk dat Rob zo'n type is. Andere jonge kinderen worden echter bestempeld als zo stil en ongeïnteresseerd dat ze het gevaar lopen genegeerd en verwaarloosd te worden.

Welk type ben jij? Heeft jouw controlepauze-/adviseurssysteem de overhand, dankzij een rustig activerings-/strijderssysteem? Dat wil zeggen, kost het je weinig moeite om tevreden te zijn met een rustig leventje? Of zijn de twee onderdelen die jou aansturen voortdurend in conflict met elkaar? Dat wil zeggen, ben je er altijd op uit om nieuwe dingen te onderzoeken, ook al weet je dat je naderhand uitgevloerd bent?

Je bestaat uit meer dan genen en systemen

Laten we niet vergeten dat je een gecompliceerd wezen bent. Bepaalde onderzoekers, zoals Mary Rothbart van de University of Oregon, zijn er heilig van overtuigd dat karakter een heel ander verhaal is bij het bestuderen van jonge volwassenen, die zaken tegen elkaar kunnen afwegen, keuzes kunnen maken en hun wilskracht kunnen uitoefenen om hun keuzes te realiseren. Rothbart meent dat als psychologen te veel onderzoek doen naar kinderen en dieren, ze de rol van het menselijk denken en levenservaring over het hoofd zien.

Laten we jouw ontwikkeling en die van Rob eens door de ogen van Rothbart zien, en in hoeverre jouw sensitiviteit in elke fase anders is.

Bij de geboorte is de enige reactie van de baby negatief – geïrriteerdheid, rusteloosheid. Sensitieve baby's zoals jij en Rob onderscheidden zich met name doordat ze sneller geïrriteerd en rusteloos waren – wat Kagan 'sterk reactief' noemt.

Na ongeveer twee maanden treedt het gedragsactiveringssysteem in werking. Nu gaf je blijk van een interesse in nieuwe dingen voor het geval ze je behoeften zouden kunnen bevredigen. Daarmee ging een nieuw gevoel gepaard – boosheid en frustratie als je niet kreeg wat je wilde. Dus zowel positieve emoties als boosheid waren mogelijk, en in hoeverre je deze emoties voelde hing af van de kracht van je activeringssysteem. Rob, bij wie beide systemen zeer krachtig zijn, ontwikkelde zich tot een baby die snel kwaad werd. Maar sensitieve baby's met een laag activeringssysteem zouden op deze leeftijd rustig en 'lief' zijn.

Rond de zes maanden kwam je superieure automatische controlepauzesysteem in bedrijf. Je was in staat huidige ervaringen te vergelijken met ervaringen uit het verleden, en als de huidige ervaringen je net zo van slag brachten als in het verleden, dan zou je angst ervaren. Maar je zou opnieuw meer subtiele verschillen in elke ervaring zien. In jouw ogen was er meer onbekend en mogelijk beangstigend.

Op dit punt beland, bij zes maanden, wordt elke ervaring belangrijk voor HSP's. Het is duidelijk hoe een paar slechte ervaringen bij het benaderen van nieuwe dingen het controlepauzesysteem konden veranderen in een pauze-en-nietsdoen-systeem, een waar geremdheidssysteem. Het scheen dat alles vermijden de beste manier was om nare dingen te vermijden. En hoe meer je de wereld vermijdt, hoe nieuwer alles overkomt natuurlijk. Stel je eens voor hoe beangstigend de wereld op jou overgekomen kan zijn.

Rond de tien maanden uiteindelijk begon je de vaardigheid te ontwikkelen om je aandacht te verleggen, om te bepalen hoe je iets kon ervaren of een bepaald gedrag kon afwenden. Pas op dit punt kon je de conflicten tussen de beide systemen beginnen het hoofd te bieden. Een conflict zou kunnen zijn: *ik wil dat proberen, maar het lijkt zo onbekend*. (Met tien maanden zouden we die woorden misschien niet gebruiken, maar dat is het idee erachter.) Maar nu zou je in staat zijn keuzes te maken welke emotie je moest volgen. Je kunt het Rob bijna zien doen: *oké, het is niet vertrouwd, maar ik ga er toch mee door*.

Je had waarschijnlijk je favoriete methoden om aan het controlepauzesysteem voorbij te gaan als het je te lang of te vaak ophield. Een manier was misschien om mensen te imiteren bij wie het minder sterk aanwezig was. Je ging gewoon door en had daar ook nog profijt van, net als zij, ondanks je voorzichtigheid. Een andere manier was misschien het opnieuw categoriseren van de stimulatie om het vertrouwder te maken. De grommende wolf in de film 'is gewoon een grote hond'. Maar de meeste hulp heb je waarschijnlijk gekregen van anderen die wilden dat je je veilig en niet angstig voelde.

Hulp van anderen bij angst heeft betrekking op weer een ander systeem, waarvan Rothbart meent dat het in volwassenen sterk ontwikkeld is. Dat treedt ook met tien maanden in werking. Daarmee begint een kind contact met anderen te krijgen en daarvan te genieten. Als deze sociale ervaringen positief en steunend zijn, ontwikkelt zich een ander fysiologisch systeem waarvoor mensen biologisch gezien toegerust zijn. Dit zou je het liefdessysteem kunnen noemen. Het creëert endorfinen, de neurochemische stoffen waardoor je je 'goed voelt'.

In hoeverre zou je over je angst heen kunnen komen door op de hulp van anderen te vertrouwen? Wie was er in de buurt op wie je kon rekenen? Ondernam je actie in de zin van: *mama is er, dus ik probeer het gewoon*? Heb je geleerd haar kalmerende woorden en optreden te imiteren, en ze op jezelf toe te passen? 'Wees maar niet bang, het komt wel goed.' Ik heb Rob al deze methoden zien gebruiken.

Misschien zou je nu even kunnen terugdenken aan jezelf en jouw jeugd, en in de volgende twee hoofdstukken gaan we hier verder op in. Ik weet dat je het je niet echt kunt herinneren, maar op basis van de feiten die er liggen, hoe is jouw eerste jaar dan *waarschijnlijk* verlopen? In hoeverre wordt je sensitiviteit nu beïnvloed door je gedachten en je zelfbeheersing? Ben je in staat soms je geprikkeldheid te beheersen? Wie heeft je dat geleerd? Wie waren jouw rolmodellen? Denk je dat jou is geleerd je behoedzaamheid te veel te beheersen zodat je meer durft te doen dan je lichaam aankan? Of lijkt het erop dat je geleerd hebt dat de wereld een onveilige plek is en dat overbelasting onbeheersbaar is?

Hoe vertrouwen verandert in wantrouwen en het onbekende gevaarlijk wordt

De meeste onderzoekers op het gebied van karakter hebben kortetermijnprikkeling bestudeerd. Dat is gemakkelijk te onderzoeken, omdat het duidelijk zichtbaar is aan de hand van de versnelde hartslag, ademhaling, meer transpiratie, grotere pupillen en meer adrenaline.

Er is echter nog een ander prikkelingssysteem, dat meer door hormonen wordt aangestuurd. Het treedt even snel in werking, maar de effecten van het voornaamste product, cortisol, is na tien tot twintig minuten het meest merkbaar. Een belangrijk punt is dat wanneer cortisol aanwezig is, de reactie op kortetermijnprikkeling zelfs nog waarschijnlijker is. Dat wil zeggen dat dit soort langetermijnprikkeling ons nog lichtgeraakter en sensitiever maakt dan daarvoor.

De meeste effecten van cortisol doen zich urenlang of zelfs dagenlang voor. Ze worden doorgaans gemeten in het bloed, het speeksel of de urine, waardoor het bestuderen van langetermijnprikkeling minder eenvoudig is. Maar psycholoog Megan Gunnar van de University of Minnesota bedacht dat het hele doel van het controlepauzesysteem wel eens kon zijn om het individu te beschermen tegen deze ongezonde, onprettige langetermijnprikkeling.

Onderzoek wijst uit dat wanneer mensen voor het eerst met iets nieuws kennismaken dat mogelijk bedreigend is, de kortetermijnreactie altijd eerst komt. In de tussentijd beginnen we onze mogelijkheden na te gaan. Wat zijn onze vaardigheden? Wat hebben we uit eerdere ervaringen over dit soort situaties opgestoken? Wie is er in de buurt om ons eventueel te helpen? Als we denken dat wij of degenen om ons heen de situatie aankunnen, zien we het niet langer als een bedreiging. Het kortetermijnalarm verstomt, en het langetermijnalarm gaat nooit af.

Gunnar demonstreerde dit proces aan de hand van een interessant experiment. Ze creëerde een bedreigende situatie die lijkt op degene die Kagan gebruikt om 'geremde' kinderen te onderscheiden. Maar eerst werden de negen maanden oude baby's gedurende een halfuur van hun moeder gescheiden. De helft van hen werd achtergelaten bij een zeer toegewijde oppas die op alle nukken van het kind reageerde. De andere helft werd achtergelaten bij een oppas die geen aandacht aan het kind schonk en nergens op reageerde, tenzij het kind zich daadwerkelijk opwond of begon te huilen. Vervolgens werd elke negen maanden oude baby in het gezelschap van alleen de oppas blootgesteld aan iets volkomen nieuws.

Wat in dit voorbeeld zo belangrijk is, is dat alleen de hoog sensitieve baby's met de onachtzame oppas meer cortisol in hun speeksel bleken te hebben. Het leek erop alsof degenen met de toegewijde oppas het gevoel hadden dat ze een steun hadden waardoor het niet nodig was om een langetermijnstressreactie te ontwikkelen.

Stel je eens voor dat die oppas je eigen moeder is. Psychologen die baby's en hun moeders observeren, hebben bepaalde signalen ontdekt waaruit ze kunnen afleiden of een kind zich 'veilig verbonden' voelt met de moeder. Een geborgen kind voelt zich veilig om op onderzoek uit te gaan, en nieuwe ervaringen worden gewoonlijk niet als bedreigend beschouwd. Andere signalen kunnen aangeven dat een kind zich 'niet veilig verbonden' voelt. De moeders van deze kinderen zijn ofwel te beschermend ofwel te onachtzaam (of zelfs gevaarlijk). (In hoofdstuk 3 en 4 gaan we dieper in op 'verbondenheid'.) Onderzoek onder sensitieve kinderen die samen met hun moeder voor een nieuwe, schokkende situatie worden gesteld, wijst uit dat deze kinderen inderdaad hun normale, sterke kortetermijnreactie vertonen. Maar als een sensitief kind zich veilig verbonden voelt met mama, komt er uit de stress geen langetermijneffect met cortisol voort. Zonder die veilige verbondenheid veroorzaakt een schokkende ervaring echter wel een langetermijnprikkeling.

Het is duidelijk waarom het belangrijk is dat jonge HSP's (en ook oudere) midden in het leven staan, en beter dingen kunnen proberen dan zich terug te trekken. Maar hun verzorgers moeten hun een geborgen gevoel geven en hun ervaringen moeten succesvol zijn, want anders zien ze hun redenen om ergens niet op af te stappen alleen maar gerechtvaardigd. En dit alles gaat al van start nog voordat je kan praten!

Veel intelligente, sensitieve ouders zorgen haast automatisch voor alle benodigde ervaringen. Robs ouders prijzen hem voortdurend als hij ergens in slaagt en moedigen hem aan om zijn angsten op de proef te stellen om te zien of ze reëel zijn, terwijl hij indien nodig op hen kan terugvallen. Op een gegeven moment zal zijn beeld van de wereld zich ontwikkeld hebben tot een niet zo enge plek als zijn zenuwstelsel hem in de eerste twee jaar van zijn leven vertelde. Zijn creatieve kanten en intuïtieve vermogens, alle voordelen van zijn sensitiviteit, zullen tot volle bloei komen. De lastige kanten zullen vervagen.

Als ouders niets bijzonders doen om een sensitief kind te helpen zich veilig te voelen, zal de vraag of het kind werkelijk 'geremd' wordt waarschijnlijk afhangen van de relatieve sterkte van het activerings- en het controlepauzesysteem. Maar vergeet niet dat sommige ouders en omgevingen de boel behoorlijk kunnen verergeren. Herhaalde beangstigende ervaringen zullen de voorzichtigheid beslist aanzienlijk versterken, vooral ervaringen waarbij geen troost of hulp werd geboden, waarbij het kind gestraft werd voor zijn onderzoek, en waarbij anderen die behulpzaam zouden moeten zijn juist gevaarlijk werden.

Een ander belangrijk punt is dat hoe meer cortisol zich in het babylichaam bevindt, hoe minder het kind zal slapen, en hoe minder het slaapt, hoe meer cortisol wordt aangemaakt. Overdag is de regel: hoe meer cortisol, hoe meer angst, en hoe meer angst, hoe meer cortisol. Ononderbroken slaap 's nachts en geregelde slaapjes brengen het cortisolgehalte in baby's naar beneden. En onthoud dat een lager cortisolgehalte ook betekent dat er minder vaak een kortetermijnalarm afgaat. Het was eenvoudig te zien dat dit een voortdurend probleem was met Rob. Dat is het misschien voor jou ook geweest.

Bovendien, als er geen aandacht wordt geschonken aan slaapproblemen die in de babytijd beginnen, kunnen ze tot in de volwassenheid voortduren en een hoog sensitief persoon haast ondraaglijk sensitief maken. Dus zorg dat je voldoende slaap krijgt!

De diepte in

Er kleeft nog een ander aspect aan jouw eigenschap, dat lastiger door middel van onderzoeken of observaties te vangen is – behalve wanneer het sensitieve kind (of de volwassene) lijdt aan vreemde angsten of nachtmerries. Om inzicht te krijgen in dit toch heel wezenlijke aspect van de eigenschap, is het zaak om het laboratorium te verlaten en de behandelkamer van de dieptepsycholoog binnen te gaan.

Dieptepsychologen leggen veel nadruk op het onbewuste en de verdrongen of niet onder woorden gebrachte ervaringen die daarin liggen opgeslagen, die ons volwassen leven blijven beheersen. Het is geen verrassing dat hoog sensitieve kinderen en ook volwassenen slaapproblemen hebben en melding maken van levendiger, verontrustende, 'archetypische' dromen. Als de duisternis invalt wordt de fantasie beheerst door subtiele geluiden en vormen, en HSP's zijn daar gevoeliger voor. Daarnaast zijn er de onbekende ervaringen van overdag – sommige zijn nauwelijks opgevallen, sommige volkomen verdrongen. Al deze ervaringen malen rond in ons hoofd, precies op het moment dat we onze bewuste geest ontspannen om in slaap te kunnen vallen.

In slaap vallen, in slaap blijven en weer in slaap kunnen komen als we wakker zijn geweest, vereist een vermogen om onszelf gerust te stellen, om ons veilig te voelen in de wereld.

De enige dieptepsycholoog die uitvoerig over sensitiviteit heeft geschreven, was een van de oprichters van het 'dieptewerk', Carl Jung, en wat hij zei was belangrijk – en buitengewoon positief, voor de verandering.

Lang geleden, toen psychotherapie van de grond kwam met Sigmund Freud, waren de meningen verdeeld in hoeverre het aangeboren karakter de persoonlijkheid vormde, waaronder emotionele problemen. In de periode voor Freud had de medische wereld de nadruk gelegd op aangeboren wezenlijke verschillen. Freud trachtte te bewijzen dat 'neuroses' (zijn specialiteit) werden veroorzaakt door trauma's, vooral schokkende seksuele ervaringen. Carl Jung, die lang met Freud in zijn opvattingen is meegegaan, haakte uiteindelijk af omdat hij het niet eens was met de centrale plek die de seksualiteit bij Freud innam. Jung stelde vast dat het fundamentele verschil lag in een aangeboren hogere sensitiviteit. Hij was van mening dat wanneer hoog sensitieve patiënten een trauma hadden meegemaakt, seksueel of anderszins, ze daardoor uitzonderlijk aangedaan waren en aldus een neurose ontwikkelden. Merk op dat Jung zei dat sensitieve mensen die in hun jeugd geen trauma hebben opgelopen, niet neurotisch geboren zijn. Op basis van de onderzoeken van Gunnar krijg je de indruk dat het sensitieve kind dat een veilige verbondenheid voelt met zijn of haar moeder, zich niet bedreigd voelt door nieuwe ervaringen. Jung had inderdaad een hoge pet op van sensitieve mensen – maar hij was er dan ook zelf een.

Dat Jung over HSP's heeft geschreven, weten maar weinig mensen. (Ik kwam er pas achter toen ik mijn eigen onderzoek naar deze eigenschap ging doen.) Hij zei bijvoorbeeld dat 'een bepaalde aangeboren sensitiviteit een speciale voorgeschiedenis creëert, een speciale manier om ervaringen in de baby- en kindertijd te ervaren' en dat 'gebeurtenissen die bol staan van de krachtige indrukken nooit voorbijgaan zonder hun sporen na te laten op sensitieve mensen'. Later begon Jung introverte en intuïtieve typen op dezelfde manier te beschrijven, maar zelfs nog positiever. Hij zei dat ze zichzelf meer in bescherming moesten nemen – wat hij bedoelde met in zichzelf gekeerd zijn. Maar hij zei ook dat ze 'leraren en cultuurbeschermers waren. [...] hun leven leert ons de andere kant zien, het innerlijke leven waar onze beschaving zo pijnlijk veel behoefte aan heeft.'

Dergelijke mensen worden volgens Jung meer door hun onbewuste beïnvloed, hetgeen hun 'uiterste belangrijke' informatie verschaft, een 'profetisch vooruitzien'. Volgens Jung bevat het onbewuste belangrijke wijsheid om uit te putten. Een leven waarin een sterke communicatie met het onbewuste plaatsvindt, is veel invloedrijker en levert meer persoonlijke bevrediging op.

Maar een dergelijk leven kan ook problematischer zijn, vooral als er in de jeugd te veel verstorende ervaringen zijn voorgekomen zonder die hechte band met de moeder. Zoals bleek uit het onderzoek van Gunnar en zoals je zult lezen in hoofdstuk 8, sloeg Jung de spijker op zijn kop.

Het is dus een feit en dat is prima

Rob, Jerome Kagan, Megan Gunnar en Carl Jung zullen je er inmiddels wel van hebben overtuigd dat jouw eigenschap een feit is. Je *bent* inderdaad anders. In het volgende hoofdstuk ga je bekijken hoe je je leven anders dan anderen zou kunnen inrichten om in gezonde harmonie met je danig afwijkende, hoog sensitieve lichaam te kunnen zijn.

Inmiddels is het beeld dat je voor ogen hebt misschien ook wat zwartgallig – een beeld van angst, verlegenheid, geremdheid en verwarrende overprikkeling. Alleen Jung heeft het over de voordelen van de eigenschap gehad, maar zelfs hij sprak erover in het kader van onze verbondenheid met de duistere diepten van onze psyche. Maar nogmaals, onthoud dat een dergelijke negativiteit vooral een teken is van het vooroordeel dat in onze cultuur heerst. Onze cultuur, waarin men de voorkeur geeft aan een stoere houding, ziet onze eigenschap als iets moeilijks om mee te leven, iets wat genezen moet worden. Vergeet niet dat HSP's vooral verschillen door hun sensitieve verwerking van subtiele stimuli. Dat is een positieve en correcte manier om je eigenschap te begrijpen.

WERKEN MET WAT JE HEBT GELEERD
Jouw diepere reactie

Dit is iets om nu direct te doen, nadat je dit hoofdstuk hebt gelezen. Je intellect heeft een aantal ideeën verwerkt, maar gevoelsmatig heb je mogelijk diepere reacties op wat je hebt gelezen.

Om deze diepere reacties aan te boren is het zaak om contact te maken met de diepere gedeelten van je lichaam, oftewel je emoties, oftewel het fundamentelere, instinctieve soort bewustzijn dat Jung het onbewuste noemde. Dit is de plek waar de verdrongen of vergeten delen van jezelf rondzwerven, de plek waar je je misschien bedreigd of opgelucht of opgetogen of verdrietig voelt door wat je nu leert.

Lees het volgende eerst door, ga dan verder. Begin met zeer bewust adem te halen vanuit het centrum van je lichaam, je onderbuik. Zorg ervoor dat je middenrif erbij betrokken blijft – blaas in eerste instantie vrij hard door je mond weer uit, alsof je een ballon opblaast. Je maag zal zich spannen als je dit doet. Vervolgens zal de lucht bij je volgende ademhaling automatisch op maagniveau naar binnen worden gezogen. Je inademing moet vanzelf en gemakkelijk gaan. Alleen je uitademing moet langer aanhouden. Ook die kan minder geforceerd en niet langer uit je mond plaatsvinden wanneer je eenmaal gewend bent geraakt om vanuit je buik te ademen in plaats van hoog in je longen.

Als je dat voor elkaar hebt, is het zaak een veilige plek te creëren binnen je verbeelding waar alles welkom is. Laat elk gevoel toe dat ervoor zorgt dat je je bewust bent van die plek. Dat kan een gevoel in je lichaam zijn – rugpijn, spanning in je keel, een onrustig gevoel in je maag. Laat dat gevoel toenemen en laat het je vertellen wat het je wil laten zien. Misschien zie je een vluchtig beeld. Of hoor je een stem. Of neem je een emotie waar. Of een combinatie hiervan – een fysiek gevoel zou een beeld kunnen gaan vormen. Of een stem zou een gevoel kunnen uitdrukken dat je begint te ervaren.

Merk op wat je allemaal kunt in deze rustige gemoedstoestand. Als gevoelens om uitdrukking vragen – als je moet lachen, huilen, of kwaad worden – probeer dat dan enigszins te doen.

Als je vervolgens weer uit die toestand terugkeert, denk dan na over wat er is gebeurd. Merk op wat die gevoelens had opgeroepen – wat het was in wat je had gelezen, wat het was in wat je dacht of je herinnerde terwijl je las. In hoeverre hadden je gevoelens te maken met jouw sensitiviteit?

Breng naderhand onder woorden wat je hebt opgestoken – denk er zelf over na, vertel het tegen iemand anders, of schrijf het op. Het bijhouden van een dagboek van je gevoelens terwijl je dit boek leest, zal zeker veel steun bieden.

3 Algemene gezondheid en levensstijl voor HSP's
Liefhebben en leren van je kind/lichaam

In dit hoofdstuk zul je leren de behoeften van je hoog sensitieve lichaam te onderkennen. Aangezien dit vaak verbazend moeilijk is voor HSP's, heb ik geleerd dit te benaderen aan de hand van een metafoor – door je lichaam te behandelen zoals je een kind zou behandelen. Zoals je zult merken is dit zo'n goede metafoor dat het misschien helemaal geen metafoor is.

Zes weken oud: hoe het toen misschien was

Er dreigt een storm. De lucht wordt donkergrijs. De wolkenmassa aan de hemel breekt in stukken. Stukken hemel vliegen in verschillende richtingen. De wind neemt toe, in stilte... De wereld valt in duigen. Er staat iets te gebeuren. Het onrustige gevoel neemt toe. Het verspreidt zich vanuit het centrum en verandert in pijn.

Het bovenstaande is een moment van toenemende honger zoals ervaren door een hypothetische baby van zes weken genaamd Joey, verbeeld door ontwikkelingspsycholoog Daniel Stern in zijn prachtige boek *Diary of a Baby*. Een enorme hoeveelheid recent onderzoek naar de babytijd ligt ten grondslag aan het dagboek van Joey. Inmiddels is men bijvoorbeeld van mening dat baby's geen onderscheid kunnen aanbrengen tussen stimulatie van binnenuit en van buitenaf, of de verschillende zintuigen kunnen onderscheiden, of de tegenwoordige tijd van een ervaring die ze zojuist hebben opgedaan. Noch hebben ze het besef dat zijzelf degene zijn die alles ervaart, degene wie het overkomt.

Aan de hand van het bovenstaande ontdekte Stern dat het weer een goede analogie vormt voor de ervaring van een baby. Dingen gebeuren gewoon en variëren vooral in intensiteit. Intensiteit is alles wat verstorend werkt, door een storm van overprikkeling te ontketenen. HSP's let op: overprikkeling is de eerste en de fundamenteelste ervaring in het leven; onze eerste lessen over overprikkeling beginnen bij de geboorte.

Hier volgt hoe Stern zich voorstelt dat Joey zich voelt nadat hij is gevoed en zijn honger is gestild:

Alles is nieuw. Een andere wereld ontwaakt. De storm is voorbij. De wind is gaan liggen. De lucht is opgeklaard. Er verschijnen bewegende lijnen en stromende geluiden. Ze vormen een harmonieus geheel en laten alles, als een transformerend licht, tot leven komen.

Stern meent dat baby's dezelfde behoefte aan een gematigd prikkelingsniveau hebben als volwassenen:

Het zenuwstelsel van een baby is toegerust om onmiddellijk de intensiteit van [...] alles wat door zijn zintuigen wordt opgenomen te evalueren. De intensiteit van zijn gevoel is waarschijnlijk de eerste aanwijzing die hij heeft om te weten of hij ernaartoe moet gaan of er ver vandaan moet blijven [...] als iets gematigd intensief is, [...] is hij betoverd. Deze nog net draaglijke intensiteit prikkelt hem [...] Zijn levendigheid neemt toe en activeert zijn hele wezen.

Met andere woorden, het is niet leuk om je te vervelen. Aan de andere kant heeft het kind/lichaam een aangeboren instinct om zich verre te houden van alles wat zeer intens is, om de overvoerde staat te vermijden. Voor sommigen is dat echter moeilijker dan voor anderen.

Zes weken oud en hoog sensitief

Nu zal ik zelf een poging wagen in dit nieuwe literaire genre van het babydagboek, met de ervaring van een denkbeeldige, hoog sensitieve baby, genaamd Jesse.

Het heeft onafgebroken gewaaid, soms aanwakkerend tot een huilende storm, dan weer vervallend tot een nerveus, vermoeiend gekreun. Een eeuwigheid lang hebben wolken rondgedraaid in een willekeurige afwisseling van verblindend licht en dreigende duisternis. Nu valt er een onheilspellende schemer in, en heel even lijkt de wind samen met het licht af te nemen.

Maar de duisternis raakt stuurloos, en de huilende wind begint besluiteloos van richting te veranderen, zoals wanneer er misschien een tornado op komst is. En inderdaad nemen de koersveranderingen vanuit deze chaos vorm aan, en geven over en weer energie, totdat er een woeste cycloon uit ontstaat. Een helse orkaan breekt los in het holst van de nacht.

Ergens bestaat een plek of tijd waar deze ellende ophoudt, maar die veilige schuilplek is nergens te vinden, omdat dit weer geen gradaties en geen oost of west kent – het draait alleen maar rond en rond in de richting van het beangstigende centrum.

Ik stelde me voor dat het bovenstaande Jesse overkwam toen hij met zijn moeder en twee zusjes naar het winkelcentrum was geweest, eerst in het autostoeltje, vervolgens in de wandelwagen, en toen weer naar huis in de auto. Het was zaterdag en het was ontzettend druk in het winkelcentrum. Op weg naar huis kregen zijn zussen ruzie over welke radiozender aan moest, waarbij ze om beurten de muziek steeds harder zetten. Het was erg druk op de weg, en de rit was een aaneenschakeling van afremmen en optrekken. Ze kwamen pas laat thuis, ver na het tijdstip waarop Jesse normaal gesproken naar bed ging. Toen hem zijn eten werd aangeboden, kon hij alleen maar huilen en moeilijk doen, omdat hij te overprikkeld was om aandacht te kunnen schenken aan zijn minder sterke hongergevoel. Dus probeerde zijn moeder hem in slaap te krijgen. En dat was het moment waarop de orkaan uiteindelijk toesloeg.

We moeten niet vergeten dat Jesse ook nog honger had. Honger is ook een stimulus van binnenuit. Niet alleen raakt iemand daardoor extra geprikkeld, het zorgt ook voor een afname van de biochemische stoffen die nodig zijn voor het gewoonlijke, rustiger functioneren van het zenuwstelsel. Mijn onderzoek toont aan dat honger een bijzonder sterk effect heeft op HSP's. Zoals een van hen zei: 'Soms als ik moe ben lijkt het net of ik terugkeer naar de leeftijd waarop ik mezelf bijna kan horen zeggen: "Ik *moet nu* mijn melk en koekjes hebben."' Maar als we eenmaal overvoerd zijn, merken we onze honger misschien niet eens op. Goed zorgen voor een hoog sensitief lichaam is als de zorg voor een baby.

Waarom de combinatie van kind en lichaam?

Bedenk eens wat het kind en het lichaam gemeenschappelijk hebben. In de eerste plaats zijn ze beide wonderbaarlijk tevreden en coöperatief als ze niet te veel gestimuleerd of vermoeid worden of te hongerig zijn. Ten tweede, als baby's en sensitieve lichamen werkelijk uitgeput zijn, zijn ze allebei grotendeels hulpeloos om de zaken op eigen houtje weer recht te zetten. Als baby vertrouwde je op een verzorger om grenzen te stellen en jouw eenvoudige basisbehoeftes te bevredigen, en nu vertrouwt je lichaam op jou om dat te doen.

Allebei kunnen ze ook geen woorden gebruiken om uit te leggen wat hen dwarszit; ze kunnen alleen maar steeds luidere noodsignalen geven of een zo ernstig symptoom ontwikkelen dat dat niet kan worden genegeerd. De verstandige verzorger weet dat je veel ellende kan vermijden door te reageren op de eerste tekenen van onrust van de baby of het lichaam.

Ten slotte, zoals we al opmerkten in het voorgaande hoofdstuk, hebben verzorgers die van mening zijn dat pasgeboren baby's of lichamen verwend kunnen worden en dat je ze 'gewoon moet laten huilen', het bij het verkeerde eind. Onderzoek toont aan dat als direct gereageerd wordt op het gehuil van een kleine baby (behalve op de momenten dat een reactie slechts bijdraagt aan de overstimulatie) die baby op latere leeftijd minder in plaats van meer zal gaan huilen.

Dit kind/lichaam is een expert op het gebied van sensitiviteit. Het is vanaf de geboorte sensitief geweest. Het weet wat toen het moeilijkst was, en wat nu moeilijk is. Het weet wat je tekortgekomen bent, wat je van je ouders en andere verzorgers hebt geleerd over hoe je het moet behandelen, waar het nu behoefte aan heeft, en hoe je het in de toekomst kunt verzorgen. Door hier een begin te maken brengen we het gezegde in praktijk: 'Een goed begin is het halve werk.'

Jij en jouw verzorger

Ongeveer de helft of iets meer dan de helft van alle kinderen wordt opgevoed door capabele ouders, en ontwikkelt zich aldus tot 'goed gehecht' kind. Deze term komt uit de biologie. Alle pasgeboren zoogdieren klampen zich vast aan mama, en de meeste moeders willen dat hun kinderen zich veilig en stevig vastklampen.

Naarmate de kinderen iets ouder worden en zich veilig voelen, kunnen ze op eigen houtje dingen gaan onderzoeken of proberen te doen. De moeder zal daar blij mee zijn – oplettend en klaar om in te grijpen maar voor het overige blij dat haar kleintje groter wordt. Maar er zal altijd een soort onzichtbare verbondenheid blijven. Op het moment dat er gevaar dreigt, verenigen hun lichamen zich weer en klampen zich aan elkaar vast. Veilig.

Zo nu en dan, om verschillende redenen die meestal te maken hebben met hoe de moeder of vader zelf is opgevoed, geeft een verzorger één of twee andere boodschappen, waardoor er geen sprake is van een goede hechting. Een daarvan is dat de wereld zo'n afschuwelijke plek is, of dat de verzorger zo druk of kwetsbaar is dat het kind gedwongen is zich zeer stevig vast te klampen. Het kind durft weinig te ondernemen. Misschien wil de verzorger dat niet of zou hij of zij de baby achterlaten als de baby zich niet zou vastklampen. Deze baby's zijn erg bezig met of angstig over hun band met hun verzorger.

De andere boodschap die een kind kan ontvangen is dat de verzorger gevaarlijk is en gemeden moet worden of dat hij of zij een kind dat weinig zorg geeft en zeer onafhankelijk is hoger aanslaat. Misschien is de verzorger te gestrest om voor een kind te kunnen zorgen. En er zijn verzorgers die af en toe in hun kwaadheid of wanhoop zelfs willen dat het kind verdwijnt of sterft. In dat geval kan een kind zich maar het best helemaal niet hechten. Dergelijke kinderen vertonen vermijdingsgedrag. Als ze van hun moeders en vaders worden gescheiden, lijken het heel andere kinderen. (Het kan natuurlijk ook voorkomen dat een kind wel een hechte band heeft met één ouder en niet met de andere.)

Op basis van onze eerste hechtingservaringen zijn we geneigd om een tamelijk blijvend idee te ontwikkelen van wat we kunnen verwachten van iemand die ons na staat en van wie we afhankelijk zijn. Hoewel starheid en verloren kansen op de loer lagen, was het tegemoetkomen aan de hechtingswensen van je eerste verzorger belangrijk om te kunnen overleven. En zelfs als het niet langer een kwestie van overleven is, is het patroon nog steeds aanwezig in al zijn behoudendheid. Je vastklampen aan welke strategie dan ook die werkt – om veilig, angstig of vermijdend te zijn – beschermt je tegen het maken van gevaarlijke fouten.

Hechting en het hoog sensitieve lichaam

Kun je je uit het laatste hoofdstuk de hoog sensitieve kinderen nog herinneren die in onbekende situaties geen langetermijnprikkeling hadden? Zij waren degenen met ontvankelijke verzorgers of moeders met wie ze een hechte band hadden. Dit suggereert dat je als HSP die is opgegroeid met een gevoel van veiligheid, wist dat je een vangnet had en redelijk goed met overstimulatie kon omgaan. Uiteindelijk leerde je voor jezelf te doen wat jouw goede verzorgers voor jou hadden gedaan.

Intussen leerde je lichaam om niet steeds bij elke nieuwe ervaring bedreigd te reageren. En doordat een reactie uitbleef, ondervond het lichaam geen ontwrichtende langetermijnprikkeling. Je ontdekte dat je lichaam een vriend was die je kon vertrouwen. Tegelijkertijd ontdekte je dat je een bijzonder lichaam had, een sensitief zenuwstelsel. Maar je kon met dingen omgaan door te weten wanneer je jezelf een duwtje in de goede richting moest geven, wanneer je rustig aan moest doen, wanneer je er helemaal van af moest zien, wanneer je rust moest nemen en het later nog eens moest proberen.

Evenals de rest van de bevolking had echter de helft van jullie minder ideale ouders. Het is pijnlijk om over na te denken, maar we zullen dit onderwerp geleidelijk aansnijden en er diverse keren op terugkomen. Maar het is wel zaak dat je onder ogen ziet wat je misschien hebt gemist. Het hebben van een incapabele ouder heeft meer invloed op je gehad omdat je sensitief was. Je had behoefte aan begrip, niet aan bijzondere problemen.

Degenen onder jullie die zich als kind niet veilig voelden, moeten dat ook onder ogen zien, zodat je meer geduld hebt met jezelf. De belangrijkste reden om te weten wat er aan ontbrak, is dat je zelf een ander soort ouder voor jouw kind/lichaam kunt zijn. De kans is groot dat je jezelf niet goed verzorgt – hetzij je lichaam verwaarloost of te beschermend en betuttelend bent. Dat komt vrijwel zeker doordat je je lichaam op dezelfde manier behandelt als je niet-zo-fantastische eerste verzorger jou ooit behandelde (inclusief het te sterk reageren op die ervaring).

Dus laten we eens kijken wat we precies verstaan onder een goede verzorger en een niet-zo-goede verzorger van een kind/lichaam. We beginnen bij de zorg voor een pasgeboren baby – of met je lichaam op die momenten die je nu in je leven hebt waarop het zich net zo klein en hulpeloos als een pasgeboren baby voelt. Een goede beschrijving van wat nodig is, geeft ons de psycholoog Ruthellen Josselson:

Met armen om ons heen werpen we een barrière op tussen onszelf en wat ook maar pijnlijk of overweldigend in de wereld kan zijn. Met armen om ons heen hebben we een extra laag bescherming voor de wereld. We voelen die buffer, ook al is het ons niet duidelijk welk deel daarvan uit onszelf voortkomt en welk deel van buiten.

Een moeder die goed genoeg is, weet in haar beschermende functie dingen zodanig in de hand te houden dat haar baby niet overgestimuleerd wordt. Ze voelt aan hoeveel stimulatie gewenst is en wordt verdragen. Een adequaat beschermd milieu laat de baby zich vrijelijk ontwikkelen in een bepaalde toestand; het kind hoeft niet altijd te reageren. In een staat van optimale bescherming kan het ego zich vrij van externe invloeden ontwikkelen.

Als de bescherming niet afdoende is, als het kind/lichaam wordt lastiggevallen of verwaarloosd – of erger nog, misbruikt – is de stimulatie te intens voor het kind/lichaam. Het enige wat overblijft is op te houden bewust en aanwezig te zijn, waarbij het een gewoonte van 'dissociatie' ontwikkelt bij wijze van afweermechanisme. Overstimulatie op deze leeftijd verstoort ook de zelfontplooiing. Alle energie moet erop gericht blijven om de wereld geen inbreuk te laten maken. De hele wereld is gevaarlijk.

Laten we nu eens een iets latere leeftijd bekijken, waarop je er klaar voor was op onderzoek uit te gaan *als* je je veilig voelde. Dit komt overeen met de keren nu als je lichaam klaar is op ontdekking uit te gaan en de wereld in te trekken *als* het zich veilig voelt. In dit stadium vormt een te beschermende verzorger waarschijnlijk een groter probleem voor een sensitief kind/lichaam dan een onachtzame verzorger. Tijdens onze vroege jeugd of als we ons kwetsbaar voelen, wordt een voortdurende bemoeienis en controle van het kind/lichaam gevoeld als overstimulatie en bezorgdheid. In dit stadium remt bezorgde overprotectie het onderzoeken en de onafhankelijkheid. Een kind/lichaam dat voortdurend in de gaten wordt gehouden kan niet vrijelijk en zelfverzekerd functioneren.

Een klein beetje honger voelen en huilen van de kou en zeuren helpt bijvoorbeeld een kind/lichaam zijn behoeften te herkennen. Als de verzorger het kind/lichaam voedt voordat het honger heeft, verliest het het contact met zijn instincten. En als het kind/lichaam wordt weerhouden van onderzoeken, raakt het niet gewend aan de wereld. De verzorger/jij versterkt de indruk dat de wereld bedreigend is en dat het kind/lichaam zich daarbuiten niet staande kan houden. Er zijn geen kansen om overprikkeling te vermijden, te beheersen of te verdragen. Alles blijft onbekend en overprikkelend. In de bewoordingen van het voorgaande hoofdstuk: het kind/lichaam heeft niet genoeg benaderingservaringen om tegenwicht te bieden aan het sterke, aangeboren controlepauzesysteem dat de overhand kan nemen en te veel kan afremmen.

Als dit jouw manier van doen is met jouw kind/lichaam, wil je er misschien over nadenken waar dat vandaan komt. Misschien had je een te beschermende verzorger die werkelijk wilde dat een kind erg afhankelijk was en niet in staat was om op eigen benen te staan. Of werd het eigen gevoel van kracht of eigenwaarde van de verzorger gevoed door sterker te zijn en dus nodig. Als je verzorger meer kinderen had, maakte het feit dat jij het sensitiefst was jou ideaal voor dit doeleinde. Merk op dat het waarschijnlijk ook vaak voorkwam dat dit soort verzorger in werkelijkheid niet tot jouw beschikking stond, ondanks de boodschap die je kreeg – een dergelijke verzorger was gefocust op zijn of haar eigen behoeften, niet op die van jou.

Wat ik hiermee duidelijk wil maken, is dat hoe anderen jou verzorgden als kind/lichaam veel invloed heeft gehad op hoe jij nu omgaat met jouw kind/lichaam. Hun houding ten opzichte van jouw sensitiviteit heeft jouw houding gevormd. Denk daar eens over na. Wie anders had jou zo grondig iets kunnen bijbrengen? Hun zorg voor jou en hun houding ten opzichte van jouw lichaam heeft direct invloed op jouw gezondheid, geluk, levensduur en bijdragen aan de wereld. Dus als deze paragraaf je niet al te zeer van je stuk brengt, neem dan even de tijd om na te denken over de eerste verzorger van jouw kind/lichaam en de overeenkomsten tussen die eerste verzorging en hoe jij jezelf nu verzorgt.

Als je er wel van in de war raakt, neem dan even pauze. Als je denkt dat je misschien professionele (of misschien niet-professionele) emotionele steun en gezelschap nodig hebt als je gaat kijken naar het gebrek aan verbondenheid en hoe dat nu op jou van invloed is, zorg dan dat je die hulp krijgt.

Te veel naar buiten, te veel naar binnen

Evenals er twee soorten probleemverzorgers zijn – de te beschermende en de te weinig beschermende – zijn er twee manieren waarop HSP's tekortschieten in de zorg voor hun lichaam. Je dwingt jezelf misschien te veel naar buiten te treden – door jezelf te overbelasten met te veel werk, risico's of onderzoek. Of je houdt jezelf misschien te veel naar binnen gericht – door jezelf te veel te beschermen terwijl je eigenlijk graag midden in het leven staat, net als andere mensen.

Met 'te veel' bedoel ik meer dan je eigenlijk zou willen, meer dan goed aanvoelt, meer dan je lichaam aankan. Het maakt niet uit wat anderen verstaan onder 'te veel'. Sommigen van jullie zijn misschien mensen die, in ieder geval gedurende een periode in je leven, werkelijk vrijwel voortdurend ofwel naar binnen ofwel naar buiten gericht zijn. Gewoon omdat het goed voelt. Ik doel eigenlijk meer op de situatie waarin je voelt dat je het op de een of andere manier overdrijft en dat zou willen veranderen maar het niet kunt.

> DE EERSTE VERZORGER VAN JE KIND/LICHAAM EN DEGENE DIE ER NU VOOR ZORGT
>
> Maak op basis van wat je weet over de eerste twee jaar van je leven, een lijst van het soort woorden of uitspraken die jouw ouders mogelijk hebben gebruikt om jou als baby te beschrijven. Of vraag het aan hen. Een paar voorbeelden:
>
> Een plezier. Druk. Moeilijk. Geen probleem. Sliep nooit. Ziekelijk. Kwaad. Snel moe. Lachte veel. Moeilijk te voeden. Prachtig. Weet niets meer van jouw babytijd. Liep vlot. Voornamelijk opgevoed door een aantal oppassen. Zelden overgelaten aan oppas of crèche. Angstig. Verlegen. Het liefst alleen. Altijd op onderzoek uit.
>
> Let op de typering die je bijnaam had kunnen zijn – wat ze op je grafsteen zouden zetten. (De mijne was: 'Ze was nooit iemand tot last.') Let op de woorden die emotie, verwarring of conflict in jou doen opborrelen. Of de woorden waarop te veel nadruk lijkt te liggen, zoveel dat het tegendeel zelfs meer waar is als je er goed over nadenkt. Een voorbeeld zou kunnen zijn: een astmatisch kind dat beschreven wordt als 'geen probleem'.
> Denk nu na over de parallellen tussen hoe jouw ver-

> zorgers omgingen met jouw kind/lichaam en hoe jij dat nu doet. Welke van hun beschrijvingen van jou kloppen echt? Welke waren in feite hun zorgen en conflicten die je nu los zou kunnen laten? Bijvoorbeeld de omschrijving 'ziekelijk'. Zie je jezelf nog steeds als ziekelijk? Was je en ben je nu werkelijk vaker ziek dan andere mensen? (Zo ja, zorg dan dat je de bijzonderheden van je kinderziektes te weten komt – je lichaam onthoudt en verdient jouw medeleven.)
> Of bijvoorbeeld 'liep vlot'. Moest iedereen bij jou thuis met prestaties en mijlpalen de aandacht verdienen? Als je lichaam nu niet naar jouw tevredenheid presteert, kun je er dan toch van houden?

Verder wil ik niet impliceren dat degenen die zich enorm vastklampten en te beschermende of instabiele verzorgers hadden, altijd te beschermend zijn ten opzichte van hun kind/lichaam. Of dat degenen met verzorgers die hen verwaarloosden of misbruikten, altijd hun kind/lichaam verwaarlozen of misbruiken. Zo simpel ligt het niet. In de eerste plaats zitten onze hersenen zo in elkaar dat we even gemakkelijk te sterk kunnen reageren en gaan compenseren door het tegendeel te doen. Of, wat aannemelijker is, dat we heen en weer geslingerd worden tussen deze twee extremen of ze toepassen op verschillende gebieden in ons leven (bijvoorbeeld door bovenmatig te presteren op het werk en te beschermend te zijn in intieme relaties; door onze geestelijke gezondheid te verwaarlozen maar te veel nadruk leggen op onze fysieke gezondheid). En misschien ben je dit allemaal al te boven gekomen en ga je heel goed met je lichaam om.

Aan de andere kant vragen degenen onder jullie die wel een veilige verbondenheid voelden, zich af waarom je met deze zelfde twee extremen aan het worstelen bent. Maar onze omstandigheden, onze cultuur, subcultuur of werkcultuur, onze vrienden, en onze andere karaktereigenschappen kunnen ons ook allemaal te ver in een van beide richtingen sturen.

Als je niet zeker weet wat jij doet, bekijk dan het kader 'Ben je te veel naar buiten gericht of te veel naar binnen gericht?'

Het probleem van te veel naar binnen gericht zijn

Sommige HSP's, en misschien alle bij tijd en wijle, vallen buiten de boot omdat ze denken dat een HSP met geen mogelijkheid in de boze buitenwereld kan overleven. Men voelt zich te anders, te kwetsbaar en misschien te gehandicapt.

Ik ben het van harte eens met de opvatting dat je niet in staat zult zijn om op dezelfde manier mee te draaien in de wereld als de niet-sensitieve, vrijere soorten mensen met wie je jezelf misschien vergelijkt. Maar er zijn veel HSP's die een manier hebben gevonden om op hun eigen manier in de wereld succesvol te kunnen zijn, door iets nuttigs en plezierigs te doen, waarbij voldoende tijd overblijft om thuis te zijn en ook nog een rijk innerlijk leven te hebben.

BEN JE TE VEEL NAAR BUITEN GERICHT OF TE VEEL NAAR BINNEN GERICHT?

Noteer voor elke bewering een 3 als die *zeer waar* is, een 2 als ze *enigszins waar* is of *zowel waar als niet waar* is, afhankelijk van de situatie, of een 1 als ze *vrijwel nooit waar* is.

– 1. Ik ondervind vaak de kortstondige effecten van te veel geprikkeld, te veel gestimuleerd of te gestrest zijn – dingen als blozen, een snelle hartslag, een snellere of oppervlakkige ademhaling, een gespannen maag, zwetende of trillende handen, of plotseling op het punt staan te gaan huilen of in paniek te raken.
– 2. Ik heb last van de langetermijneffecten van prikkeling – het gevoel van onrust en angst, een verstoorde

spijsvertering of weinig trek, of niet in staat zijn in slaap te vallen of te blijven.
- 3. Ik probeer situaties waardoor ik overprikkeld raak het hoofd te bieden.
- 4. In een willekeurige week blijf ik meer binnen dan dat ik naar buiten ga. (Neem de tijd om dit zorgvuldig te berekenen, en tel alleen de beschikbare uren bij elkaar op, *zonder* de tijd die je slaapt en de tijd die je nodig hebt om je aan te kleden, uit te kleden en te douchen enzovoort.)
- 5. In een willekeurige week breng ik meer tijd alleen door dan met anderen. (Bereken dat op dezelfde manier als bij 4.)
- 6. Ik dwing mezelf dingen te doen waar ik bang voor ben.
- 7. Ik ga erop uit, zelfs als ik er geen zin in heb.
- 8. Men zegt tegen me dat ik te hard werk.
- 9. Als ik merk dat ik mezelf lichamelijk, geestelijk of emotioneel overbelast heb, houd ik onmiddellijk op om te rusten en andere dingen te doen waarvan ik weet dat ik ze voor mezelf moet doen.
- 10. Ik voeg dingen aan mijn lichaam toe – koffie, alcohol, medicijnen en dergelijke – om mezelf op het juiste prikkelingsniveau te houden.
- 11. Ik word slaperig in een donkere zaal en/of tijdens een lezing tenzij het me erg interesseert.
- 12. Ik word midden in de nacht of 's morgens heel vroeg wakker en kan dan niet meer in slaap komen.
- 13. Ik neem niet de tijd om goed te eten of regelmatig aan lichaamsbeweging te doen.

Tel de antwoorden op alle vragen bij elkaar op, *met uitzondering van* de vragen 4, 5 en 9. Tel dan 4, 5 en 9 bij elkaar op en trek de som hiervan af van het totaal van de andere vragen. De hoogst mogelijke 'naar buiten gerich-

> te' score bedraagt 27. De hoogst mogelijke 'naar binnen gerichte' score is 1. Een gemiddelde score zou 14 zijn. Vooral als je 10 of lager hebt gescoord, is het zaak na te denken over wat ik te vertellen heb over *Het probleem van te veel naar binnen gericht zijn*. Als je meer dan twintig hebt gescoord kun je het beste ter harte nemen wat ik in de volgende paragraaf heb geschreven over *Te veel naar buiten gericht zijn in de wereld*.

Het kan helpen om je gedrag in ogenschouw te nemen uit het gezichtspunt van je kind/lichaam. Als het nieuwe dingen wil proberen maar bang is, moet je het helpen, niet de angst versterken. Anders zeg je tegen je kind/lichaam dat het totaal niet weet wat het wil en dat het niet in staat is in de buitenwereld te overleven. Een dergelijke verlammende boodschap moet je een kind niet geven. Het is zaak dat je goed nadenkt over wie jou dit gevoel in je jeugd heeft gegeven, en waarom, in plaats van je te helpen naar buiten te treden en de dingen op jouw manier te leren doen.

Als je je lichaam opnieuw 'bemoedert' moet je je in de eerste plaats realiseren dat hoe meer stimulatie wordt vermeden, des te prikkelender de resterende stimulatie wordt. Een meditatieleraar vertelde ooit het verhaal van een man die niets met de stress van het leven van doen wilde hebben, dus trok hij zich terug in een grot om dag en nacht gedurende de rest van zijn leven te mediteren. Maar al snel kwam hij weer naar buiten, omdat hij helemaal over zijn toeren raakte van het geluid van druppelend water in zijn grot. De moraal van dit verhaal is dat stress er altijd tot op zekere hoogte zal zijn, omdat we onze sensitiviteit nu eenmaal bij ons dragen. Waar we behoefte aan hebben is een nieuwe manier van omgaan met de stressveroorzakende factoren.

In de tweede plaats is het vaak zo dat hoe meer je lichaam onderneemt – uit het raam kijkt, gaat bowlen, reist, spreekt in het openbaar – des te minder moeilijk en prikkelend dat wordt. Dit heet gewenning. Als het gaat om een vaardigheid, word je er ook nog vanzelf beter in. Alleen reizen in een vreemd land kan een

HSP bijvoorbeeld uitermate overweldigend lijken. Maar hoe vaker je het doet, hoe gemakkelijker het wordt en hoe meer je te weten komt over wat je wel en niet leuk vindt.

De manier om je betrokkenheid bij de wereld te accepteren en er vervolgens van te genieten is door met beide benen in het leven te staan.

Het is niet mijn bedoeling om dit te bagatelliseren. Ik ben zelf iemand geweest die de wereld tot op middelbare leeftijd voornamelijk meed. Pas toen werd ik min of meer gedwongen me aan te passen door de innerlijke processen waar ik doorheen ging. Sindsdien heb ik vrijwel iedere dag een dosis angst, overprikkeling en ongemak moeten trotseren. Dat is een zware opgave en allesbehalve leuk. Maar het is echt mogelijk. En het voelt heerlijk midden in het leven te staan en succes te hebben en naar de wereld te roepen: 'Kijk mij eens. Ik kan het *ook*!'

Te veel naar buiten gericht zijn in de wereld

Aan te veel naar binnen gericht zijn mag dan de overtuiging ten grondslag liggen dat het kind/lichaam wat mankeert, maar de oorzaak van te veel naar buiten gericht zijn is niet minder negatief. Het suggereert dat je zo weinig van het kind houdt dat je bereid bent het te verwaarlozen en te misbruiken. Waar heb je *die* houding vandaan?

Het komt niet noodzakelijkerwijs allemaal bij je ouders vandaan. Onze cultuur koestert het concept van competitie in het streven naar uitmuntendheid, waardoor iedereen die niet de top ambieert zich een waardeloze, onproductieve toeschouwer kan voelen. Dit is niet alleen van toepassing op iemands carrière, maar zelfs op iemands vrijetijdsbesteding. Ben je fit genoeg, maak je vorderingen met je hobby, ben je een goede kok of tuinman? En je gezinsleven – heeft je huwelijk voldoende diepgang, is je seksleven optimaal, heb je alles gedaan wat je kon om je kinderen te laten uitblinken?

Het kind/lichaam komt in opstand onder al deze druk, omdat het zijn ongenoegen opmerkt. In een reactie daarop zoeken we manieren om het te harden of het tot zwijgen te brengen met medicijnen. Vervolgens doemen de chronische stressgebonden symptomen op, zoals spijsverteringsproblemen, spierspanning en aanhoudende moeheid, slapeloosheid, migraine, of een zwak immuunsysteem dat ons ontvankelijker maakt voor griep en verkoudheden.

Het misbruik stoppen vereist in de eerste plaats het toegeven dat het inderdaad misbruik is. Het helpt ook om uit te zoeken welk deel van jou het misbruik uitvoert. Het deel dat zich tracht aan te passen op het perfectiescenario van de samenleving? Het deel dat het beter moet doen dan een broer of zus? Dat moet bewijzen dat je echt niets mankeert of 'overgevoelig' bent? Dat de liefde van je ouders moet winnen, of zelfs maar een blik in jouw richting voor de verandering? Dat moet bewijzen dat je evenveel talent hebt als zij denken dat je hebt? Of het idee dat de wereld niet zonder jou kan? Of dat je alles onder controle kunt houden en volmaakt en onsterfelijk kunt zijn? Vaak zit er ergens enige arrogantie in, ook al is het de arrogantie van een ander over jou.

Er is nog een andere reden waarom HSP's hun lichaam tot te veel dwingen, en dat is hun intuïtie, die sommigen van hen een continue stroom van creatieve ideeën geeft. Ze willen deze allemaal tot uiting brengen.

En wat denk je? Dat lukt je nooit. Je zult moeten kiezen. Niet kiezen is opnieuw een vorm van arrogantie en van wreed misbruik van je lichaam.

Ik heb hier ooit een droom over gehad – over lichtgevende, niet te stoppen wezens zonder hoofd die het op me gemunt hadden – wat me 's ochtends deed denken aan de Disney-tekenfilm van De tovenaarsleerling. Mickey Mouse speelt de leerling en gebruikt toverkracht om een bezem tot leven te brengen zodat die het klusje klaart dat zijn meester gedaan wil hebben: het vullen van een waterreservoir. Dit is niet slechts luiheid – Mickey is te arrogant om iets van een dergelijk laag niveau te doen en langzaam te moeten werken binnen de grenzen van zijn eigen lichaam. Maar Mickey heeft iets in gang gezet wat hij niet meer kan stoppen. Als het water de kamer overstroomt en de bezem nog steeds niet wil ophouden, hakt Mickey de bezem in stukken en al snel dragen honderden bezems zonder hoofd het water en verdrinken ze Mickey in de uitvoering van zijn eigen slimme ideeën.

Dat is de levendige wraak die je kunt verwachten van je lichaam als je het behandelt als een levenloze bezem, alles ten dienste van te veel slimme ideeën.

Het was een goede keuze van Mickey om de leerling te spelen – hij is meestal zo representatief voor de gemiddelde figuur in onze cultuur – vrolijk en energiek. Die energie heeft haar goede kant; ze bevordert de overtuiging dat we als individu en als volk alles kunnen bereiken als we maar hard en slim genoeg werken. Iedereen kan president of rijk en beroemd worden. Maar de 'schaduwzijde' van die deugd (alle goede eigenschappen hebben een schaduwzijde) is dat ze het leven tot een onmenselijke competitie maakt.

Het evenwicht bewaren

In hoeverre je naar buiten treedt of in hoeverre je de wereld vermijdt, moet iedereen zelf bepalen en de mate zal in de loop der tijd veranderen. Ik besef ook dat het door tijd- en geldgebrek voor de meeste mensen erg moeilijk is om dit evenwicht te bewaren. We worden gedwongen keuzes te maken en prioriteiten te stellen, maar consciëntieus als HSP's zijn, zetten ze zichzelf vaak op de laatste plaats. Of we geven onszelf in ieder geval niet meer tijd of gelegenheid om nieuwe vaardigheden te leren dan ieder ander. Maar in feite hebben we daarvoor meer tijd nodig.

Als je te veel naar binnen gericht bent, is het overduidelijk dat de wereld behoefte heeft aan jou en je subtiele sensitiviteit. Als je te veel naar buiten gericht bent, is het even duidelijk dat je elke verantwoordelijkheid veel beter draagt als je voldoende rust en ontspanning krijgt.

Hier volgt de wijze raad van een door mij geïnterviewde HSP:

Je moet alles te weten komen over deze sensitiviteit. Het zal alleen een hindernis of een excuus zijn als je dat toestaat. Als ik te zeer in mezelf gekeerd ben, zou ik wel de rest van mijn leven thuis willen blijven. Maar daar heb ik mezelf alleen maar mee. Dus ga ik wel naar buiten om de rest van de wereld te leren kennen, en kom dan terug om deze ervaringen in mijn leven te integreren. Creatieve mensen hebben tijd nodig zonder andere mensen. Maar dat kun je niet te lang volhouden. Als je je terugtrekt, verlies je je realiteitszin, je aanpassingsvermogen.

Ouder worden kan ook je grip op de realiteit verminderen, omdat je minder flexibel wordt. Naarmate je ouder wordt, is het zaak meer de deur uit te komen. Maar met de jaren ontwikkel je ook een zekere gratie. Je basiseigenschappen versterken zich, vooral als je jezelf volledig ontplooit, en niet alleen je sensitiviteit.

Luister naar je lichaam. Het is een fantastisch geschenk dat je kunt gebruiken, deze sensitiviteit ten opzichte van je lichaam. Het kan je de weg wijzen en als je je ervoor openstelt heeft dat een positief effect. Uiteraard willen sensitieve mensen de deur naar de wereld en hun lichaam dichtgooien. Ze worden bang. Maar dat moet je niet doen. Zelfexpressie is een veel betere manier.

Rust

Baby's hebben veel rust nodig, mee eens? Hoog sensitieve lichamen ook. We hebben allerlei soorten rust nodig.

In de eerste plaats hebben we behoefte aan slaap. Als je slaapproblemen hebt, moet je hieraan prioriteit geven. Onderzoek naar chronisch slaapgebrek heeft uitgewezen dat wanneer mensen zoveel mogen slapen als ze nodig hebben, het twee weken kan duren voor ze het punt bereiken waarop ze geen tekenen van slaaptekort meer vertonen (dat wil zeggen abnormaal snel in slaap vallen of in slaap vallen in een verduisterde ruimte). Als je tekenen van slaapgebrek vertoont, moet je zo nu en dan vakantiedagen opnemen waarin je niets anders hoeft te doen dan slapen zoveel je wilt. Je zult versteld staan hoeveel je dan slaapt.

HSP's hebben meer problemen dan anderen met nachtdiensten of ploegendiensten, en ze herstellen langzamer van een jetlag. Het is helaas niet anders. Je kunt beter geen korte reizen plannen die veel tijdzones bestrijken.

Als je last hebt van slapeloosheid, kun je daarover in andere bronnen een overvloed aan advies vinden. Er bestaan zelfs speciale instellingen om dat te behandelen. Maar er volgen hier een paar zaken die speciaal op HSP's van toepassing kunnen zijn. Respecteer in de eerste plaats je natuurlijke ritme en ga naar bed als je slaperig begint te worden. Voor een ochtenmens betekent dat vroeg naar bed gaan. Voor een avondmens, degenen met een groter probleem, betekent dat zo vaak mogelijk uitslapen.

Onderzoekers op het gebied van slaap adviseren mensen vaak om hun bed alleen met slaap te associëren en uit bed te gaan als ze niet kunnen slapen. Maar ik heb gemerkt dat HSP's er soms baat bij hebben als ze zichzelf beloven negen uur in bed te blijven met hun ogen dicht zonder zich druk te maken of ze nu werkelijk slapen. Aangezien 80 procent van de zintuigstimulatie via de ogen binnenkomt, rust je al behoorlijk uit van ontspannen liggen met je ogen dicht.

Het probleem met in bed blijven liggen als je wakker bent, is echter dat sommige mensen gaan liggen piekeren of zichzelf op andere manieren met gedachten en fantasieën te veel prikkelen. Als dit het geval is, kun je misschien beter wat gaan lezen. Of opstaan en de kwestie die je bezighoudt overdenken, je ideeën en oplossingen opschrijven en dan weer naar bed gaan. Slaapproblemen vormen een van de vele gebieden waarop we ons onderscheiden van anderen, zodat we zelf zullen moeten uitvinden wat voor ons het best werkt.

Maar we hebben ook andere soorten rust nodig. HSP's zijn in het algemeen erg consciëntieus en perfectionistisch ingesteld. We kunnen niet 'spelen' totdat het werk tot in de puntjes is afgerond. Die details belagen ons als speldenprikjes. Maar dat kan het moeilijk maken om je te ontspannen en plezier te maken. Het kind/lichaam wil spelen, en spelen creëert endorfinen en alle andere veranderingen in je lichaam waardoor stress verdwijnt. Als je depressief bent of in ander opzicht overmatig emotioneel, niet kunt slapen, of andere tekenen vertoont van uitbalanszijn, dwing jezelf dan meer spel in te bouwen.

Maar wat is leuk? Wees op je hoede om dat niet te laten bepalen door de niet-HSP's in jouw omgeving. Veel HSP's vinden het leuk om een goed boek te lezen of een beetje in de tuin te werken, in hun eigen tempo, of de tijd nemen voor het bereiden en nuttigen van een rustige maaltijd thuis. Het proppen van een tiental activiteiten in een ochtend is misschien helemaal niet jouw idee van iets leuks doen. En misschien lukt het je 's ochtends wel maar 's middags niet. Dus zorg altijd voor een mogelijkheid om ertussenuit te knijpen. Als je samen bent met iemand, waarschuw diegene dan van tevoren, zodat hij of zij zich niet beledigd of gekwetst voelt als je het voor gezien houdt.

En tot slot, als je een vakantie boekt, reken dan uit wat het kost aan vliegtickets of aanbetalingen als je besluit eerder terug te komen of niet verder te reizen en langer op één plek te blijven. Wees dan op voorhand geestelijk voorbereid om die kosten op je te nemen.

Naast slaap en ontspanning hebben HSP's ook behoefte aan veel 'rusttijd' om gewoon tot rust te komen en de dag te overdenken. Soms kunnen we dit tijdens de dagelijkse dingen – autorijden, afwassen, tuinieren. Maar als je manieren hebt gevonden om dergelijke dingen niet te hoeven doen, heb je nog altijd die rusttijd nodig. Zorg dat je dat inbouwt.

Een andere vorm van rust, en misschien de meest essentiële, is 'transcendentie' – overal boven uitstijgen, meestal in de vorm van meditatie, bespiegeling of gebed. Een gedeelte van je transcendente tijd zou gericht moeten zijn op het uitbannen van al het gewone denken, gericht op het pure bewustzijn, het pure zijn, pure vereniging of eenheid met God. Zelfs als je transcendentie hierin tekortschiet, zul je een ruimer en helderder perspectief op je leven hebben als je weer terug bent.

Slaap haalt je natuurlijk ook uit de beperkingen van je gedachten, maar de hersenen bevinden zich in je slaap in een andere toestand. Ze zijn zelfs in een andere toestand bij elke soort activiteit – slaap, spel, meditatie, gebed, yoga – dus een mengeling daarvan is prima. Maar zorg voor wat meditatie met het doel om puur bewustzijn te ervaren waar geen enkele fysieke activiteit, concentratie of inspanning mee gemoeid is. Deze geestesgesteldheid verschaft je zonder twijfel de meeste diepe rust, terwijl de geest toch alert blijft. Onderzoek op het gebied van transcendente meditatie, die deze toestand creëert, heeft keer op keer uitgewezen dat mensen die mediteren minder van de ontwrichtende langetermijnprikkeling vertonen zoals beschreven in het vorige hoofdstuk. (De hoeveelheid cortisol in het bloed van de mediterende persoon neemt af.) Het lijkt alsof hun meditaties hun iets van het noodzakelijke gevoel van veiligheid en innerlijke kracht verschaffen.

Uiteraard is het ook zaak op je voeding te letten en voldoende aan beweging te doen. Maar dat is een zeer persoonlijke zaak, en er zijn boeken in overvloed om je op dat punt te adviseren. Zorg wel dat je de voedingsstoffen leert kennen die helpen het lichaam tot rust te brengen of de scherpe kantjes eraf halen, waardoor je gemakkelijker in slaap valt. En zorg voor voldoende vitaminen en mineralen – magnesium bijvoorbeeld – die stress en overprikkeling tegengaan.

Als je gewend bent aan cafeïne, prikkelt het je waarschijnlijk niet bijzonder, tenzij je meer drinkt dan gewoonlijk. Het is echter een krachtige drug voor HSP's. Ga voorzichtig om met incidenteel gebruik, in de overtuiging dat het je prestaties verbetert zoals het doet voor de mensen om je heen. Als je bijvoorbeeld als ochtendmens gewoonlijk geen cafeïne drinkt en het dan op een ochtend wel drinkt voor een belangrijk examen of sollicitatiegesprek, kan het je prestaties zelfs negatief beïnvloeden doordat je overprikkeld raakt.

Strategieën om overprikkeling tegen te gaan

Een goede verzorger ontwikkelt vele strategieën om zijn of haar baby te kalmeren. Sommige zijn van psychologische aard, andere zijn meer fysiek. Elk van beide benaderingen heeft effect op de andere. Volg je intuïtie daarin. Elke benadering vereist actie – opstaan, naar het kind toe gaan, iets doen.

Je loopt bijvoorbeeld op een groot station in New York, je voelt je overweldigd en begint bang te worden. Je zult psychologisch of fysiek iets moeten doen om te voorkomen dat het kind/lichaam over zijn toeren raakt. In dit geval zou het misschien een goed idee zijn om psychologisch de angst en verwarring het hoofd te bieden: dit is *geen* luidruchtige hel vol gevaarlijke vreemde mensen. Het is gewoon een grotere versie van veel treinstations waar je al bent geweest, vol normale mensen die ergens heen moeten, onder wie velen die je zouden helpen als je daarom vroeg.

Hier volgen enkele andere psychologische methodes die je kunt gebruiken in geval van overprikkeling:

– Plaats de situatie in een nieuw kader.
– Repeteer een uitspraak, gebed of mantra die je door dagelijks te oefenen hebt leren associëren met een diepe innerlijke rust.
– Wees je bewust van je overprikkeling.
– Heb de situatie lief.
– Heb je overprikkeling lief.

Merk bij het 'opnieuw in een kader plaatsen' op wat bekend en vriendelijk is, met welke vergelijkbare situatie je wel goed bent omgegaan. Bij het 'repeteren van een mantra of een gebed' is het belangrijk niet ontmoedigd te raken en te stoppen als je gedachten steeds terugkeren naar wat de overprikkeling veroorzaakt. Je zult evengoed rustiger zijn dan wanneer je dit niet doet.

Als je 'je ervan bewust bent', stel je dan voor dat je jezelf vanaf de zijlijn bekijkt en misschien over jezelf praat met een denkbeeldig troostend figuur. 'Daar heb je Ann weer, zo overweldigd dat ze helemaal van haar stuk is. Ik heb echt met haar te doen. Als ze zo is, kan ze natuurlijk niet verder kijken dan dit. Morgen, als ze is uitgerust zal ze weer helemaal opgetogen zijn over haar werk. Ze moet nu gewoon wat rust nemen, ongeacht wat er zo nodig lijkt te moeten gebeuren. Als ze eenmaal uitgerust is, loopt alles weer soepel.'

'De situatie liefhebben' klinkt tamelijk belachelijk, maar het is wel belangrijk. Een open, liefdevolle geest, die openstaat voor het hele universum, is het tegenovergestelde van een erg beperkte, overprikkelde geest. En als je niet van de situatie kunt houden, is het van levensbelang en zelfs nog essentiëler dat je 'van jezelf houdt in de staat waarin je verkeert', waarin je niet in staat bent om de situatie lief te hebben.

Vergeet ten slotte niet de kracht van muziek om je stemming te veranderen. (Waarom denk je dat legers beschikken over kapellen en signaalhoorns?) Maar wees je bewust dat de meeste HSP's sterk beïnvloed worden door muziek, dus de juiste keuze is essentieel. Als je al geprikkeld bent, moet je jezelf niet extra opdraaien met emotionele muziekstukken of iets wat je associeert met bijzondere herinneringen (de muziek waar de meeste mensen die onderprikkeld zijn niet genoeg van kunnen krijgen). Jankende violen zijn dan uit den boze. En aangezien alle soorten muziek stimulerend werken, moet je het natuurlijk alleen gebruiken als het je lijkt te kalmeren. Het doel ervan is om je af te leiden. Soms moet je afgeleid worden; op andere momenten moet je juist erg oplettend zijn.

Maar aangezien we te maken hebben met ons lichaam, kan het een net zo goed idee zijn om de fysieke benadering te proberen.

Hier volgt een lijst van enkele puur fysieke strategieën:

– Ontvlucht de situatie!
– Doe je ogen dicht om wat van de stimulatie buiten te sluiten.
– Neem geregeld pauze.
– Ga naar buiten.
– Drink water om de stress weg te spoelen.
– Ga een stukje wandelen.
– Breng je ademhaling tot rust.
– Corrigeer je houding om je ontspannener en zekerder te voelen.
– Kom in beweging!
– Glimlach.

Vreemd genoeg vergeten we vaak actie te nemen om simpelweg aan een bepaalde situatie te ontsnappen. Of om pauze te nemen. Of om de situatie – de opdracht, de discussie, de ruzie – mee naar buiten te nemen. Veel HSP's vinden de natuur bijzonder kalmerend.

Water helpt op vele manieren. Blijf het drinken als je overprikkeld bent – elk uur een groot glas water. Loop langs een rivier, kijk ernaar, luister ernaar. Ga als je kunt in het water om te baden of te zwemmen. Bubbelbaden en warmwaterbronnen zijn niet voor niets zo populair.

Wandelen is ook zo'n fundamentele manier om tot rust te komen. Het vertrouwde ritme werkt kalmerend. Net als het ritme van langzaam ademhalen, vooral vanuit je buik. Blaas langzaam uit met een beetje extra inspanning, alsof je een kaars uitblaast. Je zult automatisch weer naar je buik inademen. Of wees je gewoon bewust van je ademhaling – deze oude bekende zal je snel tot rust brengen.

De geest imiteert vaak het lichaam. Het is je misschien opgevallen dat je iets voorovergeleund loopt, alsof je je haast naar de toekomst. Breng jezelf weer in evenwicht. Of je loopt met gebogen hoofd en schouders, alsof je een last te dragen hebt. Recht je rug, gooi die last van je af.

Je hoofd tussen je opgetrokken schouders stoppen is misschien je favoriete houding als je slaapt en als je wakker bent, wat een onbewuste poging tot zelfbescherming is tegen plotselinge stimulatie en golven van overprikkeling. Kom in plaats daarvan uit die opgerolde houding. Als je staat, hef je kin dan op, trek je schouders naar achteren, centreer je bovenlichaam boven je romp en voeten, zodat het gewicht bijna zonder inspanning in evenwicht is. Voel de stevige ondergrond door je voeten heen. Buig je knieën iets en adem diep vanuit je buik. Voel het sterke middelpunt van je lichaam.

Probeer zowel de bewegingen als de houding te ontwikkelen van iemand die rustig en beheerst is. Leun achterover, ontspan je. Of sta op en ga af op wat je aanspreekt. Zet het 'benaderingssysteem' op scherp. Of beweeg je als iemand die kwaad en hooghartig is. Maak een vuist. Scheld. Raap je spullen bij elkaar en bereid je voor om weg te lopen. Je geest zal je lichaam imiteren.

Het is essentieel dat je jezelf in bedwang houdt en je beweegt op de manier waarop je je wilt voelen. Overprikkelde HSP's hebben de neiging te 'bevriezen' in plaats van de vecht-of-vluchtreactie te vertonen. Een ontspannen houding en je vrij bewegen kunnen die verlammende spanning doorbreken. Of houd op te bewegen als je alleen maar over je toeren of zenuwachtig bent.

En lachen? Al is het maar een lach voor jezelf. Waarom je lacht doet er niet toe.

De veilige havens in jouw leven

Een andere manier om al deze goede raad te begrijpen is door je te herinneren hoe we dit hoofdstuk begonnen, met het erkennen dat het de eerste levensbehoefte van het kind/lichaam was en is om vastgehouden te worden en tegen overstimulatie beschermd te worden. Vanuit die sterke basis kun je de wereld gaan onderzoeken, omdat je zeker bent van die veilige haven van de armen van je verzorger.

Als je er goed over nadenkt, zit je leven vol met dergelijke veilige havens. Sommige zijn concreet – je huis, auto, kantoor, buurt, vakantiehuisje, een bepaalde vallei of heuvel, een bos of een stuk kust, bepaalde kleding, of bepaalde prettige openbare gebouwen, zoals een kerk of een bibliotheek.

Sommige van de belangrijkste veilige havens zijn de dierbare mensen in je leven: je partner, ouder, kind, broer of zus, opa of oma, goede vriend(in), spirituele gids, of therapeut. Daarnaast zijn er nog minder tastbare veilige havens: je werk, goede herinneringen, bepaalde mensen met wie je niet meer samen kunt zijn maar die in je gedachten voortleven, je diepste overtuigingen en levensfilosofie, je innerlijke wereld van gebed of meditatie.

De fysieke veilige havens kunnen het betrouwbaarst en waardevolst lijken, vooral in de ogen van het kind/lichaam. Het zijn echter de niet-tastbare die in werkelijkheid het betrouwbaarst zijn. Er zijn zo veel mensen die beweren dat ze onder extreme stress of in gevaarlijke situaties hun gezonde verstand niet hebben verloren door zich terug te trekken in dergelijke veilige havens. Wat er ook gebeurde, niemand kon hun hun eigen liefde, vertrouwen, creatief denken, hersengymnastiek of spirituele oefeningen afnemen. Wijzer worden bestaat gedeeltelijk uit het overbrengen van steeds meer van je gevoel van veiligheid van de tastbare naar de niet-tastbare veilige havens.

Misschien getuigt ons vermogen om het hele universum als onze grenzeloze veilige haven en ons lichaam als een microkosmos van dat universum te beschouwen nog van de grootste wijsheid. Dat is min of meer verlichting. Maar de meesten van ons zullen in eerste instantie behoefte hebben aan meer afgebakende veilige havens, zelfs als we in een noodsituatie beginnen te leren improviseren met niet-tastbare. Zolang we ons in een al dan niet verlicht lichaam bevinden, hebben we behoefte aan wat tastbare veiligheid, of in ieder geval aan een gevoel van onveranderlijkheid.

Als je daadwerkelijk één (of erger nog, meer) veilige haven(s) verliest, accepteer dan dat je je bijzonder kwetsbaar en overweldigd zult voelen, totdat je je aan de nieuwe situatie kunt aanpassen.

Grenzen

Grenzen zijn duidelijk een begrip dat nauw verbonden is aan veilige havens. Grenzen zouden flexibel moeten zijn, zodat je kunt binnenlaten wat je wilt en kunt buitensluiten wat je niet wilt. Je wilt vermijden dat je iedereen voortdurend zonder uitzondering buitensluit. En je wilt je neiging om met anderen samen te smelten beheersen. Het zou prettig zijn, maar het gaat niet lang goed. Je verliest de zeggenschap over jezelf.

Veel HSP's vertellen me dat ze veel problemen hebben met het stellen van grenzen – doordat ze in situaties verwikkeld raken die niet echt hun zaak of probleem zijn, doordat ze zich in de war laten brengen door te veel mensen, doordat ze meer zeggen dan ze van plan waren, doordat ze in de problemen van anderen verstrikt raken, of doordat ze te snel te intiem worden of met de verkeerde mensen.

Hier geldt één essentiële regel: *grenzen stellen vereist oefening!* Stel jezelf duidelijke grenzen ten doel. Ze zijn jouw recht, jouw verantwoordelijkheid en je grootste bron van waardigheid. Maar raak niet te veel van slag als je een steek laat vallen. Noteer gewoon hoe snel je er beter in wordt.

Naast alle andere redenen om duidelijke grenzen aan te houden kun je ze gebruiken om stimulatie buiten te sluiten als je je grens hebt bereikt. Ik heb een paar HSP's ontmoet (van wie er een is opgegroeid in een overbevolkte stadswijk), die wanneer zij dat willen vrijwel alle stimulatie in hun omgeving kunnen buitensluiten. Dat is ontzettend handig. 'Wanneer jij dat wilt' is echter een belangrijke toevoeging. Ik heb het niet over een onvrijwillig isolement of 'afstand creëren'. Ik heb het over de keuze om de stemmen en andere geluiden om je heen buiten te sluiten, of in ieder geval hun invloed op jou te verminderen.

Heb je zin om te oefenen? Ga maar naast de radio zitten. Stel je voor dat je een soort grens om je heen trekt – bijvoorbeeld licht, energie, of de aanwezigheid van iemand die je vertrouwt en die je beschermt – die alles buiten houdt wat jij niet wilt. Zet dan de radio aan maar sluit de radioboodschap buiten. Je zult waarschijnlijk nog steeds de woorden horen, maar weigert ze te laten doordringen. Zet na een poosje de radio uit en denk na over wat je hebt ervaren. Kon je jezelf toestemming geven om de uitzending buiten te sluiten? Kon je die grens voelen? Zo niet, oefen het dan op een ander moment opnieuw. Je wordt er vanzelf beter in.

Wat je kind/lichaam wil zeggen

1. Geef me alsjeblieft niet meer te verwerken dan ik aankan. Ik ben hulpeloos als je dat doet, en het doet overal pijn. Bescherm me alsjeblieft.
2. Ik ben zo geboren en ik kan niet veranderen. Ik weet dat je soms denkt dat ik zo geworden ben door een afschuwelijke ervaring, of dat het daardoor in ieder geval 'erger' is geworden, maar daardoor zou je juist meer medeleven voor me moeten voelen. Want ik kan er hoe dan ook niets aan doen. *Neem me niet kwalijk hoe ik ben.*
3. Wat ik ben is prachtig – ik laat je alles zoveel dieper voelen en ervaren. Ik ben echt een van jouw beste eigenschappen.
4. Houd me goed in de gaten en zorg voor me op dat moment als dat kan. Als dat dan niet kan, weet ik dat je het in ieder geval hebt geprobeerd en dat ik niet zo lang meer hoef te wachten.
5. Als je me op mijn rust moet laten wachten, vraag me dan vriendelijk of ik dat goed vind. Ik voel me alleen maar ellendiger en akeliger als je kwaad wordt en me probeert te dwingen.
6. Luister niet naar alle mensen die zeggen dat je me verwent. Jij kent me. Jij beslist. Soms kun je me inderdaad beter mezelf in slaap laten huilen. Maar vertrouw op je intuïtie. Soms *weet* je dat ik te veel over mijn toeren ben om me alleen te laten. Ik heb behoefte aan een stuk routine en aandacht, maar je kunt me niet gemakkelijk verwennen.
7. Als ik uitgeput ben, heb ik slaap nodig. Zelfs wanneer ik volko-

men wakker lijk te zijn. Een regelmatig schema en een rustig bedritueel zijn belangrijk voor me. Anders lig ik urenlang wakker in bed zonder me te kunnen ontspannen. Ik moet veel tijd in bed doorbrengen, zelfs als ik wakker lig. Ik kan er ook midden op de dag behoefte aan hebben. Laat me dan mijn rust nemen.

8. Zorg dat je me beter leert kennen. Lawaaierige restaurants vind ik bijvoorbeeld iets onzinnigs – hoe kan iemand daar nou lekker eten? Over dat soort dingen heb ik een uitgesproken mening.
9. Zorg dat ik niet te veel speelgoed heb en houd mijn leven ongecompliceerd. Neem me niet meer dan één keer per week ergens mee naartoe.
10. In de loop der tijd kan ik misschien overal aan wennen, maar *ik kan niet goed omgaan met plotselinge veranderingen*. Houd daar alsjeblieft rekening mee, zelfs als alle anderen in je omgeving daar geen problemen mee hebben en jij geen zeurpiet wilt zijn. Laat *mij* mijn eigen tempo aanhouden.
11. Maar ik wil niet dat je me betuttelt. Ik wil vooral niet dat je me als ziek of zwak beschouwt. Ik ben bijzonder slim en sterk, op mijn eigen manier. Ik wil beslist niet dat je de hele dag met me bezig bent of je zorgen maakt over mij. Of me voortdurend verexcuseert. Ik wil niet door jou en niet door anderen worden beschouwd als een lastpak. Ik reken vooral op jou, de volwassene, om te bepalen hoe je dit allemaal aanpakt.
12. Negeer me alsjeblieft niet. Hou van me!
13. En vind me aardig. Zoals ik ben.

WERKEN MET WAT JE HEBT GELEERD
Je eerste advies ontvangen van je kind/lichaam

Kies een moment uit waarop je rustig bent en niet gestoord kan worden, als je je sterk voelt en in de stemming voor zelfonderzoek. Wat nu volgt kan sterke gevoelens losmaken, dus als je je overweldigd begint te voelen, doe dan rustig aan of houd ermee op. Wat volgt kan ook gewoon moeilijk zijn om uit te voeren vanwege een zekere weerstand, waardoor je geest afdwaalt en je lichaam onrustig of slaperig wordt. Het is natuurlijk en prima als dat gebeurt. Pas het volgende bij diverse gelegenheden beetje bij beetje toe en accepteer wat er gebeurt.

DEEL I

Lees eerst de volledige instructie, zodat je zo min mogelijk hoeft terug te lezen terwijl je ermee bezig bent.

1. Rol je op als een baby of ga op je buik of rug liggen – zoek de houding die je als de jouwe beschouwt.
2. Ga over van denken in je hoofd naar voelen vanuit je lichaam, zoals een baby doet. Adem gedurende drie minuten zeer bewust vanuit het centrum van je lichaam, je buik, om dit voor elkaar te krijgen.
3. Word na het ademen jezelf als een baby. Je denkt dat je het je niet kunt herinneren, maar je lichaam zal dat wel kunnen. Begin met een beeld van het weer, zoals het voorbeeld waarmee ik dit hoofdstuk ben begonnen. Is het vooral mooi weer of juist stormachtig?
   Of begin met je eerste bewuste herinnering, zelfs als deze dateert van een latere leeftijd. Het is prima om een baby te zijn met het inzicht van een iets ouder kind. Dit iets oudere kind kan er bijvoorbeeld van overtuigd zijn dat het beter is om niet om hulp te schreeuwen. Hij kan het het best alleen uitzoeken.
4. Wees je er vooral van bewust dat je een *hoog sensitief* kind bent.
5. Wees je bewust van waar je de grootste behoefte aan hebt.

DEEL II

Lees opnieuw alle instructies eerst, nu of later, zodat je niet steeds hoeft terug te bladeren, want dat leidt te veel af.

1. Stel je een prachtig baby van ongeveer zes weken oud voor. Heel klein. Bewonder de zachtheid en de kwetsbaarheid. Besef dat je vrijwel alles zou willen doen om dit kindje te beschermen.
2. Realiseer je nu dat deze prachtige baby jouw kind/lichaam is. Zelfs als deze baby meer lijkt op een kind dat je pas hebt gezien, is dit de baby in je verbeelding.

3. Let nu op als je begint te huilen en mekkeren. Er is iets aan de hand. Vraag aan deze baby: 'Wat kan ik voor je doen?' En luister goed. Dit is je kind/lichaam dat tegen je spreekt.
Maak je geen zorgen dat je dit 'alleen maar verzint'. Natuurlijk is dat zo, maar je kind/lichaam zal ergens bij het 'verzinnen' betrokken zijn.
4. Geef antwoord, begin een dialoog. Als je problemen verwacht bij het tegemoetkomen aan de behoeften van het kind, praat daar dan over. Als je ergens spijt van hebt, maak dan je excuses. Als je kwaad of verdrietig wordt, is dat ook iets wat goed is om te weten over je relatie met de baby.
5. Aarzel niet om een onderdeel van deze oefening opnieuw of anders te doen. De volgende keer kun je bijvoorbeeld gewoon je geest openstellen voor je kind/lichaam, op welke leeftijd dan ook en in welke hoedanigheid hij of zij ook te voorschijn wil komen.

4 Je kindertijd en puberteit in een nieuw kader plaatsen
Leren jezelf te verzorgen

In dit hoofdstuk beginnen we je jeugd opnieuw te overdenken. Terwijl je leest over kenmerkende ervaringen van sensitieve kinderen, zullen herinneringen aan jezelf als kind opdoemen. Maar vanwege je nieuwverworven kennis over je eigenschap zul je er een frisse kijk op hebben.

Deze ervaringen zijn belangrijk. Vergelijk het met een plant: het soort zaad dat de grond in gaat – je aangeboren karakter – is maar een deel van het verhaal. De kwaliteit van aarde, water en zon heeft ook een sterke invloed op de volgroeide plant die jij nu bent. Als de groeicondities erg slecht zijn, komen er nauwelijks bladeren, bloemen en zaden te voorschijn. Op dezelfde manier liet je als kind je sensitiviteit niet zien als er om te overleven een ander gedrag vereist was.

Toen ik met mijn onderzoek begon ontdekte ik 'twee soorten' HSP's. Sommigen hadden problemen met depressiviteit en angst; anderen maakten weinig melding van deze gevoelens. De scheiding tussen deze twee groepen was vrij duidelijk. Later ontdekte ik dat de depressieve en angstige HSP's vrijwel allemaal een problematische jeugd hadden gehad. Niet-HSP's met een moeilijke kindertijd vertonen bij lange na niet zoveel depressiviteit en angst. Maar HSP's die een fijne jeugd hebben gehad ook niet. Het is belangrijk dat wij en de mensen om ons heen een hoge sensitiviteit niet verwarren met 'neurotisch gedrag', waartoe bepaalde soorten van intense angst, depressie, overmatige hechting, of vermijden van intimiteit behoren, die meestal het gevolg zijn van een problematische jeugd. Natuurlijk hebben sommigen van ons allebei op hun bordje gekregen – een hoge sensitiviteit en neurotisch gedrag – maar het zijn twee heel verschillende dingen. Deze verwarring van sensitiviteit met neurotisch gedrag en de effecten van jeugdtrauma's ligt ten grondslag aan enkele van de negatieve stereotypen van HSP's (namelijk dat we van nature altijd angstig, depressief en dergelijke zijn). Dus laten we ons best doen om de zaken helder te houden.

Het is niet moeilijk om te begrijpen waarom een moeilijke jeugd meer invloed kan hebben op HSP's dan op niet-HSP's.

HSP's doorzien sneller alle details en alle implicaties van een bedreigende ervaring. Maar je onderschat al snel de invloed van je jeugd omdat er zo veel belangrijke dingen gebeuren voordat we het ons kunnen herinneren. Bovendien waren sommige belangrijke dingen gewoon te ontwrichtend en daarom opzettelijk vergeten. Als jouw verzorger kwaad of gevaarlijk werd, heeft je bewuste geest die informatie weggestopt omdat die te akelig was om te erkennen, zelfs als je onbewuste geest een diepgewortelde wantrouwige houding heeft ontwikkeld.

Het goede nieuws is dat we aan alle negatieve effecten kunnen werken. Ik heb HSP's dat zien doen en bevrijd zien worden van veel van hun depressiviteit en angst. Maar het kost wel tijd.

Maar zelfs als je een fantastische jeugd hebt gehad, was het waarschijnlijk moeilijk om hoog sensitief te zijn. Je voelde je anders. En ook al waren je ouders en leraren in de meeste opzichten geweldig, toch wisten ze niet hoe ze met een sensitief kind moesten omgaan. Er was eenvoudig niet veel over deze eigenschap bekend, en er stond veel druk op om jou volgens het ideaalbeeld tot een 'normaal' kind te kneden.

Een laatste punt om te onthouden: een sensitieve jongensjeugd en meisjesjeugd verschillen aanzienlijk van elkaar. Daarom zal ik je in dit hoofdstuk er vaak op wijzen hoe je ervaringen waarschijnlijk samenhingen met je sekse.

Marsha, een meisje dat wijselijk moeilijkheden uit de weg ging

Marsha, een HSP van in de zestig, zat gedurende een aantal jaar bij mij in psychotherapie, in de hoop inzicht te krijgen in haar dwangmatige gedrag. Na haar veertigste was ze dichteres en fotografe geworden en op haar zestigste oogstte ze veel waardering voor haar werk.

Hoewel haar verhaal niet altijd even prettig is, hebben haar ouders in principe hun best gedaan. En ze is haar verleden niet uit de weg gegaan en blijft ervan leren, zowel innerlijk als in haar kunst. Ik denk dat als je haar vandaag zou vragen of ze gelukkig is, je daarop een bevestigend antwoord zou krijgen. Maar waar het voornamelijk om draait is haar gestage groei op het gebied van wijsheid.

Marsha werd in een klein dorp als jongste van zes kinderen geboren in een immigrantengezin waar de eindjes aan elkaar moesten worden geknoopt. Marsha's oudere zussen herinneren zich hoe hun moeder zat te huilen als ze hoorde dat ze weer zwanger was. Volgens Marsha's tantes was haar moeder, hun zus, zwaar depressief. Maar Marsha kan zich niet herinneren dat haar moeder zich ooit uit het veld liet slaan door verdriet, depressie, vermoeidheid of wanhoop. Zij was een onberispelijke Duitse huisvrouw en toegewijd kerkgangster. En ook Marsha's vader 'werkte, at en sliep'.

De kinderen voelden zich niet onbemind. Maar hun ouders hadden simpelweg geen tijd, energie of geld voor aandacht, gesprekken, vakantie, helpen met huiswerk, wijsheid overdragen of zelfs cadeautjes. Dit nest van zes kuikens, zoals Marsha zichzelf en de anderen soms omschreef, werd met name opgevoed door zichzelf.

Van de drie soorten van hechting waarover je in het vorige hoofdstuk hebt gelezen – veilig, angstig en vermijdend – was het voor Marsha zaak om in haar vroege jeugd vermijdend te zijn. Ze moest een kind zijn dat niemand nodig had, en dat zo min mogelijk last veroorzaakte.

Kleine Marsha, HSP, in bed met de enge beesten
Tijdens de eerste twee jaar van Marsha's leven sliep ze in hetzelfde bed als haar drie oudere broers. Helaas gebruikten ze hun kleine zusje om op het seksuele vlak te experimenteren, zoals kinderen zonder toezicht soms doen. Na twee jaar werd ze op de kamer van haar zussen geplaatst. Het enige wat ze zich daarvan herinnert,

was dat ze zich 'eindelijk 's nachts een beetje veilig voelde'. Maar ze bleef tot haar twaalfde jaar het doelwit van wrede, openlijke seksuele kwellingen door een van haar oudere broers.

Marsha's ouders hadden dit allemaal nooit in de gaten, en zij was ervan overtuigd dat haar vader haar broers zou vermoorden als ze zou vertellen wat ze met haar deden. Vermoorden was deel van het leven. Het leek erop dat dat zou kunnen gebeuren. Marsha herinnerde zich hoe geschokt ze was door de regelmatige onthoofding van kippen in de achtertuin en de nonchalante, gevoelloze houding ten opzichte van deze levensbehoefte. Dus dat geeft ook extra betekenis aan haar idee om de kinderen binnen het gezin te beschouwen als een nest kuikens.

Naast de seksuele kwellingen vonden Marsha's broers het erg leuk om haar te plagen en te laten schrikken, alsof ze hun privéspeeltje was. Meer dan eens viel ze door hun toedoen flauw van angst. (HSP's zijn van die fijne doelwitten omdat we zo sterk reageren.) Toch had ook deze wolk een gouden randje. Omdat ze hun speciale speelgoed was, werd ze ook meegenomen naar bepaalde plekken en kon ze van een soort vrijheid proeven die meisjes destijds meestal niet gegeven was. Haar broers die beschikten over een stoere onafhankelijkheid die zij prefereerde boven de passiviteit van haar moeder en zussen, fungeerden als haar rolmodellen – en dit was in bepaalde opzichten een waardevolle ervaring voor een sensitief meisje.

Marsha had de hechtste band met een oudere zus, maar die stierf toen Marsha dertien was. Marsha herinnert zich hoe ze op het bed van haar ouders in het niets lag te staren, in afwachting van nieuws over haar zusje. Men had haar verteld dat als haar ouders niet binnen een uur zouden bellen, dat zou betekenen dat haar zus dood was. Marsha herinnert zich dat ze, toen het uur voorbij was, haar boek oppakte en doorging met lezen. Ze had weer een les geleerd dat ze zich beter niet kon binden.

Marsha als een kleine fee, Marsha in het kippenhok
Marsha's vroegste herinnering is dat ze naakt in de zon ligt te kijken naar stofdeeltjes, onder de indruk van de schoonheid daarvan – een herinnering aan haar sensitiviteit als een bron van vreugde.

Zo is het haar hele leven geweest, vooral nu ze het in haar kunst tot uitdrukking kan brengen.

Merk op dat er geen andere persoon bij haar is in haar vroegste herinnering. Zo gaan haar dichtkunst en fotografie ook vaak over dingen in plaats van mensen. Het zijn vaak beelden van huizen – met gesloten deuren en ramen. De spookachtige leegheid van sommige van haar werken spreekt de persoonlijke ervaringen van ons allemaal aan, vooral van degenen onder ons wier vroege jeugd hun heeft geleerd intimiteit te vermijden.

Op één foto, die ze tijdens de therapie heeft gemaakt, staan kippen helder op de voorgrond. (Denk aan de betekenis van kippen voor Marsha.) Het kippengaas en de deurlijst van een gevangenisachtig kippenhok zijn vager afgebeeld. Heel vaag in de donkere deuropening van het hok zie je het spookachtige beeld van een groep verwaarloosde kinderen. Een ander belangrijk beeld van haar kunst kwam voort uit een droom over een felverlichte, boze kleine fee, die in een geheime tuin woonde en niemand wilde binnenlaten.

Marsha heeft dwangmatig voedsel, alcohol en diverse drugs gebruikt – in hoeveelheden die grensden aan het overmatige. Maar ze was te slim om te ver te gaan, door haar zeer praktische inslag en haar IQ van ruim 135. In een andere droom duwde ze een stervend, boos kind in een rolstoel door een etenszaal vol lekkernijen, maar het kind wilde er niets van. We kwamen erachter dat de baby een schreeuwend tekort had, op een gretige, wanhopige manier, aan liefde en aandacht. Net als hongerige kippen kan niemand ons geven wat we nodig hebben, maar moeten we onszelf voeden met wat we kunnen vinden.

HSP's en verbondenheid

In de voorgaande hoofdstukken hebben we ontdekt hoe belangrijk de band met je verzorger, meestal je moeder, is. Een onzekere hechtingsstijl zal zich een heel leven handhaven tenzij iemand als volwassene een ongewoon sterke band met een ander ontwikkelt, zoals een levenspartner of tijdens langdurige psychotherapie. Helaas zijn relaties zonder therapie niet altijd bestand tegen de taak om de uit de jeugd stammende onzekerheid (het vermijden van intimiteit of de dwang om te trouwen en de angst om verlaten te worden) teniet te doen. Ook is het zo dat als je onbewust op zoek gaat naar die vurig gewenste geborgenheid, zonder uitgebreide ervaring met wat je zoekt, je vaak dezelfde fouten blijft herhalen, door steeds opnieuw hetzelfde vertrouwde type persoon te kiezen dat jou een onzeker gevoel geeft.

Hoewel ik ontdekte dat volwassen HSP's iets vaker dan niet-HSP's een van de onzekere hechtingsstijlen vertonen, wil dat niet zeggen dat de eigenschap de situatie creëert. Het weerspiegelt waarschijnlijk de manier waarop een sensitief kind zich bewuster is van de subtiele signalen in elke willekeurige relatie.

Als HSP bestonden enkele van de belangrijkste lessen over de ander eruit of je hulp kon verwachten met overprikkeling of er een extra dosis van kon verwachten. Elke dag was een les.

In het boek *Diary of a Baby* (beschreven in hoofdstuk 3) geeft Stern het voorbeeld van een 'gezichtenduet' tussen de moeder en de denkbeeldige Joey. Moeder sust en brengt haar gezicht dichtbij het zijne, en trekt zich dan terug. Joey glimlacht, lacht, en moedigt het spelletje aan. Maar uiteindelijk wordt het te intens. Op deze momenten van overprikkeling verbreekt de denkbeeldige Joey het oogcontact en kijkt weg, waardoor de overprikkeling stopt. Om dit gezichtenduet te beschrijven gebruikt Stern opnieuw de analogie met het weer, waarbij de moeder de wind is die over het kind speelt. Dus als Joey overweldigd is, stelt Stern zich voor dat hij in zijn dagboek schrijft:

Haar volgende windvlaag komt op me af, en werpt ruimte en geluid op. Nu raakt het me. Het overweldigt me. Ik probeer deze kracht te weerstaan, hem bij te houden, maar hij schudt me door elkaar. Ik tril helemaal. Mijn lichaam verstijft. Ik aarzel. Dan draai ik me plotseling om. Ik ga met mijn rug in haar wind staan. En ik laat me naar rustig vaarwater stromen, helemaal in mijn eentje.

Dit zou je nu allemaal bekend moeten voorkomen – Joey probeert dat optimale niveau van prikkeling te bereiken waar we het in hoofdstuk 1 over hadden. Mensen die voor baby's zorgen, herkennen dit meestal wel. Als een baby rusteloos en verveeld is, bedenken ze spelletjes zoals het gezichtenduet of iets prikkelenders, zoals gekke gezichten trekken of langzaam naar het kind reiken terwijl je zegt: 'Ik ga je pakken.' De kreten van verrukking zijn een grote beloning voor de volwassene. En hij of zij heeft misschien het gevoel dat het goed is voor de flexibiliteit en het vertrouwen van het kind om hem tot de grens te dwingen. Maar als het kind laat merken dat het zich niet prettig voelt, moeten volwassenen ophouden.

Laten we nu eens kijken naar onze denkbeeldige, hoog sensitieve Jesse. Het gezichtenduet verloopt waarschijnlijk niet veel anders, behalve dat het iets rustiger eraan toegaat en iets korter duurt. Jesses moeder zal haar spelletje wat hebben aangepast om Jesse geen ongemakkelijk gevoel te bezorgen.

Maar hoe zit het met de momenten dat anderen Jesse in handen krijgen? Stel je voor dat zijn oudere zus of opa het duet wat intenser maakt? Wat als, wanneer Jesse zijn blik afwendt, wat zijn manier is om even pauze te houden, zijn zus zo dicht bij hem komt met haar gezicht dat ze toch weer vlak bij elkaar zijn? Of als ze zijn gezicht terugdraait?

Misschien doet Jesse zijn ogen dicht.

Misschien begint Jesses zus in zijn oor te schreeuwen.

Misschien tilt opa hem op en kietelt hem of gooit hem een paar keer achter elkaar in de lucht.

Jesse is de controle over zijn prikkelingsniveau totaal kwijt. En elke schreeuw van Jesse wordt steeds weer uitgelegd als: 'Hij vindt het prachtig – hij vindt het alleen een beetje spannend.'

De verwarrende kwestie – vind je het 'prachtig'?

Heb je jezelf in de plaats van Jesse voorgesteld? Wat een verwarrende situatie. De bron van je prikkeling heb je totaal niet onder controle. Je intuïtie zegt je dat de ander, die gewoonlijk zo behulpzaam is, nu totaal geen steun biedt. De ander lacht zelfs, heeft plezier, en verwacht dat jij dat ook hebt.

Nu volgt een reden waarom je het misschien moeilijk vindt,

ook nu nog, om te weten wat je wel en niet leuk vindt, afgezien van wat anderen met je of voor je willen doen of denken dat je leuk vindt.

Ik herinner me dat ik ooit toekeek hoe twee hondenbezitters hun pups meenamen de branding in en ze in het diepe water gooiden. De honden zwommen wanhopig terug naar de armen van hun baasje, hoewel dat betekende dat ze meer van hetzelfde zouden krijgen. Dit was waarschijnlijk niet alleen het enige alternatief voor de verdrinkingsdood, maar deze armen waren bovendien de enige die alle veiligheid en voedsel hadden verstrekt dat de pups hadden gekend. Dus ze kwispelden heftig met hun staart en ik neem aan dat de baasjes geloofden wat ze graag wilden en dachten dat de pups het spelletje 'prachtig' vonden. Misschien wisten de pups het zelf na een poosje niet eens meer zeker.

Daarnaast was er een HSP wiens eerste herinnering bestond uit het zijn van het denkbeeldige 'deeg' tijdens een spelletje 'taartbakken' op een familiereünie. Ondanks haar gehuil en geroep om haar ouders werd deze tweejarige in een kring van vreemde naar vreemde geduwd. Terwijl ze de lang weggestopte gevoelens die met deze herinnering gepaard gingen weer beleefde, besefte ze dat het haar (evenals andere situaties die ze waarschijnlijk compleet weggedrukt had), een gevoel van hulpeloze afschuw bezorgde om opgetild te worden, om op welke manier dan ook fysiek overheerst te worden, en om niet beschermd te worden door haar ouders.

Waar het om draait, is dat je in die eerste jaren ofwel hebt geleerd op de ander, en de buitenwereld in zijn algemeenheid, te vertrouwen, of niet. Als je dat wel hebt geleerd, bleef je sensitiviteit wel in stand, maar lag de dreiging van een ontwrichtende langetermijnprikkeling zelden op de loer. Je wist hoe je ermee moest omgaan; je leek het onder controle te hebben. Als je anderen vroeg ergens mee op te houden, dan deden ze dat. Je wist dat je op hun hulp kon rekenen en dat ze je niet zouden overbelasten. Aan de andere kant kunnen chronische verlegenheid, angst of sociaal vermijdingsgedrag ontstaan als je door vroege ervaringen dat vertrouwen niet hebt opgebouwd. Dat is niet aangeboren, maar aangeleerd.

Het is niet altijd het een of het ander – waarschijnlijk heb je in sommige situaties meer vertrouwen dan in andere. Maar het is een feit dat een kind in de eerste twee jaar van zijn leven een algehele strategie aanneemt of zich een beeld van de wereld vormt dat behoorlijk duurzaam kan zijn.

HSP's met een fijne jeugd

Er zijn overigens redenen om aan te nemen dat veel HSP's een ongewoon fijne jeugd hebben gehad. Gwynn Mettetal heeft als psycholoog aan Indiana University onderzocht hoe ouders van de 'risicogroep' het best gesteund kunnen worden. Ze merkt op dat de meeste ouders erg hun best doen om hun kinderen te begrijpen en hen op de juiste manier groot te brengen. Het besef van een sensitief kind dat zijn of haar ouders deze goede bedoelingen hebben, kan een sterker gevoel van bemind worden opleveren dan gewoonlijk.

Ouders van een hoog sensitief kind ontwikkelen vaak een bijzonder intieme band met hun kind. De communicatie is subtieler, en de overwinningen in de wereld hebben meer betekenis. 'Kijk mam, ik heb een doelpunt gescoord!' heeft een heel andere betekenis voor ouders en trainers als het voetballertje een HSP is. En aangezien de eigenschap aangeboren is, is de kans groot dat minstens een van beide ouders je heel goed begrepen.

Uit onderzoek aan de Medical School van de University of California in San Francisco is gebleken dat kinderen die 'zeer gevoelig waren voor stress' meer verwondingen en ziekten opliepen als ze gestrest waren, maar juist minder wanneer ze niet gestrest waren. Aangezien stress voor een groot deel wordt beïnvloed door de veilige band van het kind en het gezinsleven, denk ik dat je kunt stellen dat hoog sensitieve kinderen die een goede hechting hebben, gewoonlijk ook gezonder zijn. Is dat geen interessant feit?

Ten slotte is het zo dat, ook al vertoonden je ouders tekenen van goedbedoelde onachtzaamheid, je misschien toch voldoende liefde hebt ontvangen en voldoende de ruimte hebt gekregen om zelfstandig prettig op te groeien. Misschien hebben denkbeeldige figuren, personen in boeken of de natuur je voldoende gekalmeerd en ondersteund; je eigenschap heeft je misschien gelukkiger gemaakt dan andere kinderen die in een dergelijke eenzaamheid opgroeien. Of je intuïtie en vele goede eigenschappen hebben je tot gezondere, intieme relaties gebracht met een familielid of leraar. Zelfs een korte tijd doorbengen met de juiste persoon kan een groot verschil maken.

Als je in een bijzonder moeilijk gezin bent opgegroeid, zou je ook moeten beseffen dat je eigenschap je misschien heeft beschermd tegen te veel betrokkenheid of verwarring door de chaos, zoals een ander kind wellicht zou hebben ervaren. En als je begint te genezen, zal je intuïtie je bij dat proces helpen. Degenen die verbondenheid bestuderen, ontdekken dat we meestal onze eigen ervaringen aan onze kinderen meegeven, maar daarop zijn beslist uitzonderingen, en dat zijn de volwassenen die in het reine zijn gekomen met hun ergste jeugdervaringen. Toegegeven, het kost pijn en moeite, maar ook jij kunt zo'n ouder worden. We komen hier in hoofdstuk 8 op terug.

Nieuwe angsten voor de buitenwereld

Naarmate je de schoolleeftijd naderde, stond je voor nieuwe opgaven en waren er nieuwe manieren waarop je sensitiviteit je kon helpen of in de weg staan. Jouw blootstelling aan de grote, wijde wereld zou net als Rob in hoofdstuk 2 je fantasie verder hebben geprikkeld, een verhoogd bewustzijn hebben ontwikkeld voor alles wat anderen ontgaat, alsmede een waardering voor de kleine mooie dingen in het leven. Naarmate je sensitiviteit met een grotere wereld werd geconfronteerd, zorgde het waarschijnlijk ook voor nieuwe 'onredelijke' angsten en fobieën.

Angsten kunnen op deze leeftijd om vele redenen toenemen. In de eerste plaats is er sprake van een eenvoudige conditionering: alles wat aanwezig was op het moment dat je overprikkeld raakte, heb je geassocieerd met overprikkeling en is aldus verworden tot iets wat je nog meer angst inboezemt. In de tweede plaats heb je misschien beseft hoeveel er van je werd verwacht, en hoe weinig begrip er was voor je terughoudendheid. In de derde plaats pikte jouw gevoelig afgestemde 'antenne' alle gevoelens bij anderen op, zelfs de gevoelens die ze voor jou of zichzelf verborgen wilden houden. Aangezien sommige van deze gevoelens angst oproepen (gezien het feit dat jouw voortbestaan van deze mensen afhing) heb je misschien deze wetenschap weggedrukt. Maar je angst bleef aanwezig en uitte zich in de vorm van nog meer 'onredelijke' angst.

Bovendien ben je er, door je gevoeligheid voor ongemak, afkeuring of boosheid van anderen, waarschijnlijk erg goed in geworden om alle regels zo perfect mogelijk na te leven, uit angst fouten te maken. Door de hele tijd zo braaf te zijn heb je echter veel van je normale menselijke gevoelens moeten negeren – irritatie, frustratie, egoïsme, kwaadheid. Omdat je anderen zo graag een plezier wilde doen, konden zij jouw behoeften gemakkelijk negeren, terwijl de jouwe vaak groter waren dan die van hen. Dit zal je kwaadheid alleen maar hebben vergroot. Maar dergelijke gevoelens kunnen zo beangstigend zijn geweest dat je ze volkomen weggestopt hebt. De angst om ze aan de oppervlakte te laten komen zou dan weer een andere bron van 'onredelijke' angsten en nachtmerries vormen.

En ten slotte raakte in veel gevallen het geduld dat je ouders in de eerste drie jaar van je leven hadden opgebracht, zo langzamerhand op. Ze hadden gehoopt dat je eroverheen zou groeien. Maar nu het tijd werd om je naar school te sturen, wisten ze dat de wereld jou niet zachtaardig zou behandelen. Wellicht begonnen ze zichzelf kwalijk te nemen dat ze je te veel in bescherming hadden genomen, en kozen ze ineens voor de strategie om je wat meer te dwingen. Misschien schakelden ze er zelfs wel professionele hulp bij in, waardoor hun boodschap nog duidelijker was dat er iets aan je mankeerde. Dit alles zou je angsten op deze leeftijd ook kunnen hebben vergroot.

Het probleem van sensitieve jongetjes

Het blijkt dat er evenveel jongens als meisjes worden geboren als HSP. Maar vervolgens krijgt je cultuur vat op je. Culturen hebben uitgesproken ideeën over hoe kleine jongens en meisjes zich horen te gedragen.

We vinden dit zo'n belangrijk punt dat het bijna lachwekkend is. Een collega vertelde me het volgende informele sociaal-psychologische experiment: een baby werd in een park alleen gelaten met een oppas die, als voorbijgangers ernaar vroegen, zei dat hij eventjes op het kind moest letten en niet wist of het een jongen of een meisje was. Iedereen die stopte om het kind te bewonderen was behoorlijk van slag dat ze het geslacht van het kind niet te weten konden komen. Sommigen boden zelfs aan om het kind uit te kleden om erachter te komen. Andere onderzoeken verklaren waarom het geslacht er zoveel toe doet: mensen behandelen meisjesbaby's en jongensbaby's verschillend.

Het is fascinerend om te zien hoezeer het geslacht wordt verward met sensitiviteit. Mannen horen niet sensitief te zijn, vrouwen juist wel. En dat begint allemaal thuis. Onderzoek wijst uit dat moeders niet zo dol zijn op 'verlegen' jongetjes, hetgeen volgens de onderzoekers 'kan worden beschouwd als een uitvloeisel van het door de moeder gehanteerde systeem van waarden en normen'. Wat een start. Verlegen jongetjes krijgen ook negatieve reacties van anderen, vooral als het jongetje thuis ook erg rustig is.

Sensitieve meisjes – mama's speciale vriendin

In tegenstelling tot verlegen jongetjes kunnen verlegen meisjes erg goed opschieten met hun moeder; zij zijn de lievelingen. Het punt hier is dat sensitieve meisjes te veel in bescherming kunnen worden genomen. De moeder kan in haar sensitieve dochter haar droomkind zien, degene die het nest niet zal, moet en kan verlaten – wat de natuurlijke aandrang van het sensitieve meisje om op onderzoek uit te gaan en haar angsten te overwinnen in rook doet opgaan.

Meisjes van alle leeftijden laten meer negatieve effecten zien (waaronder het zich onttrekken aan de wereld) van elke negatieve houding die hun moeder ten opzichte van hen heeft – kritiek, afwijzing, kilheid. Dit geldt waarschijnlijk in veel grotere mate voor sensitieve meisjes. Bovendien vergeten vaders vaak hun dochters te helpen hun angsten te overwinnen. Tot slot worden meisjes in het algemeen sterker beïnvloed door beide ouders, in positieve of negatieve zin.

Nu je dit allemaal hebt gelezen, is het tijd om na te denken over de wijze waarop je voor jezelf een ander soort ouder kunt zijn. Doe om te beginnen maar eens de zelftest 'Hoe je omgaat met de dreiging van overprikkeling'.

HOE JE OMGAAT MET DE DREIGING VAN OVERPRIKKELING

Kruis rustig meer dan één stelling hieronder aan, zelfs als ze niet met elkaar lijken te stroken. Kruis gewoon de punten aan die op jou van toepassing zijn, en beschouw elk antwoord los van het voorgaande.

Als ik bang ben iets nieuws te proberen of op het punt sta overbelast of overprikkeld te raken, zal ik gewoonlijk:

__ de situatie proberen te ontvluchten
__ naar manieren op zoek gaan om de stimulatie onder controle te krijgen
__ verwachten dat ik het op de een of andere manier wel zal kunnen verdragen
__ een toenemend angstgevoel krijgen dat alles nu mis zal gaan
__ een vertrouwd persoon vragen me te helpen of diegene minstens in gedachten houden
__ iedereen uit de weg gaan, zodat niemand het probleem groter kan maken
__ het gezelschap van anderen opzoeken – vrienden, familie of een groep die ik goed ken – of naar de kerk gaan, een cursus volgen of in ieder geval naar buiten treden
__ zweren nog meer mijn best te doen dat en alles wat er-

> op lijkt te vermijden, hoeveel ik mezelf daarmee ook zaken ontzeg
> — klagen, boos worden en er alles aan doen om degenen die er verantwoordelijk voor zijn ervan te weerhouden mij van slag te brengen
> — mezelf proberen te kalmeren en dan stap voor stap weer door te gaan
>
> Je eigen methoden: _____
>
> Al deze manieren hebben hun eigen plek – zelfs angst, die ons tot actie kan aanzetten. Maar sommige manieren zijn duidelijk beter geschikt voor bepaalde situaties dan andere, dus flexibiliteit is waar het om draait. Als je minder dan drie manieren toepast, is het zaak de lijst opnieuw te bekijken en je er nog een paar eigen te maken.
> Wie heeft je deze methoden geleerd? Wat kan er gebeurd zijn waardoor je niet méér van de beschreven manieren toepast? Door te herkennen wat van jongs af jouw manier is om op deze situaties te reageren is het gemakkelijker om in te zien welke methoden nog steeds bruikbaar zijn en welke je inmiddels niet meer nodig hebt.

Een ander soort ouder zijn voor jezelf

Sommige situaties zijn overbelastend omdat ze te intens zijn of te lang aanhouden. Het kind in je kan niet tegen het vuurwerk, kan het geen uur langer uithouden op de kermis. Het voorgaande hoofdstuk moet je hebben geholpen om je kind/lichaam serieus te nemen als het er genoeg van heeft. Maar soms gaat het op zich prima, maar is het gewoon bang voor wat er komen gaat, bang voor het idee om het vuurwerk te zien of in het reuzenrad te gaan. Als nieuwe situaties te stimulerend zijn omdat ze onbekend zijn, en onbekende dingen in het verleden je van slag hebben gemaakt, wijs je uiteraard al het nieuwe af zonder het te proberen. Dat betekent dat we veel aan ons voorbij laten gaan.

Om bereid te zijn nieuwe dingen te proberen is het zaak dat je veel ervaring opdoet met het succesvol omgaan met nieuwe situaties. Voor een HSP is succesvol zijn in nieuwe omstandigheden nooit iets wat vanzelf gaat. Ouders die hun hoog sensitieve kinderen begrijpen, ontwikkelen een stap-voor-stapstrategie. Zo leren de kinderen uiteindelijk zelf om het op zichzelf toe te passen. Als je ouders je niet stap voor stap dingen hebben geleerd, is het tijd dat je jezelf deze manier aanleert om met het onbekende om te gaan.

Ik heb hier enkele adviezen met betrekking tot het 'verlegen kind' uit het boek *Emotional Life of the Toddler* van Alicia Liebermann overgenomen, die we als volwassene kunnen gebruiken als we bang zijn een nieuwe situatie binnen te stappen.

1. Zoals een ouder een peuter niet alleen op een nieuwe situatie afstuurt, moet je dat jezelf ook niet aandoen. Neem iemand mee.
2. Zoals een ouder met zijn kind over de situatie zal gaan praten, moet jij ook met het angstige deel van jezelf gaan praten. Richt je op wat bekend en veilig is.
3. Zoals een ouder zijn belofte houdt dat het kind wegkan als het te veel van streek raakt, moet je jezelf ook naar huis kunnen laten gaan als je daar behoefte aan hebt.
4. Zoals een ouder erop vertrouwt dat het kind na een poosje wel bijtrekt, moet je er ook van uitgaan dat het deel van jezelf dat bang is, na een poosje wel bijtrekt als het de tijd heeft gehad om aan de onbekende stimulatie te wennen.
5. Zoals een ouder ervoor waakt niet bezorgder dan nodig te reageren op de angst van het kind, moet je niet paniekeriger reageren op de behoefte aan hulp van je angstige deel dan het moediger deel van je nodig vindt.

Onthoud ook dat overprikkeling verward kan worden met angst en opwinding. Een goede ouder voor jezelf zou kunnen opmerken: 'Het is wel een heel drukke bedoening hier, hè? Daar gaat je hart wel sneller van kloppen.'

'Speciale behoeften' afwegen tegen het risico van blijvende ontmoediging

De moeilijkste opgave is misschien wel om te bepalen hoezeer je jezelf moet beschermen en in hoeverre je jezelf voorzichtig vooruit moet dwingen. Het is het probleem waar alle ouders van sensitieve kinderen voor gesteld staan. Je weet waarschijnlijk wel hoe je jezelf onder druk kunt zetten; dat doe je op dezelfde manier als je ouders, leraren en vrienden hebben gedaan. Maar weinig HSP's ontsnappen aan de druk om een toffe jongen, normaal, of aardig voor anderen te zijn, en zelfs als die anderen al lang uit je blikveld verdwenen zijn, blijf je proberen hun een lol te doen. Je imiteert hun onvermogen om te accepteren dat jouw speciale behoefte bescherming nodig heeft. In de woorden van het vorige hoofdstuk heb je de neiging te veel naar buiten te treden.

Of je hebt wellicht overprotectie geïmiteerd, wat misschien slechts het onvermogen was om je te helpen als je bang was, maar toch ook graag iets wilde proberen dat binnen je vermogen lag. In dat geval ben je misschien te veel naar binnen gericht.

Wat ontmoedigend is het om je vrienden te zien genieten van iets wat jij niet durft te proberen. Onderschat een dergelijke ontmoediging niet. Als je volwassen bent kan het evenzeer aanwezig zijn als je ziet hoe je vrienden carrières, reizen, verhuizingen en relaties oppakken waar jij bang voor bent. Toch weet je diep van binnen dat je hetzelfde of meer talent, verlangen en potentieel hebt.

Jaloezie kan ons wakker schudden voor een paar waarheden: we willen iets en we kunnen er beter maar werk van maken nu het nog kan, of we willen iets en kunnen er eenvoudig niet aan komen. Zoals je zag in hoofdstuk 2 in Rothbarts beschrijving van onze ontwikkeling, zijn volwassen mensen in staat om hun aandacht te focussen, wilskracht te benutten en te besluiten een angst te overwinnen. Als jouw jaloezie sterk is en je besluit dat je iets wilt doen, dan kan je het waarschijnlijk ook.

Een ander, niet minder belangrijk onderdeel van volwassen worden is dat we niet langer doen alsof we in staat zijn alles te kunnen doen. Het leven is kort en barst van de grenzen en verantwoordelijkheden. We krijgen elk een stuk van het 'goede' leven om van te genieten, net zoals we elk een deel van dat goede aan de wereld meegeven. Maar geen van ons kan het allemaal voor zichzelf houden of het allemaal voor anderen doen.

Ik heb gemerkt dat niet alle HSP's zich ontmoedigd voelen doordat ze niet in staat zijn alles te doen wat hun leeftijdgenoten doen. Ze hebben weinig last van jaloezie. Ze erkennen hun eigenschap en weten dat het hun veel verschaft waar anderen gebrek aan hebben. Ik denk dat de ontmoediging, zoals het onvermogen om onszelf te beschermen, voortvloeit uit een mentaliteit die in de vroege jeugd is aangeleerd.

Het is nooit te laat om ontmoediging te overwinnen

Hoewel het wijs is om te accepteren wat we niet aan onszelf kunnen veranderen, is het ook goed om te onthouden dat we nooit te oud zijn om ontmoediging stukje bij beetje door vertrouwen en hoop te vervangen.

Als kind had ik de neiging om vaak te vallen, wat al snel leidde tot overprikkeling en coördinatieverlies als ik me op een hoogte bevond of op mijn evenwicht moest vertrouwen. Zodoende was ik er nooit happig op om dingen als fietsen, rolschaatsen of schaatsen te leren – tot grote opluchting van mijn moeder, vermoed ik. Ik ben dus altijd meer een jaloerse toeschouwer dan een deelnemer aan fysieke activiteiten geweest, maar er zijn een paar gloedvolle uitzonderingen geweest, zoals het voorval aan het eind van een zomerzonnewendeviering in California waar ik bij was, op een ranch in de uitlopers van de Sierra Nevada.

De aanwezige vrouwen waren van alle leeftijden. Maar 's avonds, toen ze een schommel hadden ontdekt, werd het een groep jonge meiden. De schommel hing aan een lang touw boven een berghelling. In het schemerdonker leek het net of je naar de sterren vloog. Althans dat zeiden ze. Iedereen had het geprobeerd, behalve ik.

Toen de anderen naar binnen waren gelopen bleef ik buiten, keek naar de schommel en voelde die oude schaamte van de angsthaas te zijn, hoewel het waarschijnlijk niemand was opgevallen.

Toen stond er ineens een veel jongere vrouw voor mijn neus die me aanbood te laten zien hoe de schommel werkte. Ik zei dat ik het niet wilde. Maar ze negeerde dat. Ze beloofde dat ze me niet harder zou duwen dan ik wilde. En ze hield de schommel voor me op.

Het duurde even. Maar op de een of andere manier voelde ik me veilig bij haar, en ik bouwde de moed op om net als de anderen naar de sterren te schommelen.

Ik heb die jonge vrouw nooit meer gezien, maar ik ben haar nog altijd dankbaar, niet alleen voor de ervaring maar voor het respect en het begrip dat ze toonde terwijl ze me uitlegde hoe ik moest schommelen – één langzame schommelbeweging tegelijk.

Jouw schooljaren

Marsha's herinneringen aan haar schoolperiode waren kenmerkend voor HSP's. Ze was erg goed in leren en was zelfs een soort leider als het aankwam op plannen en ideeën. Ze verveelde zich ook. Haar rusteloze fantasie zorgde ervoor dat ze tijdens de lessen boeken zat te lezen. Toch was ze 'gewoonlijk de slimste' van de klas.

Tegelijk met haar verveling had ze altijd last van de overbelasting van school. Ze herinnert zich vooral de herrie. Het maakte haar niet bang, maar vooral als de leraar het lokaal uit liep was de herrie ondraaglijk. Het kabaal thuis, met acht mensen in een klein huisje, maakte haar ook ongelukkig. Als het goed weer was, verschool ze zich in bomen of onder de veranda om boeken te lezen. Met slecht weer leerde ze om gewoon alles buiten te sluiten als ze las.

Op school kan het echter moeilijker zijn om overprikkeling te vermijden. Op een dag las de leraar hardop enkele krantenartikelen voor over de verschrikkelijke martelingen van oorlogsgevangenen. Marsha viel flauw.

Toen je voor het eerst naar school ging, maakte je net als Marsha kennis met een grotere wereld. De eerste schok was wellicht de scheiding van thuis. Maar zelfs als je daarop was voorbereid door naar de peuterspeelzaal te gaan, konden je zintuigen nooit voorbereid zijn op de lange, lawaaierige dag in het gemiddelde leslokaal. In het gunstigste geval wist de leraar een stimulatieniveau te handhaven dat toegespitst was op het optimale prikkelingsniveau van het gemiddelde kind. In jouw geval was dat vrijwel altijd te veel van het goede.

Waarschijnlijk trok je je in eerste instantie op school terug om de kat uit de boom te kijken. Ik kan me de eerste schooldag van mijn zoon nog goed herinneren. Hij stond vanuit een hoekje te staren alsof hij met stomheid geslagen was. Maar stil toekijken is niet 'normaal'. De leraar zegt: 'De anderen zijn aan het spelen – waarom doe je niet mee?' Omdat je liever niet tegen de leraar inging of als typisch beschouwd wilde worden heb je misschien je terughoudendheid overwonnen. Of misschien lukte je dat niet. In dat geval trok je steeds meer aandacht naar je toe – waar je nu juist niet op zat te wachten.

Jens Asendorpf van het Max Planck Instituut voor Psychologie in München heeft erover geschreven hoe normaal het voor sommige kinderen is om liever alleen te spelen. Thuis voelen ouders meestal wel aan dat dat gewoon onderdeel is van het karakter van het kind. Maar op school gaan dingen anders. In het tweede leerjaar zorgt het alleen spelen ervoor dat een kind door andere kinderen wordt afgewezen en door leraren als een zorgenkind wordt gezien.

Sommigen van jullie zijn door al deze overprikkeling en schaamte slecht gaan presteren op school. Maar de meesten van jullie blonken uit op school doordat jullie zo dol waren op lezen en studeren. De ontwikkeling van sociale en fysieke vaardigheden werd beperkt door je overprikkeling. Om daar overheen te komen vond je misschien een fijn speelkameraadje. En misschien stond je erom bekend dat je de leukste spelletjes bedacht, de mooiste verhalen verzon en de prachtigste schilderijen maakte.

Sterker nog, als je naar school was gegaan vol vertrouwen in jezelf en je eigenschap, zoals Charles in hoofdstuk 1, dan zou je wellicht een echte leider zijn geweest. Over het andere geval merkte een sensitieve vriend van mij, een natuurkundige, op: 'Kun jij iemand noemen die het ver geschopt heeft en het op school gemakkelijk heeft gehad?'

Schooljongens, schoolmeisjes

Tijdens mijn onderzoek ontdekte ik dat de meeste mannelijke HSP's rond de schoolgerechtigde leeftijd introvert waren. Dit kan kloppen, aangezien een sensitieve jongen niet als 'normaal' wordt beschouwd. Zij moesten zich in groepen of bij onbekenden voorzichtig opstellen om te kijken hoe ze zouden worden behandeld.

Sensitieve meisjes vertrouwen evenals sensitieve jongens op één of twee vrienden tijdens hun schoolperiode. Maar sommigen van hen zijn tamelijk naar buiten gericht. In tegenstelling tot jongens doen ze wat van hen wordt verwacht als ze wat overprikkeling of emotie tonen. Het kan zelfs helpen om geaccepteerd te worden door de andere meisjes.

De negatieve kant van deze toestemming om emotioneel te zijn kan echter zijn dat een meisje nooit wordt gedwongen om net als sensitieve jongetjes een schild op te trekken om te kunnen overleven. Meisjes kunnen daardoor weinig geoefend zijn in het beheersen van hun emoties en voelen zich hulpeloos wanneer ze met emotionele overprikkeling worden geconfronteerd. Of ze kunnen hun emoties aanwenden om anderen te manipuleren, bijvoorbeeld om zichzelf te beschermen tegen overprikkeling. 'Als we dat spelletje weer moeten spelen, ga ik huilen hoor.' Het voor zichzelf opkomen dat als volwassene nodig is, wordt van hen niet verwacht of geëist.

Begaafdheid

Als je vroeger als begaafd werd beschouwd, heb je misschien een gemakkelijker jeugd gehad. Je sensitiviteit werd begrepen als deel van een grotere eigenschap die maatschappelijk gezien beter werd geaccepteerd. Leraren en ouders werden beter geadviseerd met betrekking tot begaafde kinderen. Een onderzoeker herinnert ouders er bijvoorbeeld aan dat je van dergelijke kinderen niet kunt verwachten dat ze goed met hun leeftijdgenootjes kunnen omgaan. Ouders zullen geen verwend nest produceren als ze hun kind een speciale behandeling en extra kansen geven. Ouders en leraren krijgen de duidelijke opdracht om begaafde kinderen gewoon zichzelf te laten zijn. In feite is dit een goed advies voor kinderen met *alle* eigenschappen die afwijken van het gemiddelde en het ideale, maar begaafdheid wordt voldoende gewaardeerd om afwijking van de norm toe te staan.

Alles heeft echter zijn goede en slechte kanten. Ouders of leraren hebben je misschien onder druk gezet. Je eigenwaarde was misschien volledig opgehangen aan je prestaties. En als je geen begaafde leeftijdgenoten om je heen had, voelde je je misschien eenzaam en mogelijk afgewezen. Inmiddels zijn er betere richtlijnen om begaafde kinderen op te voeden. Ik heb ze overgenomen om jouw begaafde zelf opnieuw te verzorgen.

Zorgen voor jouw 'begaafde' zelf

1. Waardeer jezelf voor wat je bent, niet voor wat je doet.
2. Prijs jezelf voor het nemen van risico's en iets nieuws leren in plaats van voor je successen; hierdoor ga je gemakkelijker met mislukkingen om.
3. Probeer jezelf niet voortdurend te vergelijken met anderen; daarmee ontwikkel je buitensporig competitief gedrag.
4. Stel jezelf in de gelegenheid om met andere begaafde mensen om te gaan.
5. Plan je agenda niet te vol. Sta jezelf tijd toe om na te denken en te dagdromen.
6. Houd je verwachtingen realistisch.
7. Verstop je vaardigheden niet.
8. Wees je eigen advocaat. Steun je recht om jezelf te zijn.
9. Accepteer het als je geen brede interesse hebt. Of juist wel.

Nog even over dit laatste punt – misschien wil je niets anders dan neutrino's bestuderen. Of misschien wil je alleen maar lezen, reizen, studeren of praten tot je de zin van het leven op deze planeet hebt achterhaald. Beide soorten mensen zijn nodig om de wereld te maken tot wat hij is. (Bovendien verander je waarschijnlijk nog wel in een andere levensfase.) In hoofdstuk 6 zullen we nader ingaan op begaafdheid bij volwassenen (een verwaarloosd onderwerp).

De hoog sensitieve adolescent

De adolescentie of puberteit is voor iedereen een moeilijke periode. Maar mijn onderzoek heeft uitgewezen dat HSP's gemiddeld genomen hun middelbare schoolperiode de moeilijkste vinden. Er is sprake van verbijsterende biologische veranderingen en de nieuwe volwassen verantwoordelijkheden volgen elkaar snel op: autorijden, keuze van beroepsopleiding of universiteit, het verantwoord gebruik van alcohol en drugs, mogelijk ouderschap, kinderen toevertrouwd krijgen in banen als oppas of begeleider in een vakantiekamp, en kleine dingen als je paspoort, geld en sleutels niet verliezen. En dan is er het grote gebeuren, het ontwaken van seksuele gevoelens en de pijnlijke onzekerheid die dat met zich meebrengt. Sensitieve jongeren lijken zich nooit op hun gemak te voelen bij de seksuele rollen van slachtoffer of agressor die ze op grond van de media worden verondersteld te spelen.

Het is echter ook mogelijk dat je je energie of opwinding op seks richt omdat het te moeilijk is om de werkelijke bron van onrust onder ogen te zien. Denk eens aan de druk om keuzes te maken die je hele leven zullen bepalen, zonder idee van de uitkomst; de algemene verwachting dat je opgelucht of in ieder geval zonder dralen het huis uit zult gaan dat je altijd hebt gekend; de angst dat jouw 'fatale gebrek' zich nu ten volle zal tonen, nu je er niet in slaagt om de verwachte overgang naar zelfstandig wonen te maken.

Het verbaast me niet dat veel sensitieve adolescenten deze crisis het hoofd bieden door hun ontluikende zelf te vernietigen, zodat ze niet hoeven toe te kijken hoe ze falen om tot de 'juiste' bloei te komen. En er zijn vele manieren om jezelf te gronde te richten: trouwen of een baby krijgen, zodat je gevangenzit in een beperkte, voorgeschreven positie; drugs- of alcoholmisbruik; fysiek of mentaal arbeidsongeschikt raken; een sekte of een organisatie aanhangen die veiligheid en antwoorden biedt; of zelfmoord. Het is niet zo dat al het beschreven gedrag wordt veroorzaakt door sensitiviteit (of dat het ego, dat een hardnekkig onkruid is, niet een paar hiervan zal overleven en een laatbloeier kan zijn). Maar deze uitvluchten, die alle adolescenten ter beschikking staan, worden ook door sommige HSP's gebruikt.

Uiteraard worden voor velen de verplichtingen van het volwassen zijn uitgesteld door te gaan studeren (waarna mogelijk een specialisatie, een postdoctoraat of een stage volgt). Of men vindt een andere manier om de verplichtingen die het leven met zich meebrengt geleidelijk op zich te nemen. Uitstel is in tegenstelling tot vermijden een prima tactiek, een andere vorm van de leermethode die ik 'stap voor stap' noem. Voel je nooit bezwaard om er een poosje gebruik van te maken.

Misschien heb je je vertrek uit het ouderlijk huis uitgesteld. Je hebt een poosje met je ouders samengewoond, een poosje voor hen gewerkt of bent ingetrokken bij vrienden van de middelbare school in je geboorteplaats. Stap voor stap een goed functionerende volwassene worden gaat prima. Op een dag ben je plotseling volwassen en doe je het allemaal zonder in de gaten te hebben gehad hoe je zover bent gekomen.

Soms nemen we echter een te grote stap ineens. Voor sommige HSP's is dat de vervolgopleiding. Ik heb zoveel HSP's ontmoet die na het eerste semester het bijltje erbij neergooiden (of na hun eerste bezoek aan huis, vaak met Kerstmis). Noch zijzelf, noch hun ouders of docenten konden het ware probleem achterhalen, overbelasting door een volkomen nieuw leven – nieuwe mensen, nieuwe ideeën, nieuwe levensplannen, plus wonen in een lawaaierige studentenkamer en de hele nacht opblijven om te praten of te feesten, en daarbij waarschijnlijk experimenteren met seks, drugs en alcohol (of het verzorgen van je vrienden tijdens de nasleep van hun experimenten).

Zelfs als de sensitieve student zich liever zou willen terugtrekken om te rusten, is er de druk om te doen wat de rest ook doet, normaal te zijn, bij te blijven, vrienden te maken, en aan ieders verwachtingen te voldoen. Alle problemen die je in je studententijd hebt ondervonden, dien je in een nieuw kader te plaatsen. Er was geen sprake van een persoonlijk gebrek.

Het zal je niet verbazen dat een prettig thuis alle adolescenten enorm helpt, zelfs in de periode voordat ze het nest verlaten. De blijvende invloed van thuis is vooral sterk aanwezig voor HSP's. Tegen de tijd dat je adolescent was, had je gezin je al veel geleerd over hoe je je kunt en zou moeten gedragen in de buitenwereld.

Wanneer sensitieve jongens en meisjes mannen en vrouwen worden

Als hoog sensitieve adolescenten volwassen worden, nemen de verschillen tussen de seksen toe. Zoals piepkleine verschillen in richting aan het begin van een reis kunnen ook verschillen in opvoeding ervoor zorgen dat sensitieve mannen en vrouwen op heel verschillende bestemmingen arriveren.

Over het algemeen hebben mannen meer gevoel van eigenwaarde dan vrouwen. Als ouders hun sensitieve zoon waarderen, zoals in het geval van Charles in hoofdstuk 1, zullen ze als volwassene een flinke dosis zelfvertrouwen hebben. Maar aan de andere kant van de schaal heb ik veel hoog sensitieve mannen ontmoet die vervuld waren van zelfhaat – niet zo vreemd, gezien de afwijzingen die ze hadden ondergaan.

Een onderzoek onder mannen die sinds hun jeugd verlegen waren (ik neem aan dat de meesten van hen HSP's waren) heeft uitgewezen dat ze gemiddeld drie jaar later trouwden dan andere mannen, hun eerste kind vier jaar later kregen en drie jaar later aan een duidelijke loopbaan begonnen die vervolgens tot minder prestaties op het professionele vlak leidde. Dit zou een cultureel vooroordeel tegen verlegen mannen of minder zelfvertrouwen kunnen weerspiegelen. Het zou ook kunnen duiden op het soort behoedzaamheid en uitstel dat gezond is voor een HSP of een hogere waardering van andere dingen naast gezin en carrière – wellicht spirituele of artistieke doelen. Hoe dan ook, als je deze stappen niet snel hebt gezet, zijn er velen voor wie dat ook geldt.

Hetzelfde onderzoek heeft daarentegen uitgewezen dat verlegen vrouwen precies op tijd door de traditionele levensfases gingen. Het was minder waarschijnlijk dat een verlegen vrouw werkte of bleef werken als ze getrouwd was, alsof ze gebruikmaakte van de patriarchale traditie om van het huis van haar vader naar dat van haar man te gaan zonder te hoeven leren hoe ze zichzelf moest onderhouden.

Toch neigen deze zelfde vrouwen ertoe op de middelbare school blijk te geven van een 'rustige onafhankelijkheid, een interesse in intellectuele zaken, een hoog ambitieniveau en introversie'. Je kunt je wel voorstellen welke spanning in het leven van deze vrouwen werd gecreëerd door die 'stille onafhankelijkheid', de behoefte om hun innerlijke richting te volgen en hun gevoel dat de enige veilige, rustige oase voor hen een traditioneel huwelijk was.

Veel van de door mij geïnterviewde vrouwen hadden het gevoel dat hun eerste huwelijk een misstap was, een poging om met hun sensitiviteit om te gaan door een andere persoon aan hun leven toe te voegen of door een veilige rol aan te nemen. Ik weet niet of hun scheidingspercentage hoger ligt dan bij andere vrouwen, maar wellicht liggen er andere redenen aan ten grondslag. Het lijkt erop dat ze uiteindelijk allemaal gedwongen zijn om de wereld op eigen houtje onder ogen te komen en uitlaatkleppen te zoeken voor hun sterke intuïtie, creativiteit en andere talenten. Als hun eerste huwelijk niet voldoende ruimte bood voor die groei, werd het een opstapje van huis naar een grotere onafhankelijkheid toen ze er eindelijk klaar voor waren.

Marsha was zonder twijfel zo'n vrouw. Ze trouwde op jonge leeftijd en wachtte tot ze in de veertig was met het ontwikkelen van creatieve en intellectuele vaardigheden die ze in haar schoolperiode duidelijk zo leuk had gevonden. Voor Marsha (en ongeveer een derde van de vrouwen die ik heb geïnterviewd) heeft er misschien meer bijgedragen aan deze aarzeling ten opzichte van de wereld dan alleen haar sensitiviteit. Deze vrouwen hadden schokkende seksuele ervaringen opgedaan – Marsha met haar broers. Zelfs zonder openlijk seksueel misbruik is het een feit dat vrouwen tijdens de puberteit een dip in hun gevoel van eigenwaarde ervaren, mogelijk als ze zich hun rol als seksueel object realiseren. Het hoog sensitieve meisje zal alle implicaties nog beter aanvoelen en een hogere prioriteit geven aan zelfbescherming.

Sommigen gaan te veel eten om onaantrekkelijk te worden, sommigen gaan te veel studeren of trainen zodat ze geen vrije tijd meer hebben, en sommigen kiezen al op jonge leeftijd een vriendje aan wie ze zich vastklampen voor bescherming.

Marsha gaf aan dat het op de middelbare school met haar leidersrol en uitstekende cijfers gedaan was toen haar borsten zich begonnen te ontwikkelen (met bovengemiddelde omvang). Plotseling trok ze voortdurend de aandacht van de jongens. Ze droeg onder alle weersomstandigheden een dikke jas naar school en gedroeg zich zo onopvallend mogelijk. Bovendien bestonden de leiders volgens haar nu uit 'domme, giechelende jongensgekken'. Ze wilde of kon daar niet bij horen.

Ze werd evengoed vaak door jongens lastiggevallen. Op een dag werd ze door twee van hen achternagezeten die haar zoenden. Ze liep geschokt naar huis terug, stapte naar binnen en zag, al dan niet in haar verbeelding – dat heeft ze nooit geweten – een rat in haar richting de trap afrennen. Jarenlang zag ze die rat steeds voor zich als ze door een jongen werd gezoend.

Op haar zestiende werd ze voor het eerst verliefd, maar maakte er een eind aan toen ze te intiem dreigden te worden. Ze bleef maagd tot haar drieëntwintigste, toen ze werd verkracht na een avondje uit. Daarna gaf ze zichzelf aan iedereen die maar lang genoeg aanhield – 'behalve aan jongens waar ik echt om gaf'. Daarop volgde een huwelijk vol seksueel misbruik, het lange wachten tot ze de moed had om van die man te scheiden, en de start van haar artistieke carrière.

Samengevat is er opnieuw sprake van het sekseverschil in de wijze waarop sensitiviteit zich manifesteert. Als sensitieve jongens volwassen worden, moeten ze wel uit de pas vallen met andere mannen in timing en in manier van leven. Sensitiviteit is niet 'normaal' voor mannen. Voor vrouwen valt sensitiviteit echter binnen het verwachtingspatroon. Sensitieve meisjes vinden het maar wat gemakkelijk om het pad van traditionele normen en waarden te volgen zonder eerst te leren hoe ze zichzelf in de wereld kunnen handhaven.

De kern van volwassen worden: je draai vinden in een uiterst sociale wereld

We zijn aan het eind gekomen van een hoofdstuk, maar mogelijk aan het begin van je levenswerk: leren je jeugd in het licht van je eigenschap te zien en jezelf opnieuw te verzorgen als dat nodig blijkt te zijn.

Terugkijkend zal het je opvallen hoezeer dit hoofdstuk over hoog sensitief opgroeien draaide om jou en je relaties met anderen – met ouders, familieleden, leeftijdgenoten, leraren, onbekenden, vriend(inn)en, afspraakjes en echtgenoten. Mensen zijn zeer sociale wezens, zelfs wij HSP's! Dit is een goed moment om dieper in te gaan op het sociale leven van de HSP alsmede op het woord dat steeds maar opduikt, de geestesgesteldheid die men 'verlegen' noemt.

WERKEN MET WAT JE HEBT GELEERD
Je jeugd in een nieuw kader plaatsen

Waar dit hoofdstuk en wellicht dit hele boek om draait, is je leven in een nieuw kader te plaatsen, rekening houdend met je sensitiviteit. Voor je ligt de taak om je mislukkingen, kwellingen, verlegenheid, beschamende momenten en al het andere op een nieuwe manier te bekijken, die niet alleen beter klopt maar ook getuigt van meer medeleven.

Maak een overzicht van de belangrijke gebeurtenissen die je je uit je jeugd en puberteit herinnert, de herinneringen die je hebben gevormd tot wie je bent. Deze gebeurtenissen kunnen bepaalde momenten zijn – een toneelstuk op school of de dag dat je ouders je vertelden dat ze gingen scheiden. Of er zijn misschien hele categorieën – de jaarlijkse eerste schooldag of het jaarlijks terugkerende zomerkamp. Sommige herinneringen zullen negatief zijn, of zelfs traumatisch of dramatisch. Je werd misschien erg gepest. Sommige zullen positief zijn maar misschien toch overweldigend: kerstochtend, gezinsvakanties, successen, onderscheidingen.

Kies een gebeurtenis uit en loop de stappen door om het in een nieuw kader te plaatsen, zoals aangehaald in hoofdstuk 1:

1. *Denk terug aan je reactie op de gebeurtenis en hoe je er altijd tegen aangekeken hebt.* Had je het gevoel dat je 'verkeerd' had gereageerd, of niet zoals anderen zouden hebben gedaan? Of dat je er te lang mee bent blijven zitten? Ben je tot de conclusie gekomen dat je op de een of andere manier niet goed genoeg was? Heb je geprobeerd je ontzetting voor anderen verborgen te houden? Of kwamen anderen erachter en zeiden ze tegen je dat je te 'overgevoelig' was?
2. *Bezie je reactie in het licht van wat je nu weet over hoe je lichaam automatisch functioneert.* Of stel je voor dat ik als auteur dat aan jou uitleg.
3. *Ga na of er op dit moment iets aan moet gebeuren.* Maak iemand anders deelgenoot van jouw nieuwe kijk op de situatie als je je daar prettig bij voelt. Dat zou zelfs iemand kunnen zijn die er destijds bij was en die je zou kunnen helpen het plaatje gedetailleerder te maken. Of schrijf je oude en nieuwe kijk op de ervaring op papier en bewaar het een poosje bij wijze van geheugensteuntje.

Als dit blijkt te helpen, plaats dan over een paar dagen een ander belangrijk voorval uit je jeugd in een nieuw kader, totdat je de hele lijst hebt gehad. Overhaast het proces niet. Neem voor elke ervaring een paar dagen de tijd. Een belangrijke gebeurtenis heeft tijd nodig om verwerkt te worden.

5 Sociale relaties
De valkuil van 'verlegenheid'

'Je bent te verlegen.' Heb je dat vaak te horen gekregen? Je zult hier anders over denken als je dit hoofdstuk hebt gelezen, dat ingaat op waar verlegenheid gewoonlijk het meest voorkomt: in je niet-intieme sociale relaties. (De intieme worden besproken in hoofdstuk 7.) Veel van jullie zijn zeer sociaal – dat is een feit. Maar omdat het geen zin heeft een probleem op te lossen dat er niet is, zal ik me hier richten op een probleem dat wel opgelost dient te worden – wat anderen 'verlegenheid', sociaal vermijdingsgedrag of sociale fobieën noemen. Maar we zullen dit, alsmede een paar andere voor HSP's bekende kwesties, op een heel andere manier benaderen.

Nogmaals, door me te concentreren op problemen wil ik niet impliceren dat HSP's noodzakelijkerwijs een moeilijk sociaal leven hebben. Maar zelfs de president van Amerika en de koningin van Engeland zullen zich af en toe zorgen maken hoe er over hen wordt gedacht. Dus daar maak jij je soms waarschijnlijk ook druk over. En door zorgen raken we overprikkeld, onze speciale achilleshiel.

Ook wordt ons vaak verteld: 'Maak je niet druk; je wordt er niet op afgerekend.' Maar als sensitief persoon valt het je misschien op dat mensen wel degelijk kijken en oordelen; dat doen ze namelijk meestal. De niet-sensitieve mensen hebben dat vaak niet in de gaten. Dus jouw taak in het leven is veel moeilijker: je *weet* dat die blikken er zijn, die onuitgesproken veroordelingen, en je moet je er toch niet te veel door laten beïnvloeden. Dat valt niet mee.

Als je jezelf altijd als een verlegen type hebt beschouwd

De meeste mensen verwarren sensitiviteit met verlegenheid. Daarom heb je steeds gehoord dat je te verlegen was. Mensen noemen bijvoorbeeld een hond, kat of paard 'schuw' terwijl het in werkelijkheid een sensitief zenuwstelsel heeft (tenzij het mishandeld is; maar dan is de term 'bang' beter op zijn plaats). Verlegenheid is de angst dat anderen ons niet aardig vinden of niet zullen accepteren. Dat maakt het een reactie op een situatie. Het is een bepaalde *gemoedstoestand*, geen permanent aanwezige karaktertrek. Zelfs chronische verlegenheid is niet aangeboren. Sensitiviteit wel. En hoewel chronische verlegenheid zich bij HSP's meer ontwikkelt, is dat nergens voor nodig. Ik heb veel HSP's ontmoet die bijna nooit verlegen zijn.

Als je je vaak verlegen voelt, is er een goede verklaring voor de manier waarop jij of iemand anders waarschijnlijk zo geworden is, en dat geldt ook voor niet-HSP's. Ergens in je verleden trad je een sociale situatie binnen (gewoonlijk één die van zichzelf al overbelastend was) en had je het gevoel dat je faalde. Anderen zeiden dat je iets verkeerd deed of leken je niet te mogen, of je voldeed niet aan je eigen normen in die bepaalde situatie. Misschien voelde je je al overprikkeld doordat je je geweldige verbeeldingskracht had gebruikt om je alles voor te stellen wat er fout zou kunnen gaan.

Gewoonlijk is één mislukking niet voldoende om iemand chronisch verlegen te maken, hoewel het wel mogelijk is. Gewoonlijk is het zo dat je de volgende keer in dezelfde situatie meer geprikkeld was omdat je bang was voor een herhaling van de eerste keer. En doordat je meer geprikkeld was, lag een mislukking meer voor de hand. De derde keer deed je erg je best maar was je ook enorm geprikkeld. Je kon niets bedenken om te zeggen, je stelde je onderdanig op en werd ook zo behandeld, enzovoort. Je kunt zien hoe dit patroon zich steeds verder kon ontwikkelen in een neerwaartse spiraal. Het kan zich ook uitbreiden naar andere situaties die er ook maar een beetje op lijken, zoals alle situaties waar ook andere mensen aanwezig zijn!

HSP's lopen meer risico om in een dergelijke spiraal te belanden omdat ze sneller geprikkeld zijn. Maar je bent niet verlegen geboren, alleen maar sensitief.

'Verlegenheid' uit je zelfbeeld schrappen

Er zitten drie problemen vast aan het accepteren van het etiket 'verlegen'. In de eerste plaats klopt het niet. Het gaat voorbij aan je ware ik, je sensitiviteit voor subtiliteit en je moeilijkheden met overprikkeling. Vergeet niet dat overprikkeling niet altijd veroorzaakt wordt door angst. Als je denkt dat het angst is, kun je je verlegen voelen terwijl je dat niet bent, zoals we zullen zien.

Deze verwarring van jouw eigenschap met de gemoedstoestand die we verlegenheid noemen is heel natuurlijk, gezien het feit dat 75 procent van de bevolking (althans in de Verenigde Staten) sociaal zeer extravert is. Als ze zien dat je er overprikkeld uitziet, beseffen ze niet dat dit te maken kan hebben met een overmaat aan stimulatie. Zo ervaren zij dat niet. Ze denken dat je wel bang zal zijn om afgewezen te worden. Je bent verlegen. Je bent bang voor afwijzing. Waarom ga je anders niet gemakkelijk met anderen om?

Soms ben je inderdaad bang voor afwijzing. Waarom niet? Jouw manier van doen past tenslotte niet in het ideaal van jouw cultuur. Maar als HSP heb je soms gewoon geen zin in de extra prikkeling. Als anderen je als verlegen en bang beschouwen, kan het moeilijk zijn je te realiseren dat je er gewoon voor hebt gekozen om alleen te zijn, of in ieder geval in eerste instantie. Jij bent degene die afwijst. Je wordt niet afgewezen. (Naast het feit dat niet-HSP's dit niet kunnen begrijpen omdat ze gewoon meer prikkeling nodig hebben dan jij om zich op hun gemak te voelen, kunnen ze ook hun eigen angst voor afwijzing op jou projecteren – dat wil zeggen, door jou iets aan te praten wat ze voor zichzelf niet willen toegeven.)

Als je minder tijd spendeert te midden van mensenmassa's of aan het ontmoeten van nieuwe mensen dan ben je automatisch minder bedreven dan anderen in het omgaan met dergelijke situaties. Het is niet jouw specialiteit. Maar nogmaals, het is niet juist om aan te nemen dat je verlegen of bang bent. Mensen die je daarmee willen helpen, doen dat meestal op grond van de verkeerde veronderstelling. Ze denken bijvoorbeeld dat je een gebrek aan zelfvertrouwen hebt en verzekeren je dat je aardig bent. In feite zeggen ze dan echter dat er iets aan je mankeert – dat je weinig gevoel van eigenwaarde hebt. Omdat ze je onderliggende karaktereigenschap niet kennen, geven ze je de verkeerde reden waarom je je minder gemakkelijk beweegt in gezelschap en kunnen ze je niet de vele ware redenen geven waarom je tevreden met jezelf zou moeten zijn.

Jezelf verlegen noemen is negatief

Helaas heeft de term 'verlegen' enkele zeer negatieve bijklanken. Dat hoeft niet per se; verlegen kan ook worden geassocieerd met woorden als 'discreet', 'beheerst', 'attent' en 'gevoelig'. Maar onderzoeken hebben uitgewezen dat de meeste mensen bij een ontmoeting met anderen die ik HSP zou noemen, hen als verlegen beschouwden en dat gelijkstelden aan gespannen, typisch, bang, in zichzelf gekeerd en timide. Zelfs deskundigen op het gebied van geestelijke gezondheid hebben hen meer dan eens zo beoordeeld, alsmede hun intellectuele vermogens, prestaties en geestelijke gezondheid lager ingeschat, zaken die in feite geen verband houden met verlegenheid. Alleen mensen die de verlegen mensen goed kenden, zoals hun echtgenoten, kozen voor de positieve termen. Uit een ander onderzoek bleek dat de door psychologen gebruikte tests om verlegenheid te meten, bol staan van dezelfde negatieve termen. Dat zou nog acceptabel zijn als de tests bedoeld waren om een gemoedstoestand te meten, maar ze worden vaak gebruikt om 'verlegen mensen' te onderscheiden, die vervolgens een negatief etiket opgeplakt krijgen. Wees op je hoede voor het verborgen oordeel achter het woord 'verlegen'.

Als je jezelf verlegen noemt word je het vanzelf

Een aardig psychologisch experiment inzake verlegenheid, uitgevoerd door Susan Brodt en Philip Zimbardo aan Stanford University, laat zien waarom het belangrijk is te weten dat je niet verlegen bent, maar gewoon een HSP die overprikkeld kan raken.

Brodt en Zimbardo onderzochten vrouwelijke studenten die zichzelf uitzonderlijk 'verlegen' noemden, vooral ten opzichte van mannen, en anderen die niet 'verlegen' waren, bij wijze van vergelijkingsgroep. In het onderzoek dat zogenaamd betrekking had op de invloed van lawaai, bracht elke vrouw tijd door met een jongeman. De man, die niet wist of de vrouw 'verlegen' was, had de instructie gekregen met elke vrouw op dezelfde manier een gesprek aan te knopen. De interessante draai aan het verhaal was dat sommige verlegen vrouwen werd wijsgemaakt dat hun overprikkeling – hun bonkende hart en snelle hartslag – aan het lawaai lag.

Het resultaat was dat deze 'verlegen' vrouwen, die geloofden dat hun overprikkeling werd veroorzaakt door lawaai, net zoveel praatten als de niet-verlegen vrouwen. Ze namen zelfs de leiding en bepaalden evenzeer als de niet-verlegen vrouwen het gespreksonderwerp. De andere groep verlegen vrouwen die niets anders hadden om hun overprikkeling aan te wijten, praatten veel minder en lieten de man veel meer de richting van het gesprek bepalen. Na het experiment werd aan de jongeman gevraagd te raden welke vrouwen verlegen waren. Hij kon geen onderscheid maken tussen de niet-verlegen vrouwen en de verlegen vrouwen die ervan overtuigd waren dat hun prikkeling te maken had met de herrie.

Deze verlegen vrouwen waren minder verlegen omdat ze aannamen dat er geen *sociale* reden voor hun overprikkeling was. Ze zeiden ook dat ze zich niet verlegen voelden en met veel plezier aan het experiment hadden deelgenomen. Sterker nog, toen hun werd gevraagd of ze de volgende keer liever alleen zouden zijn als ze opnieuw deelnamen aan een 'lawaai-experiment', zei twee derde van hen dat ze liever niet alleen waren, vergeleken met slechts 14 procent van de andere verlegen vrouwen en 25 procent van de niet-verlegen vrouwen. Kennelijk hadden deze verlegen vrouwen zich prima vermaakt, alleen maar omdat ze dachten dat hun overprikkeling werd veroorzaakt door iets anders dan verlegenheid.

Denk de volgende keer dat je je in een sociale situatie overprikkeld voelt, maar eens terug aan dit experiment. Je hart kan tekeergaan om allerlei redenen die niets te maken hebben met de mensen om je heen. Er kan te veel geluid zijn, of je maakt je misschien onbewust ergens zorgen om, wat niets te maken heeft met de persoon met wie je samen bent. Dus kom op, negeer de andere oorzaken (als je dat kunt) en geniet ervan.

Ik heb je drie gegronde redenen gegeven om jezelf niet langer verlegen te noemen. Het is niet juist, het is negatief en het maakt zichzelf waar. En laat je ook niet door anderen een etiket opplakken. Laten we maar zeggen dat het je burgerplicht is om dit sociale vooroordeel uit te roeien. Het is niet alleen oneerlijk, maar zoals besproken in hoofdstuk 1 is het ook gevaarlijk omdat het de doordachte mening van HSP's het zwijgen oplegt door hun zelfvertrouwen te ondermijnen.

Hoe je tegen je 'sociale ongemak' moet aankijken

Sociaal ongemak (de term die ik verkies boven 'verlegen') is bijna altijd te wijten aan overprikkeling, waardoor je sociaal gezien wat onhandig doet, praat of lijkt te zijn. Of het is de angst dat je overprikkeld zal raken. Je bent bang dat je iets klungeligs doet, of dat je niet zal weten wat je moet zeggen. Maar de angst zelf is gewoonlijk al genoeg om de overprikkeling te veroorzaken als je eenmaal in die situatie verzeild raakt.

Onthoud dat dat ongemakkelijke gevoel maar tijdelijk is, en je kunt altijd kiezen. Stel dat je het koud hebt. Je kunt het verdragen. Je kunt een aangenamer omgeving opzoeken. Je kunt het warmer maken – de kachel aanmaken, de thermostaat hoger draaien – of degene die daarover beslist vragen dat te doen. Je kunt een jas aantrekken. Het enige wat je niet moet doen, is jezelf de schuld geven dat je van nature gevoeliger bent voor een koude omgeving.

Hetzelfde geldt voor een tijdelijk sociaal ongemak dat veroorzaakt wordt door overprikkeling. Je kunt het accepteren, de situatie ontvluchten, de sociale atmosfeer veranderen of dat aan anderen vragen, of iets anders doen waardoor je je beter op je gemak voelt, zoals je 'persona' (masker) opzetten (ik kom hier later op terug).

In alle gevallen zorg je dat je jezelf bewust bevrijdt van het ongemak. Dus laat het idee varen dat je je nou eenmaal van nature ongemakkelijk voelt in sociale situaties.

Vijf manieren om in sociale situaties met overprikkeling om te gaan

1. Onthoud dat overprikkeling niet noodzakelijkerwijs angst is.
2. Zoek andere HSP's om mee te praten, in een persoonlijk gesprek.
3. Gebruik je vaardigheden om de prikkeling te verminderen.
4. Ontwikkel een goede 'persona' en maak daar bewust gebruik van.
5. Geef anderen uitleg over jouw karaktereigenschap.

Onderschat nooit de kracht van simpelweg aan jezelf toegeven dat je overprikkeld bent, mogelijk door iets wat niets te maken heeft met de mensen om je heen. Als je daarom veroordeeld wordt, gaat het niet om jouw ware ik, maar om degene die tijdelijk van slag is door overprikkeling. Zodra ze jouw rustige ik leren kennen, degene die zich subtiel bewust is van de dingen om zich heen, zullen ze daarvan onder de indruk zijn. Je weet dat dat waar is, omdat je goede vrienden hebt die jou bewonderen.

Toen ik op middelbare leeftijd weer terugging naar school, gooide ik op de allereerste dag nog voor de lessen waren begonnen in de ontbijtzaal een vol glas melk om over mezelf, de vloer en nog een paar anderen die erbij stonden. Niemand had me geduwd. Ik had het glas gewoon ergens tegenaan gestoten. Het gebeurde voor de ogen van al mijn toekomstige studiegenoten en de faculteit, de mensen die ik zo graag wilde imponeren.

De enorme schok maakte mijn toch al bijna ondraaglijke overprikkeling nog erger. Maar alleen dankzij het onderzoek dat ik onder HSP's zoals jij en ik deed, wist ik precies hoe het had kunnen gebeuren. Het onvermogen van mijn lichaam om de melk te dragen was voorspelbaar. De dag verliep moeizaam, maar ik liet mijn sociale ongemak niet vererggeren door de omgegooide melk.

Naarmate de dag vorderde leerde ik andere HSP's kennen, en dat was een grote steun. We gooiden zogezegd allemaal onze melk om. In de gemiddelde sociale situatie zou het gezelschap voor ongeveer 20 procent uit HSP's moeten bestaan en voor nog eens 30 procent uit mensen die zichzelf gematigd sensitief noemen. Onderzoeken naar verlegenheid wijzen uit dat op basis van een anonieme enquête 40 procent van de mensen zichzelf verlegen noemt. In een kamer vol mensen is de kans groot dat er ten minste één ander is met jouw eigenschap of die zich sociaal gezien niet op zijn gemak voelt. Zoek hun ogen op als je bent gestruikeld, letterlijk of figuurlijk, en merk de meelevende blik op. Je hebt meteen een vriend gevonden.

Maak ondertussen gebruik van alle punten die ik heb geopperd in hoofdstuk 3 om je spanning te verminderen. Neem pauzes. Ga een stukje wandelen. Adem diep in. Kom in beweging. Ga je opties na. Misschien is het tijd om te gaan. Misschien kun je een betere plek voor jezelf opzoeken, bij een open raam, bij een gangpad, of de deur. Denk aan je veilige havens – bij wie of bij welke rustige, vertrouwde aanwezigheid voel je je beschermd?

Er waren momenten op die eerste schooldag dat ik bang was dat de hele faculteit zou denken dat er iets ernstig met me mis was. Als een gemiddelde HSP zo overprikkeld is kunnen daar alleen nog maar conflicten en instabiliteit uit voortvloeien. Dus ik gooide al mijn trucs in de strijd – wandelen, mediteren, tijdens de lunch een rondje autorijden, naar huis bellen voor een beetje steun. En dat werkte prima.

We denken vaak dat anderen onze overprikkeling beter opmerken dan in de praktijk het geval is. Je weet dat veel van het sociale leven niet veel meer is dan een ontmoeting tussen twee 'persona's', zonder dat beide te veel de diepte in gaan. Door je op een voorspelbare manier te gedragen en te praten zoals anderen, ook al heb je er eigenlijk geen zin in, zal niemand je lastigvallen of de verkeerde conclusie trekken dat je arrogant of teruggetrokken bent of iets in je schild voert. Uit onderzoek blijkt bijvoorbeeld dat 'verlegen' studenten vinden dat ze sociaal gezien hun best doen, maar hun kamergenoten vinden dat ze niet genoeg hun best doen. Dat kan de schuld zijn van onze cultuur, waarin HSP's niet worden begrepen, maar zolang die opvatting niet is gewijzigd kun je je leven wellicht wat eenvoudiger maken door je een beetje meer te gedragen zoals alle anderen. Zet je 'persona' op; dit is het Griekse woord voor 'masker'. Achter het masker kun je zijn wie je wilt.

Anderzijds kan uitleg geven over je overprikkeling soms de beste tactiek zijn. Ik doe dit vaak als ik voor een groep onbekenden moet praten of lesgeven. Dan vertel ik hun dat ik weet dat ik wat gespannen klink, maar dat dat over een paar minuten over is. In een groep kan uitleg over je eigenschap leiden tot een openhartiger gesprek over ieders sociale ongemak, waardoor je zonder schuldgevoel de groep kunt verlaten of je vrij voelt om even pauze te nemen zonder buitengesloten te worden als je weer terugkomt. Misschien zit er iemand tussen die de stimulatie die je ervaart kan verminderen – door het licht of het volume aan te passen of jou over te slaan als iedereen zich voorstelt.

Als je eenmaal hebt aangegeven dat je hoog sensitief bent, zal je een van beide stereotypen naar voren schuiven, afhankelijk van je woordkeuze. Het ene stereotype is die van het passieve slachtoffer, van een zwak en verward persoon. De andere is die van een intelligente, diepgaande en krachtige aanwezigheid in de ruimte. Het vergt oefening om het positieve stereotype op te roepen door middel van de woorden waarmee je uitleg geeft over je behoeften. We komen hier in hoofdstuk 6 op terug.

Als ik een hele dag of een weekend met een groep mensen moet doorbrengen, leg ik vaak uit dat ik veel tijd alleen nodig heb. En vaak zeggen anderen dat ook. Maar zelfs als ik de enige ben die vroeg naar de kamer gaat en alleen lange wandelingen maakt, heb ik geleerd daarvoor geen medeleven of medelijden op te roepen, maar een waas van mysterie achter te laten. Leden van de klasse van 'koninklijke adviseurs' moeten dit ter harte nemen. Wees niet te mededeelzaam over je eigen 'PR'.

Mensen, prikkeling en introversie

Tot dusverre hebben we het 'probleem' aangepakt door ons van het etiket 'verlegen' te ontdoen en in te zien wat er in het geval van de vertrouwde overprikkeling aan de hand is. Maar het is even belangrijk dat je erkent dat er meer manieren zijn om sociaal te zijn.

Jouw manier van sociaal zijn komt voort uit een basisfeit: voor de meesten van ons geldt dat het overgrote deel van de prikkelende stimulatie in de buitenwereld wordt veroorzaakt door andere mensen, of dat nu thuis is, op het werk of in het openbare leven. We zijn *allemaal* sociale wezens die het gezelschap van anderen fijn vinden en afhankelijk zijn van anderen. Maar veel HSP's vermijden mensen die inherent zijn aan overmatig stimulerende totaalpakketten – de onbekenden, de grote feesten, de menigten. Voor de meeste HSP's is dit een slimme strategie. In een zeer stimulerende, veeleisende wereld moet iedereen zijn prioriteiten stellen.

Uiteraard kan niemand een expert zijn in het omgaan met situaties die hij of zij liever vermijdt. Maar de meesten van jullie kunnen zich redden of kunnen dat leren. Je gewoon kunnen redden in een situatie is een acceptabele, slimme manier om je energie te bewaren voor wat je nog meer belangrijk vindt.

Ook is het een feit dat sommige HSP's onbekenden, feesten en andere groepssituaties vermijden omdat ze in het verleden door leeftijdgenoten en groepen zijn afgewezen. Omdat ze niet in het culturele ideaal van spontaniteit pasten zijn ze hardhandig veroordeeld en vermijden ze mensen waar ze geen volledig vertrouwen in hebben. Dat klinkt redelijk, hoewel het jammer is, en het is niets om je voor te schamen.

Over het geheel genomen is zo'n 70 procent van de HSP's 'sociaal in zichzelf gekeerd'. Dat betekent *niet* dat je een hekel hebt aan mensen. Het betekent dat je de voorkeur geeft aan een paar goede vriendschappen boven een grote kennissenkring en meestal niet dol bent op grote feesten of mensenmassa's. Maar zelfs de meest introverte persoon is soms extravert en kan een goed contact hebben met een onbekende of plezier hebben in een menigte. En zelfs de meest extraverte persoon is soms in zichzelf gekeerd.

Introverte mensen zijn nog steeds sociale wezens. Sterker nog, hun welzijn wordt meer beïnvloed door hun sociale relaties dan het welzijn van extraverte mensen. Introverte mensen zijn gericht op kwaliteit in plaats van kwantiteit.

(Als je echter niet prettig in je vel steekt, lost een intieme relatie dat probleem niet altijd op. Veel mensen kunnen zelfs pas een fijne, intieme relatie met anderen ontwikkelen als ze een groter gevoel van emotioneel welzijn ontwikkelen door middel van helend werk in psychotherapie, in de breedste zin van het woord, zoals beschreven in hoofdstuk 8.)

De extraverte HSP

Ik wil benadrukken dat je als HSP niet automatisch sociaal introvert bent. Uit mijn onderzoek blijkt dat 30 procent van de HSP's sociaal extravert is. Als extravert verzamel je grote groepen vrienden om je heen en voel je je gewoonlijk prettig te midden van groepen en onbekenden. Misschien ben je opgegroeid in een groot, gezellig en liefdevol gezin of veilige buurt en heb je geleerd mensen meer te beschouwen als veilige havens dan als reden om op je hoede te zijn.

Maar je vindt het nog steeds moeilijk om met andere bronnen van prikkeling om te gaan, zoals een lange werkdag of te lang rondlopen in de stad. Als je overprikkeld bent, mijd je het gezelschap van anderen. (Extraverte niet-HSP's ontspannen zich juist beter met andere mensen om zich heen.) Hoewel de meeste aandacht in dit boek uitgaat naar de van nature introverte HSP's, hebben ook extraverte HSP's er waarschijnlijk baat bij.

De introverte stijl op waarde schatten

Avril Thorne, inmiddels verbonden aan de University of California in Santa Cruz, is eens goed gaan kijken hoe introverte mensen daadwerkelijk omgaan met anderen. Ze onderscheidde de zeer introverte en zeer extraverte studentes van elkaar door middel van tests en zette hen vervolgens hetzij met een soortgenoot, hetzij met een tegenpool bij elkaar en nam de gesprekken op met de videorecorder.

De zeer introverte vrouwen waren serieus en geconcentreerd. Ze praatten meer over problemen en waren behoedzamer. Ze waren gericht op luisteren, vragen en advies geven; ze leken zich op een diepgaande manier op de ander te concentreren.

De zeer extraverte vrouwen daarentegen hielden eerder gezelligheidspraatjes, waren meer uit op bijval, gingen op zoek naar gelijkenissen in achtergrond en ervaring en maakten vaker complimentjes. Ze waren vrolijk en openhartig en het maakte hun niet uit met welke soort vrouw ze samen zaten, alsof hun voornaamste plezier bestond uit het praten zelf.

Als de extraverte vrouwen praatten met een zeer introverte vrouw, vonden ze het fijn om niet zo overdreven vrolijk te hoeven doen. En de introverte vrouwen vonden de gesprekken met de extraverte vrouwen 'een verademing'. Het beeld dat Thorne ons schetst, is dat elk type iets aan deze wereld bijdraagt dat van *evenveel* belang is. Maar gezien de onderwaardering van de introverte stijl is het een goede zaak om ons nu te richten op de goede eigenschappen van introverte mensen.

Carl Jung over de introverte stijl

Carl Jung beschouwde introversie als een fundamenteel onderscheid tussen mensen, waardoor de belangrijkste meningsverschillen binnen de filosofie en psychologie worden veroorzaakt, waarvan de meeste neerkomen op onenigheid over de vraag of de feiten op zich dan wel het innerlijke inzicht in die feiten belangrijker zijn bij het doorgronden van een willekeurige situatie of een willekeurig onderwerp.

Volgens Jung stonden de meeste mensen afwisselend introvert en extravert in het leven, en hoorde dat erbij als in- en uitademen. Maar enkelen zijn voortdurend meer naar buiten of meer naar binnen gericht. Daarnaast hielden deze twee houdingen volgens hem geen direct verband met de sociale vaardigheden van iemand. Introvert zijn is niets anders dan in jezelf gekeerd zijn, naar het onderwerp of naar het eigen ik, in plaats van naar buiten naar het object. Introversie komt voort uit een behoefte en een voorkeur om het innerlijke, 'subjectieve' aspect van het leven te beschermen, daar meer waarde aan te hechten, en het vooral niet te laten overweldigen door de 'objectieve' wereld.

In Jungs ogen kan het belang van introverte mensen niet genoeg onderstreept worden.

Zij zijn het levende bewijs dat deze rijke en gevarieerde wereld met zijn overvloedige en bedwelmende leven zich niet slechts buiten ons afspeelt, maar ook van binnen bestaat. [...] Hun leven leert ons meer dan hun woorden. [...] Hun leven leert ons de andere kant, het innerlijke leven waar onze beschaving zo pijnlijk veel behoefte aan heeft.

Jung was op de hoogte van het westerse vooroordeel tegen de introverte mens. Hij kon dat tolereren als dat uit de mond kwam van extraverte personen. Maar hij was van mening dat introverte mensen die zichzelf onderwaarderen, de wereld een slechte dienst bewijzen.

Alle soorten zijn nodig

Soms is het gewoon zaak dat we genieten van de wereld om ons heen zoals hij is en dat we blij zijn met degenen die ons helpen, de extraverte mensen die ervoor kunnen zorgen dat zelfs volkomen onbekenden zich bij elkaar op hun gemak voelen. Soms hebben we een innerlijk anker nodig – dat wil zeggen, de introverte mensen die hun volle aandacht schenken aan de diepste nuances van de persoonlijke ervaring. Het leven draait niet alleen om de films die we allebei hebben gezien en de restaurants waar we allebei hebben gegeten. Soms is het praten over de subtielere levensvragen essentieel voor onze ziel.

Linda Silverman, een deskundige op het gebied van begaafde kinderen, ontdekte dat hoe slimmer het kind is, hoe groter de kans is dat hij of zij introvert is. Introverte mensen zijn buitengewoon creatief, zelfs bij zoiets simpels als het aantal ongebruikelijke reacties op de inktvlekkentest van Rorschach. Ook zijn ze flexibeler in de zin dat ze soms gewoon *moeten* doen wat extraverte mensen voortdurend doen, zoals onbekenden ontmoeten en naar feestjes gaan. Sommige extraverte mensen kunnen het daarentegen jarenlang vermijden zich in hun innerlijk te verdiepen. Deze grotere veelzijdigheid van sommige introverte mensen is vooral in je latere leven belangrijk, als men datgene begint te ontwikkelen wat men tot de middelbare leeftijd heeft moeten ontberen. Ook zelfbespiegeling wordt op latere leeftijd voor iedereen belangrijker. Kortom, introverte mensen worden wellicht op een eleganter manier ouder en wijzer.

Dus je bevindt je in goed gezelschap. Negeer de opmerkingen dat je eens 'wat vrolijker moet doen'. Geniet van de frivoliteit van anderen en sta jezelf toe dat jij weer andere goede punten hebt. Als je niet goed bent in oppervlakkig gepraat, wees dan trots op je zwijgzaamheid. En wat ook belangrijk is, als je stemming verandert en je extraverte ik zich openbaart, laat het dan zo klungelig of gek zijn als nodig is. We zijn allemaal onhandig als we iets doen wat niet onze specialiteit is. Jij bezit één deel van het 'goede'. Het zou arrogant zijn te denken dat iemand overal goed in zou moeten zijn.

Vriendschappen sluiten

Introverte mensen geven om diverse redenen de voorkeur aan intieme relaties. Goede vrienden kunnen elkaar het best begrijpen en steunen. Een goede vriend(in) of partner kan je ook meer van slag brengen, maar dat stimuleert de innerlijke groei, hetgeen vaak een hoge prioriteit is voor HSP's. En gezien je intuïtie vind je het waarschijnlijk leuk om te praten over ingewikkelde zaken als filosofie, gevoelens en worstelingen. Dat valt niet mee met een onbekende of op een feestje. Tot slot bezitten introverte mensen eigenschappen waardoor ze goed zijn in intieme relaties; in het gezelschap van goede vrienden kunnen ze sociaal succes ervaren.

Extraverte mensen hebben echter gelijk als ze zeggen dat 'een onbekende gewoon een vriend is die ik niet eerder heb ontmoet'. Al je beste vrienden waren ooit onbekenden. Als die relaties veranderen (of zelfs eindigen) zul je altijd nieuwe potentieel goede vrienden willen ontmoeten. Dus misschien wil je nog eens nagaan hoe je je beste vrienden hebt ontmoet.

De persona en goede manieren

Zeker als je gewoonlijk introvert bent, onthoud dan dat je in de meeste sociale situaties slechts aan de minimale sociale verwachtingen hoeft te voldoen. HSP's kunnen alle etiquettevoorschriften terugbrengen tot een korte stelregel: overprikkeling van anderen minimaliseren. (Oftewel: wees aardig). Aangezien men geen doods zwijgen verwacht, kan dat de ander prikkelen. Maar ook een te spontaan gedrag kan dat effect hebben, hetgeen vaak de fout is die een extravert persoon maakt. De bedoeling is om gewoon iets aardigs en niet-verrassends te zeggen.

Natuurlijk kan dit enkele niet-sensitieve mensen die veel stimulatie nodig hebben, danig vervelen. Maar jij moet ervoor zorgen dat je kortetermijnprikkeling bij het ontmoeten van nieuwe mensen tot rust komt, ook al is dit voor de ander geen probleem. Dan kun je later zo creatief en verrassend zijn als je wilt. (Maar op dat punt aangekomen neem je een ingecalculeerd risico, en dan worden eventuele successen als extra bonuspunten aangemerkt.)

HOE JE JE BESTE VRIENDEN HEBT ONTMOET

Schrijf de namen op van je beste vrienden, één naam per vel. Geef dan antwoord op de volgende vragen over de start van elke vriendschap.
Dwongen de omstandigheden je om te praten?
Nam de ander het initiatief?
Merkte je iets bijzonders op aan hoe je je voelde?
Was je die dag bijzonder naar buiten gericht?
Wat had je aan of hoe voelde je je over hoe je eruitzag?
Waar was je? Op school, op je werk, op vakantie of op een feestje?
Hoe was de situatie? Wie introduceerde jullie aan elkaar? Of kwamen jullie toevallig naast elkaar terecht? Of begon een van jullie beiden zomaar ergens over te praten tegen de ander? Wat gebeurde er?

> Hoe verliepen de eerste momenten, uren en dagen? Wanneer en hoe wist je dat dit een vriendschap zou worden?
>
> Kijk nu naar de overeenkomsten in je antwoorden. Je vindt feestjes bijvoorbeeld misschien niet leuk, maar daar heb je wel twee van je beste vrienden ontmoet. Ontbreekt er momenteel aan je leven zo'n overeenkomstig patroon, zoals naar school gaan of met anderen samenwerken? Is er iets wat je wilt doen met wat je hebt ontdekt? Je voornemen eens per maand naar een feestje te gaan? (Of vanaf nu feestjes te vermijden – je hebt er tenslotte nooit goede vrienden ontmoet.)

Dan is het nu tijd voor een cursus voor gevorderden op het gebied van persona's, oftewel sociale rollen. Een goede persona behelst uiteraard goede manieren en voorspelbaar, niet-prikkelend gedrag. Maar de rol kan afhankelijk van je behoeften wat meer worden toegespitst. Een bankier zal een degelijke, praktische persona willen hebben. Als er al een artiest in hem schuilt, dan zal hij dat voor zichzelf houden. Artiesten daarentegen doen er goed aan hun bankiersgevoelens voor het publiek verborgen te houden. Studenten kunnen zich het best enigszins onderdanig opstellen; leraren moeten gezaghebbend overkomen.

Het concept van een persona druist in tegen het respect van de Noord-Amerikaanse cultuur voor openheid en oorspronkelijkheid. Europeanen snappen veel beter hoe waardevol het is om niet alles wat men denkt hardop uit te spreken. Toch zijn er mensen die zich te veel identificeren met hun persona. We kennen ze allemaal wel. Aangezien ze geen diepgang hebben, kun je moeilijk beweren dat ze oneerlijk of niet oorspronkelijk zijn. Maar een HSP identificeert zich zelden te veel met een persona.

Als je nog steeds denkt dat ik je vraag onoprecht te zijn, beschouw het dan als het kiezen voor het juiste niveau van openheid voor die plaats en tijd. Denk maar eens aan het voorbeeld wanneer je iemand amper hebt ontmoet die graag je vriend wil zijn, terwijl jij net hebt besloten daar geen behoefte aan te hebben. Waarschijnlijk wijs je de uitnodiging van de ander om samen te lunchen niet af door te zeggen: 'Ik ben tot de conclusie gekomen dat ik liever geen vriend(in) van je word.' Je roept iets over hoe druk je het momenteel hebt.

Dit antwoord is tot op zekere hoogte eerlijk – als je oneindig veel tijd had zou je een dergelijke relatie in ieder geval wel meer kans geven. De ander te vertellen waardoor hij laag op je prioriteitenlijst staat is in mijn ogen moreel incorrect. Een goede persona en goede manieren hebben ook betrekking op een dergelijk gezichtsreddend, meelevend niveau van eerlijkheid, vooral ten opzichte van mensen die je niet zo goed kent.

Meer sociale vaardigheden leren

Er zijn twee soorten informatie over sociale vaardigheden, of het nu verpakt is in een boek, cassettebandje, artikel, lezing of cursus. Het ene soort komt bij de deskundigen op het gebied van extraversie, sociale vaardigheden, verkoop, personeelsmanagement en etiquette vandaan. Deze figuren zijn vaak geestig en optimistisch. Ze hebben het over leren, niet genezen, dus ze ondermijnen je gevoel voor eigenwaarde niet door te impliceren dat je een ernstig probleem hebt. Als je je tot deze deskundigen wendt, houd dan voor ogen dat het jouw doel niet is om net zo te zijn zoals zij, maar om een paar goede tips van ze te leren. Let op titels als *Hoe je een groep mensen naar je hand zet* en *Sta niet langer met je mond vol tanden*. (Deze titels heb ik verzonnen, maar er verschijnen voortdurend nieuwe titels op de markt.)

Het andere soort informatie komt van psychologen die mensen over hun verlegenheid proberen heen te helpen. Zij maken je eerst bezorgd, zodat je gemotiveerd bent, om je vervolgens stap voor stap door een aantal verfijnde, goed onderzochte methoden om je gedrag te veranderen heen te loodsen. Deze aanpak kan zeer effectief zijn, maar brengt voor HSP's ook problemen met zich mee, hoewel het misschien beter bij jou lijkt te passen. Praten over het 'genezen' van je verlegenheid of het 'overwinnen van je syndroom' zal je altijd een gevoel van falen geven, en het ziet de positieve kant van je aangeboren karaktereigenschap over het hoofd.

Welk advies je ook leest of hoort, onthoud dat je niet hoeft te accepteren hoe de extraverte driekwart van de bevolking sociale vaardigheden definieert – inspelen op de zaal, altijd spits terugkomen, geen 'ongemakkelijke' stiltes laten vallen. Jij hebt je eigen vaardigheden – serieus praten, goed luisteren, stiltes toestaan waarin diepere gedachten zich kunnen ontwikkelen.

Waarschijnlijk is het ook zo dat je al veel weet van wat deze deskundigen verkondigen. Daarom heb ik de hoofdpunten samengevat in een korte test om je te laten zien wat je op dit moment al weet, alsmede om je wat van de overige punten bij te brengen.

> KEN JE DE LAATSTE ONTWIKKELINGEN OP HET GEBIED VAN HET OVERWINNEN VAN SOCIAAL ONGEMAK?
>
> Antwoord met 'waar' of 'niet waar'; kijk dan je antwoorden na op de pagina's 151-153.
>
> 1. Het helpt als je het negatief tegen jezelf praten tracht te beperken, zoals 'Hij vindt me waarschijnlijk toch niet aardig'. of: 'Dat lukt me toch niet, want het lukt me anders ook nooit.'
> 2. Als mensen zich verlegen voelen, merken de anderen dat altijd op.
> 3. Je moet afwijzingen incalculeren en dat niet persoonlijk opvatten.
> 4. Het helpt om een plan op te stellen om je sociale ongemak te overwinnen – door bijvoorbeeld elke week een onbekend persoon te ontmoeten.
> 5. Bij het opstellen van je plan brengen grotere stappen je eerder bij je doel.
> 6. Je kunt het best niet oefenen wat je zult zeggen tegen

een onbekende of in een nieuwe situatie; daardoor klink je stijfjes en niet spontaan.
7. Let op je lichaamstaal; hoe minder deze overbrengt, hoe beter het is.
8. Als je probeert een gesprek te beginnen of gaande te houden, vraag dan wat persoonlijker dingen waarop je niet met een enkel woord kan antwoorden.
9. Een manier om te laten zien dat je luistert, is door achterover te leunen met je armen en benen over elkaar geslagen, je gezicht onbeweeglijk te laten en de ander niet in de ogen te kijken.
10. Raak een ander nooit aan.
11. Lees niet de krant voor je ergens heen gaat waar je andere mensen zult ontmoeten – daardoor raak je alleen maar van slag.
12. Openheid over jezelf is niet van belang voor een gesprek, zolang je maar over iets interessants weet te praten.
13. Goede luisteraars herhalen wat ze hebben gehoord, geven daarmee de gevoelens van de ander weer, en reageren dan met hun eigen gevoelens in plaats van hun ideeën.
14. Vertel anderen geen interessante details over jezelf; daar worden ze maar jaloers van.
15. Om een gesprek meer diepgang te geven of het interessanter te maken voor jullie beiden werkt het soms om je eigen fouten of problemen met de ander te delen.
16. Probeer niet met de ander van mening te verschillen.
17. Als je door een gesprek het gevoel krijgt dat je meer tijd met de ander wilt doorbrengen, kun je dat het beste gewoon zeggen.

Gebaseerd op *Conquering Shyness* van Jonathan Cheek (Dell, New York 1989) en *Messages: The Communication Book* van M. McKay, M. Dewis en P. Fanning (New Harbinger Press, Oakland CA 1983.)

Maak je niet druk als je wel weet wat je moet doen maar het niet altijd doet

Gretchen Hill, een psychologe aan de University of Kansas, heeft verlegen en niet-verlegen mensen ondervraagd over wat in vijfentwintig sociale situaties het juiste gedrag was. Ze ontdekte dat de verlegen mensen evengoed wisten wat er van hen werd verwacht, maar zeiden dat ze er niet toe in staat waren. Ze laat doorschemeren dat verlegen mensen geen zelfvertrouwen hebben – de gebruikelijke innerlijke fout die ons wordt toegeschreven. Dus wordt ons gezegd dat we zekerder moeten optreden. Wat we niet kunnen natuurlijk. Dus falen we opnieuw. Maar misschien staan we soms in ons recht om een gebrek aan zelfvertrouwen te hebben, met zo veel ervaringen waarbij we te gespannen waren om ons op de juiste manier te gedragen. Daardoor verwachten sommigen van ons niet in staat te zijn datgene te doen waarvan we weten dat het sociaal correct is. Ik denk dat het zelden helpt om onszelf te vertellen dat we zekerder van onszelf moeten zijn. Houd je dus aan de tweevoudige benadering in dit hoofdstuk: werk aan deze overprikkeling en waardeer je introverte stijl.

Een andere reden voor het niet in praktijk kunnen brengen van wat je weet over sociale vaardigheden, is dat de oude patronen uit je jeugd de overhand nemen en onder ogen moeten worden gezien. Of bepaalde gevoelens eisen je aandacht op. Een duidelijk teken hiervan? Dat je steeds dingen zegt als: 'Ik weet niet waarom ik dat heb gedaan – ik weet wel beter – zo ben ik helemaal niet.' Of: 'Ik heb alles geprobeerd, maar niets werkt.'

Paula's verhaal

Paula was beslist hoog sensitief geboren. Haar ouders hadden het vanaf haar geboorte over haar 'verlegenheid' gehad. Ze was zich altijd bewust van een grotere gevoeligheid voor geluid en verwarring dan haar vrienden. Toen ze in de dertig was en ik haar interviewde, was ze bijzonder goed in haar werk, dat bestond uit het achter de schermen organiseren van grote evenementen. Maar enige promotie zat er niet in, omdat ze als de dood was om in het openbaar te spreken en in het algemeen mensenschuw was, waardoor ze niet meer dan een handjevol medewerkers kon aansturen. In feite had Paula haar leven georganiseerd rond de paar keer dat ze voor haar werk vergaderingen moest organiseren. Hiervoor moest ze uren oefenen en diverse rituelen uitvoeren om zichzelf emotioneel voor te bereiden.

Paula had alle boeken over het overwinnen van dergelijke angsten gelezen en had haar grote wilskracht gebruikt om deze gevoelens te bestrijden. Maar ze besefte dat haar angst ongewoon was, dus ze probeerde een wat langere, intensievere therapie. Daar vond ze enkele redenen voor haar angst en begon ze eraan te werken.

Tijdens Paula's jeugd was haar vader een 'woedeverslaafde' (inmiddels is hij ook drankverslaafde). Hij was altijd een intelligente, analytische man geweest die zijn kinderen met hun huiswerk hielp. Hij was zelfs zeer betrokken bij hen allemaal en zelfs een beetje minder wreed tegen Paula dan tegen haar broers. Maar een deel van deze aandacht is mogelijk seksueel getint geweest, ontdekte Paula, en dat was heel verwarrend. Hoe dan ook, ze had de meeste problemen met zijn woede-uitbarstingen.

Paula's moeder trok zich erg veel aan van wat andere mensen dachten, en was erg afhankelijk van haar dominante man. Ze was ook een beetje een martelares die haar leven rond haar kinderen schikte. Tegelijkertijd had ze een hekel aan alles wat met opvoeden te maken had. Haar expliciete griezelverhalen over geboorten en gebrek aan liefde voor baby's deden vermoeden dat Paula's band met haar moeder allesbehalve goed was geweest. Later had Paula's moeder haar tot haar vertrouwelinge gemaakt en vertelde haar meer dan een kind kon verwerken, waaronder een overvloed aan redenen waarom seks niet leuk was. Sterker nog, beide ouders vertelden haar van alles over hun gevoelens voor elkaar, waaronder hun seksuele intimiteiten.

Tegen deze achtergrond had Paula's 'angst om in het openbaar te spreken' meer te maken met een ingeprent wantrouwen ten opzichte van andere mensen. Ze was sensitief geboren en daardoor inderdaad gemakkelijk overprikkeld. Maar ze had als kind ook geen hechte verbondenheid gekend met haar verzorgers, wat het veel moeilijker maakt voor een kind om zelfverzekerd met bedreigende situaties om te gaan. Sterker nog, haar moeder voelde en leerde haar een algemene irrationele angst voor mensen aan (in plaats van vertrouwen in hen). En tot slot waren Paula's eerste pogingen om haar mening te verkondigen door haar woedende vader de kop ingedrukt.

Misschien was de laatste reden voor haar angst om in het openbaar te spreken dat ze het gevoel had dat ze te veel te weten was gekomen – over haar vaders mogelijk incestueuze gevoelens voor haar en over de privé-levens van haar beide ouders.

Dit zijn geen zaken die gemakkelijk op te lossen zijn, maar ze kunnen wel in iemands bewustzijn boven tafel gehaald worden, zodat er met een competente therapeut aan kan worden gewerkt. Uiteindelijk voel je je vrijer om in het openbaar te spreken. Daarna is er mogelijk nog steeds een specifieke training in sociale vaardigheden nodig, maar op dat punt beland zou je je moeten kunnen redden.

Sociaal basisadvies aan HSP*'s*

Hier volgen enkele suggesties voor bepaalde situaties waarin HSP's zich gewoonlijk niet op hun gemak voelen.

Wanneer je gewoon een praatje moet maken. Bepaal of je liever praat of luistert. Als je wilt luisteren, de meeste mensen praten graag. Stel een paar specifieke vragen. Of vraag gewoon: 'Wat doe je zoal als je niet op een feestje bent?' (Of op een congres, bruiloft, concert, enzovoort.)

Als je wilt praten (waardoor je de leiding neemt en je niet verveeld raakt), kies dan het juiste moment om over het onderwerp te beginnen wat je leuk vindt en waar je niet over uitgepraat raakt. Zoals: 'Wat een rotweer hè? Dan is het in ieder geval niet zo erg om binnen te moeten blijven om aan mijn schrijfproject te werken.' Uiteraard vraagt de ander dan wat je aan het schrijven bent. Of: 'Wat een rotweer, kan ik weer niet trainen vandaag.' Of: 'Wat een rotweer – daar kunnen mijn slangen helemaal niet tegen.'

Onthoud namen. Je bent misschien iemands naam vergeten omdat je afgeleid en overprikkeld werd toen jullie elkaar voor het eerst ontmoetten. Als je een naam hoort, probeer er dan een gewoonte van te maken om die naam in je volgende zin te verwerken. 'Arnold, wat leuk om je te ontmoeten.' En gebruik de naam dan binnen twee minuten opnieuw. Naderhand terugdenken aan wie je hebt ontmoet, kan er ook voor zorgen dat de naam langer blijft hangen. Maar problemen met namen is gewoon inherent aan de eigenschap.

Een verzoek moeten indienen. De simpele verzoeken, zoals bijvoorbeeld om informatie, zouden geen probleem moeten zijn. Maar soms zetten we ze op onze lijst met dingen die we nog moeten doen en dan staan ze daar maar, als iets groots en moeilijks. Dien zo mogelijk een verzoek in zodra je je realiseert dat het nodig is. Of bundel ze, als je in een dappere bui bent. Als het gaat om wat belangrijker zaken, breng ze dan terug tot iets kleins. Bedenk hoe snel het achter de rug is en wat een kleine moeite het is voor degene aan wie je het vraagt. Als het gaat om nog belangrijker zaken, maak dan een lijstje met wat je wilt. Begin met ervoor te zorgen dat je met de juiste persoon in gesprek komt. Een belangrijk verzoek indienen zou je met iemand moeten oefenen, waarbij de ander op alle mogelijke manieren reageert op je verzoek. Dit maakt het niet veel gemakkelijker. Maar dan voel je je wel beter voorbereid.

Verkopen. Eerlijk gezegd is dat niet het gebruikelijke werk van een HSP. Maar ook als je geen commercieel product verkoopt, zijn er veel momenten in het leven waarop we een idee willen verkopen, of onszelf voor een baan, of misschien onze creatieve producten. En wat als je gelooft dat iets werkelijk van belang is voor een ander of voor de wereld in zijn geheel? In zijn zachtaardigste vorm, de jouwe waarschijnlijk, is verkopen eenvoudig datgene met anderen delen wat je over iets weet. Als ze eenmaal begrijpen wat jij er waardevol aan vindt, kun je ze hun eigen conclusies laten trekken.

Als er geld bij betrokken is, voelen HSP's zich vaak schuldig dat ze 'zoveel' aannemen of sowieso iets aannemen. (En als we ons waardeloos voelen denken we: wat ben ik eigenlijk waard?) Gewoonlijk kunnen we onszelf en onze producten niet zomaar weggeven, en dat moet ook niet. We hebben geld nodig om datgene wat we aanbieden beschikbaar te blijven maken. Mensen begrijpen dat, net als jij als je iets koopt.

Een klacht indienen. Dit kan moeilijk zijn voor een HSP, ook al is de klacht terecht. Maar het is de moeite waarde om te oefenen; de assertiviteit geeft een machtig gevoel aan mensen die zich vaak gekleineerd voelen om wat ze zijn (te jong, te oud, te dik, te donker, te gevoelig, enzovoort.).

Je moet echter voorbereid zijn op de reactie van de ander. Kwaadheid is om vele goede redenen de prikkelendste emotie; ze is bedoeld om ons in gereedheid te brengen om te vechten. Het is prikkelend of het nu om je eigen kwaadheid gaat, of die van de ander, of zelfs die van iemand die je op een afstandje gadeslaat.

In een klein groepje zijn. Groepen, klassen en commissies kunnen een ingewikkelde zaak zijn voor HSP's. We merken vaak van alles op wat anderen niet opmerken. Maar onze wens om ons prikkelingsniveau niet op te voeren kan ervoor zorgen dat we onze mond houden. Uiteindelijk zal iemand toch vragen wat *jij* ervan vindt. Dit is een moeilijk, maar belangrijk moment voor de groep. Gewoonlijk houden stille HSP's vaak geen rekening met het feit dat een stille persoon in de loop der tijd meer invloed krijgt. Niet alleen wil de groep je je zegje laten doen, maar ook kan de groep zich onbewust zorgen maken. Ben je lid van de groep of niet? Zit je hen te veroordelen? Ben je ongelukkig en wil je weg? Als je weg zou gaan, zouden ze met deze angsten blijven zitten, en om die reden krijgen stille groepsleden uiteindelijk zo veel aandacht. Dat kan ook uit beleefdheid zijn, maar de angst is er ook altijd. Als je niet met de juiste dosis enthousiasme meedoet, zul je aanzienlijke aandacht krijgen. Anderen kunnen daarentegen menen dat hun beste verdediging is om jou af te wijzen voordat je hen afwijst. Als je me niet gelooft, probeer dan in een nieuwe groep eens je mond te houden en kijk hoe dit scenario zich ontvouwt.

Gezien deze energie die zich altijd richt op het stille groepslid, is het zaak om anderen ervan te verzekeren dat je hen niet afwijst of van plan bent de groep te verlaten als je wat stiller bent dan zij. Vertel hun dat je je deel van de groep voelt door gewoon te luisteren. Vertel hun je positieve gevoelens voor de groep, als je die hebt.

Vertel hun dat je je mond zult opendoen als je er klaar voor bent. Of vraag hun om het je opnieuw te vragen.

Je kunt ook bepalen of je je sensitiviteit wilt toelichten. Maar dat betekent dat je een etiket meedraagt dat mogelijk vanzelf werkelijkheid wordt.

Optreden of in het openbaar spreken. Dit is van nature een probleem voor HSP's – ja, echt waar. (Je mag zelf alle redenen bedenken waarom het voor ons *moeilijker* is.) In de eerste plaats hebben we vaak het gevoel dat we iets belangrijks te vertellen hebben waar anderen aan voorbij zijn gegaan. Als anderen onze bijdrage waarderen, voelen we ons beloond, en gaat de volgende keer ons gemakkelijker af. In de tweede plaats *bereiden we ons voor.* In sommige situaties, zoals wanneer we teruggaan om te controleren of we het gas hebben uitgedraaid, kunnen we op anderen die niet zo vastbesloten zijn als wij om alle onnodige verrassingen (zoals een in vlammen opgegaan huis) te voorkomen, 'dwangmatig' overkomen. Maar je zou wel gek zijn om je niet extra voor te bereiden op de extra spanning die een publiek met zich meebrengt. Hoe beter we zijn voorbereid, des te beter presteren we. (Dat zijn twee redenen waarom alle boeken over verlegenheid zo veel politici, artiesten en komieken kunnen citeren die 'hun verlegenheid hebben overwonnen, dus dat kun jij ook'.)

Opnieuw is de sleutel een goede voorbereiding. Je bent waarschijnlijk niet bang om hardop voor te lezen, dus stel van tevoren precies vast wat je wil gaan zeggen en lees het hardop, tot je je beter op je gemak voelt. Als dat in de gegeven situatie wat ongebruikelijk is, leg dan zelfbewust uit welke goede redenen je hebt om het voor te lezen. Lees het vervolgens met gezag voor.

Goed voorlezen vereist ook voorbereiding en oefening. Zorg ervoor dat je accenten legt en binnen de toegewezen tijd blijft, zodat je langzaam kunt voorlezen.

In een later stadium kun je volstaan met kernpunten. In een grote groep maak ik altijd aantekeningen voor ik mijn hand opsteek om te spreken of een vraag te stellen, voor het geval ik niet meer weet wat ik moet zeggen als het mijn beurt is. (Dat doe ik ook in andere situaties waarin ik overprikkeld raak, zoals in de spreekkamer van de dokter.)

Maar het belangrijkst is om zo vaak mogelijk voor publiek te oefenen en de optreedsituatie zo goed mogelijk na te bootsen. Maak gebruik van dezelfde kamer rond hetzelfde tijdstip, draag de kleren die je dan ook aandoet, zorg dat het geluidssysteem werkt, enzovoort, zodat er zo min mogelijk nieuwe elementen in de situatie voorkomen. Dat is het grootste geheim om de spanning onder controle te houden. Als je dat eenmaal voor elkaar hebt, vind je het misschien zelfs wel leuk om te doen.

Ik heb mijn angst om in het openbaar te spreken overwonnen door les te gaan geven – een goede start voor een HSP. Je geeft, je bent nodig, dus je consciëntieuze kant neemt het over. Het publiek verwacht niet vermaakt te worden, dus alles wat je doet om de les plezieriger te maken wordt in dank aanvaard. En je zult ontdekken dat je goede inzichten hebt als je eenmaal brutaal genoeg bent geworden om ze te uiten.

Studenten kunnen echter soms ook harteloos zijn. Ik had het geluk te kunnen beginnen op een school waar het gebruikelijk was om rustig en beleefd te zijn en openlijk dankbaarheid te tonen. Als je dezelfde normen weet vast te stellen, zal iedereen in je klaslokaal daar baat bij hebben. Sommigen van je studenten zijn ook bang om hun mond open te doen. Je kunt allemaal tegelijkertijd leren.

En wat als anderen naar je kijken? Doen ze dat echt? Misschien heb je een innerlijk publiek gecreëerd waar je bang voor bent. Je kunt zo'n publiek met je meedragen en het 'projecteren' (het zien waar het niet is, of in ieder geval niet in de mate die je je verbeeldt).

Als anderen werkelijk naar je kijken, kun je hun dan vragen niet te kijken? Kun je weigeren bekeken te worden? Of kun je er plezier in hebben om bekeken te worden?

Hier volgt het verhaal over de enige buikdanslessen die ik ooit heb gehad. Het leren van welke fysieke vaardigheid dan ook in een groep is voor mij zo goed als onmogelijk, omdat de overprikkeling van het bekeken worden mijn coördinatie uitschakelt. Ik loop al snel achter op de rest en presteer dan nog slechter.

Deze keer speelde ik echter een nieuwe rol. Ik speelde de lieftallige, ontwapenende (dat was belangrijk) en verstrooide vrouwelijke professor die altijd met haar hoofd in de wolken loopt en totaal is vergeten waar ze haar lichaam heeft gelaten. Ze wordt in deze lachwekkende situatie geplaatst om te leren buikdansen, en iedereen vindt de les leuker omdat ze haar gestuntel kunnen zien.

Het resultaat was dat ik wist dat ze naar me keken, maar daar geen enkel probleem mee had. Ze lachten, maar ik vatte dat op als liefkozend. Bij elke vooruitgang die ik boekte kreeg ik enorm veel loftuitingen en waardering. Voor mij werkte het.

Als je je de volgende keer bekeken voelt, probeer dan contact te krijgen met de starende blikken en jezelf voor hen te omschrijven met iets waar je plezier aan beleeft. 'Wij dichters zijn niet zo'n ster in optellen en aftrekken', of: 'Ik weet niet wat het is met een geboren techneut, maar het kost moeite om iets te tekenen wat niet lijkt op het binnenste van een kapotte motor.'

Soms vindt iedereen een situatie ongemakkelijk. Dan word je rood en je overleeft het wel weer. Dat is menselijk. Zo vaak gebeurt het niet. Ooit stond ik in de rij voor een officiële gebeurtenis, toen mijn driejarig zoontje per ongeluk mijn rok naar beneden trok. Heb jij wel eens iets ergers meegemaakt? In die gevallen kunnen we weinig anders dan achteraf onze verhalen aan elkaar vertellen.

WERKEN MET WAT JE HEBT GELEERD
Je momenten van verlegenheid in een nieuw kader plaatsen

Denk eens terug aan drie situaties waarin je je sociaal gezien niet op je gemak voelde. Kies indien mogelijk drie verschillende situaties die je je zo gedetailleerd mogelijk voor de geest kunt halen. Plaats deze een voor een in een nieuw kader, aan de hand van de twee kernpunten van dit hoofdstuk: (1) Verlegenheid is geen karaktereigenschap van je – het is een gemoedstoestand die iedereen kan voelen. (2) De introverte sociale stijl is even waardevol als de extraverte stijl.

1. *Denk terug aan je reactie op het voorval en hoe je er altijd tegen aangekeken hebt.* Misschien voelde je je onlangs op een feestje 'verlegen'. Het was op een vrijdagavond na een lange werkdag. Meegesleurd door mensen bij jou op kantoor hoopte je iemand

te ontmoeten met wie je goede vrienden kon worden. Maar de anderen gingen ervandoor, en jij belandde in een hoekje en voelde je in negatieve zin opvallen omdat je met niemand stond te praten. Dus ging je vroeg naar huis en ging de rest van de avond met een rotgevoel je complete persoonlijkheid en je hele leven zitten doorlichten.

2. *Bezie je reactie in het licht van wat je nu weet over de automatische werking van je zenuwstelsel.* Of stel je voor dat ik het aan je uitleg: 'Kom, wees niet zo streng voor jezelf! De overvolle, lawaaierige kamer na een drukke werkdag, het feit dat je vrienden je alleen lieten en je eerdere ervaringen met dit soort feestjes – dat was een bom die op barsten stond. Je vindt het fijn om introvert te zijn. Dan kun je best naar feestjes gaan, maar dan wel de kleinere waar je de mensen kent. Kies in het andere geval iemand uit die evenals jij ook sensitief en zeer interessant lijkt te zijn, en ga er zo snel mogelijk met zijn tweeën vandoor. Dat is de HSP-manier om te feesten. Je bent niet verlegen of onbeminnelijk. Je zult wel degelijk interessante mensen ontmoeten en intieme relaties hebben – je moet alleen zorgvuldig je situaties uitkiezen.'

3. *Is er iets wat je er op dit moment aan wilt doen?* Misschien kun je een vriend(in) bellen en samen wat tijd doorbrengen op een manier die jij prettig vindt.

ANTWOORDEN OP
Ken je de laatste ontwikkelingen op het gebied van overwinnen van sociale ongemakkelijkheid?
Als je twaalf of meer vragen met 'waar' hebt beantwoord, spijt het me dat ik je heb verveeld. Dan zou je je eigen boek moeten gaan schrijven. Anders bieden deze antwoorden je veel van wat je moet weten!

1. *Waar.* 'Negatief tegen jezelf praten' houdt je geprikkeld en maakt het moeilijk om naar de ander te luisteren.
2. *Niet waar.* Jij, als HSP, merkt misschien verlegenheid bij anderen op, maar de meeste mensen zien dat niet.
3. *Waar.* Mensen kunnen je om allerlei redenen afwijzen die niets met jou van doen hebben. Als je daardoor van slag bent, sta dan even stil bij dat gevoel. Probeer het vervolgens te laten gaan.

4. *Waar*. Probeer een bepaald aantal specifieke, geleidelijke stappen per dag of week te zetten, hoe zenuwachtig de eerste stappen je ook maken.
5. *Niet waar*. Grote stappen zouden het best zijn als je die zou kunnen zetten. Maar aangezien je een beetje bang bent en ook bang bent om te falen, moet je het angstige deel van jezelf beloven dat je niet te snel zult gaan, zelfs als je er zeker van bent dat de angst uiteindelijk overwonnen zal worden.
6. *Niet waar*. Hoe meer je oefent, hoe minder nerveus je zult zijn – wat betekent dat je meer en niet minder ontspannen en spontaan zult zijn.
7. *Niet waar*. Lichaamstaal heeft altijd een boodschap. Een stijf, onbeweeglijk lichaam kan op vele manieren geïnterpreteerd worden, maar de meeste interpretaties zullen niet positief zijn. Laat je lichaam liever bewegen en toon wat interesse, zorgzaamheid, enthousiasme of pure levendigheid.
8. *Waar*. Het is prima om een beetje door te vragen. De meeste mensen vinden het heerlijk om over zichzelf te praten en zullen je interesse en vrijmoedigheid op prijs stellen.
9. *Niet waar*. Sta of zit zo dichtbij als gepast en prettig is, leun naar voren, sla geen armen en benen over elkaar en maak veel oogcontact. Als oogcontact te prikkelend is, kun je ook naar de neus of het oor van de ander kijken – mensen zien het verschil toch niet. Glimlach en gebruik andere gezichtsuitdrukkingen (waarbij je uiteraard niet meer interesse toont dan je bedoeling is).
10. *Niet waar*. Uiteraard afhankelijk van de situatie kan een korte aanraking op de schouder, arm of hand, vooral bij het afscheid nemen, warm overkomen.
11. *Niet waar*. In het algemeen zal een blik op de krant je wat gespreksonderwerpen opleveren en je verbinden met de rest van de wereld. Vermijd gewoon de deprimerende verhalen.
12. *Niet waar*. Openheid over jezelf is belangrijk als je doel is om verbondenheid te voelen en niet alleen maar de tijd te doden. Dit betekent niet dat je grote geheimen hoeft te openbaren. Te snel jezelf te veel blootgeven zal overprikkeling veroorzaken, en bovendien ongepast overkomen. Zorg er uiteraard ook voor dat je de ander naar zijn of haar mening vraagt.

13. *Waar.* Iemand zegt bijvoorbeeld dat hij of zij enthousiast is over een nieuw project. Dan kun je zeggen: 'Sjonge, ik hoor hoe enthousiast je bent. Dat moet een fijn gevoel zijn.' Door de tijd te nemen dat *gevoel* te weerkaatsen voordat je naar de details van het project vraagt, laat je een van je beste eigenschappen zien, je sensitiviteit voor gevoelens. Ook moedig je de ander aan om meer van zijn of haar innerlijke leven te onthullen, waar je waarschijnlijk sowieso liever over praat.
14. *Niet waar.* Je hoeft natuurlijk niet op te scheppen. Maar iedereen wil graag met iemand praten die de moeite waard is. Neem de tijd om wat van je beste of interessantste kanten op papier te zetten en bedenk hoe je deze in je gesprekken kunt verwerken. Niet: 'Ik ben hierheen verhuisd omdat ik van bergen hou', maar: 'Ik ben hierheen verhuisd omdat ik een bergbeklimschool ga beginnen', of: 'Ik vind bergachtergronden zo mooi voor mijn foto's van zeldzame roofvogels.'
15. *Waar* – met enig voorbehoud. Als je iemand voor het eerst ontmoet, moet je niet te veel ingaan op je behoeften en gebreken. Je wilt niet op een onderdanige manier bescheiden zijn of niet weten hoe je je moet gedragen. Maar er schuilt ook iets leuks in het toegeven aan je menselijke natuur als je kunt overbrengen dat je toch heel goed in je vel steekt. (Mijn favoriete tekst van gezagvoerder Picard van *Star Trek: The Next Generation* is: 'Ik heb een paar *prima* fouten gemaakt in mijn leven.' Het is zowel nederig als wijs als zelfverzekerd.) Het is beslist zo dat als de ander iets pijnlijks of beschamends heeft verteld, het gesprek aanzienlijk meer diepgang krijgt als jij hetzelfde doet.
16. *Niet waar.* De meeste mensen vinden een beetje onenigheid wel leuk. Bovendien is het punt waar het om draait misschien belangrijk voor je of laat het iets zien wat je over de ander zou moeten weten.
17. *Waar.* Neem uiteraard je tijd om er zeker van te zijn wat je voelt en wees voorbereid op een incidentele afwijzing.

6 Het goed doen op je werk
Volg je roeping en laat jezelf tot bloei komen

Van alle onderwerpen die ik op mijn seminars bespreek, maken veel HSP's zich het meest druk over hun roeping, waar ze hun brood mee verdienen en hoe ze zich op het werk moeten handhaven, wat ergens wel logisch is, aangezien we het niet moeten hebben van lange werkdagen, stress en een overbelastende werkomgeving. Maar veel van onze problemen op het werk komen mijns inziens voort uit het niet-accepteren van onze rol, stijl en potentiële bijdrage. Daarom gaat dit hoofdstuk eerst in op jouw plek in de samenleving en de plek die jouw roeping inneemt in je innerlijk leven. Dit lijkt wellicht bijzonder onpraktisch, maar deze zaken zijn juist van grote praktische betekenis. Als je eenmaal inziet wat je ware roeping is, zal je eigen intuïtie je specifieke roepingsproblemen vanzelf gaan oplossen. (Dat kan een boek nooit op die manier voor je doen, omdat dat niet kan ingaan op jouw unieke situatie.)

Wat is een roeping

Oorspronkelijk had je roeping betrekking op het geloofsleven. Had je die roeping niet, dan deed men in de westerse cultuur hetzelfde als in de meeste culturen: wat je ouders deden. In de Middeleeuwen was men een edelman, een horige, een kunstenaar, enzovoort. Omdat in de christelijke Indo-europese landen de klasse van 'priesterlijke koninklijke adviseurs' waarover ik het in hoofdstuk 1 had officieel celibatair was, kon men niet in die klasse geboren worden. Het was het enige beroep waarvoor je een roeping nodig had.

Met de komst van de Renaissance en de opkomst van de middenklasse in de steden kregen mensen meer keuzevrijheid in hun werk. Maar pas sinds kort leeft het idee dat er voor iedereen een passende baan is. (Dat ontstond rond dezelfde tijd als het idee dat er voor iedereen één ware partner is.) Tegelijkertijd is het aantal mogelijke beroepen enorm toegenomen, evenals het belang en het probleem om de juiste persoon op de juiste plek te krijgen.

De roeping van alle HSP's

Zoals ik al in hoofdstuk 1 heb gezegd, stammen de agressievere culturen in de wereld, waaronder alle westerse beschavingen, af van een oorspronkelijke maatschappelijke organisatie die de mensheid in twee klassen verdeelde, de impulsieve en stoere krijgers en koningen enerzijds en de bedachtzamer, geleerde priesters, rechters en koninklijk adviseurs anderzijds. Ik heb ook gezegd dat het evenwicht tussen deze twee klassen belangrijk is voor het voortbestaan van dergelijke culturen en dat de meeste HSP's als vanzelf aangetrokken worden tot de adviserende klasse.

Nu we het over roeping hebben, bedoel ik niet te zeggen dat alle HSP's wetenschappers, theologen, psychotherapeuten, consultants of rechters worden, hoewel dit de klassieke loopbanen zijn voor de klasse van koninklijke adviseurs. Hoe onze carrière ook verloopt, we zijn minder geneigd het als een krijger na te jagen, en meer als een priester of een koninklijk adviseur – in alle opzichten bedachtzaam. Zonder HSP's op topposities in een samenleving of organisatie hebben de strijderstypen de neiging impulsieve beslissingen te nemen waar geen intuïtie aan te pas komt, hun macht en kracht te misbruiken en voorbij te gaan aan de geschiedenis en toekomstige ontwikkelingen. Dat is geen belediging aan hun adres; dat is gewoon hun karakter. (Dit was de essentie van Merlijns rol in de legende van koning Arthur; gelijksoortige figuren komen in de meeste Indo-europese heldenverhalen voor.)

Eén praktische implicatie van horen tot de adviserende klasse is dat een HSP bijna nooit genoeg opleiding en ervaring kan meebrengen. (Ik voeg ervaring hieraan toe omdat HSP's soms bezig blijven met bijleren ten koste van het opdoen van ervaring.) Hoe groter de diversiteit van onze ervaringen, *binnen de marge van wat reëel is voor ons* (deltavliegen is niet vereist), hoe wijzer onze raad.

De opleiding van HSP's is ook belangrijk om onze rustiger, subtielere stijl te bekrachtigen. Ik ben van mening dat het zaak is dat we goed vertegenwoordigd blijven in onze traditionele beroepen – onderwijs, gezondheidszorg, rechten, kunst, wetenschap, advies, religie – die meer en meer worden ingevuld door niet-HSP's. Dat betekent dat in deze maatschappelijke behoeften wordt voorzien op de strijdersmanier, waarbij uitbreiding en winst het enige doel is.

Het feit dat onze 'priesterlijke' invloed is afgenomen is deels te wijten aan ons verlies aan zelfrespect. Tegelijkertijd verliezen de beroepen zelf aan aanzien zonder onze rustiger, waardiger bijdrage.

Niets van dit alles is bedoeld te suggereren dat de minder sensitieven onder ons een komplot aan het smeden zijn. Naarmate de wereld ingewikkelder en stimulerender wordt zullen niet-HSP's zich hierbij van nature beter voelen, althans in eerste instantie. Maar uiteindelijk hebben ze ons weer nodig.

Roeping, individuatie en de HSP

En hoe zit het met jouw specifieke roeping? Als we de denktrant van Carl Jung hierin volgen, zie ik ieder leven als een proces van *individuatie*, waarin we de specifieke vraag ontdekken voor de beantwoording waarvan we op de wereld zijn gezet. Deze vraag kan door een voorouder onopgelost zijn achtergelaten, hoewel je er in de stijl van jouw generatie mee door zal moeten gaan. Maar de vraag is niet gemakkelijk, anders zou je er niet een leven lang over doen. Waar het om draait, is dat het werken eraan een grote zielsbevrediging oplevert.

Dit individuatieproces is wat de mythologiegeleerde Joseph Campbell bedoelde toen hij studenten die worstelden met hun roeping, aanspoorde om 'je geluk te volgen'. Hij heeft altijd duidelijk gemaakt dat hij daarmee niet bedoelde om lukraak datgene te gaan doen wat op dat moment leuk of gemakkelijk was; hij bedoelde dat je je bezig zou moeten houden met werk dat goed voelt, waardoor je je aangetrokken voelt. Zulk werk hebben (en als we heel veel geluk hebben, er nog voor betaald worden ook) is een van de grootste zegeningen van het leven.

Het individuatieproces vereist een enorme sensitiviteit en intuïtie om te kunnen weten wanneer je aan de juiste vraag op de juiste manier werkt. Als HSP ben je hiervoor toegerust zoals een zeiljacht is gebouwd om de wind te vangen. Dat wil zeggen, de roeping van de HSP in de ruimere zin van het woord is om met veel zorg zijn of haar persoonlijke roeping goed na te streven.

Banen en roeping

Maar vervolgens is daar het probleem wie HSP's gaat betalen voor het volgen van hun roeping. Ik ben het gewoonlijk eens met wat Jung altijd beweerde: het is een grote fout om ons soort financieel te ondersteunen. Als een HSP niet wordt gedwongen praktisch te handelen, zal hij alle contact met de rest van de wereld verliezen. Dan word je een lege windzak waar niemand naar luistert. Maar hoe kun je dan je geld verdienen en toch je roeping volgen?

Eén mogelijkheid is om het punt te zoeken waar het pad dat aangestuurd wordt door onze grootste roeping, het pad kruist van de grootste behoefte in de wereld – dat wil zeggen, wat de wereld ervoor wil betalen. Op deze kruising zul je geld verdienen met het werk dat je heerlijk vindt om te doen.

In feite kan de relatie tussen iemands roeping en zijn of haar betaalde baan behoorlijk divers zijn en in de loop van je leven veranderen. Soms is onze baan gewoon een manier om geld te verdienen; je roeping jaag je na in je vrije tijd. Een mooi voorbeeld is hoe Einstein zijn relativiteitstheorie ontwikkelde terwijl hij als ambtenaar bij een octrooibureau werkte, blij dat hij werk deed waarvoor hij zijn hersenen niet hoefde te gebruiken, zodat hij vrij was om na te denken over wat hij wel belangrijk vond. Ook is het mogelijk dat we een baan kunnen vinden of creëren die wel aansluit bij onze roeping, waarvoor we ten minste een afdoende salaris ontvangen. Er kunnen legio van dit soort banen zijn, of de baan die dit doel dient kan veranderen naarmate de ervaring groeit en de roeping zich verdiept.

Roeping en de geëmancipeerde HSP

Individuatie draait bovenal om in staat te zijn je innerlijke stem of stemmen te horen ondanks al het lawaai van binnen en om je heen. Sommigen van ons raken verstrikt in de eisen van anderen. Dit kunnen echte verantwoordelijkheden zijn of de doorsnee-ideeën van wat succes oplevert – geld, prestige, veiligheid. Daarnaast kunnen we lijden onder de druk die anderen ons opleggen omdat we zo slecht nee kunnen zeggen.

Uiteindelijk worden veel, zo niet de meeste HSP's min of meer gedwongen tot wat ik 'emancipatie' noem, ook al vindt dit pas in de tweede helft van hun leven plaats. Ze stemmen zich meer af op de innerlijke vraag en de innerlijke stemmen dan op de vragen die anderen hun vragen te beantwoorden.

Omdat we anderen zo graag een plezier doen zijn wij niet zo gemakkelijk te emanciperen. We zijn ons te zeer bewust van waar anderen behoefte aan hebben. Maar onze intuïtie is ook gevoelig voor de innerlijke vraag die we moeten beantwoorden. Deze twee sterk conflicterende stromen kunnen ons jarenlang kwellen. Maak je geen zorgen als je *voortgang* op het emancipatiepad langzaam is, omdat dat bijna onvermijdelijk is.

Ik wil echter geen geïdealiseerd beeld ontwikkelen van een bepaald soort HSP dat je zou moeten worden. Dat is nu net precies *geen* emancipatie. Het is ontdekken wie je bent, niet wat je denkt dat iemand anders wilt hoe je wordt.

DE CRUCIALE MOMENTEN IN JE ROEPINGS- EN ARBEIDSVERLEDEN IN EEN NIEUW KADER PLAATSEN

Het is nu misschien een goed moment om even te pauzeren en het een en ander in een nieuw kader te plaatsen, zoals je ook in de voorgaande hoofdstukken hebt gedaan. Maak een lijstje van de belangrijkste stappen die je op het gebied van je roeping hebt gezet, of van de veranderingen

> van baan. Schrijf op hoe je deze gebeurtenissen altijd hebt beschouwd. Misschien wilden je ouders graag dat je dokter werd terwijl je wist dat het niets voor jou was. Bij gebrek aan betere verklaring heb je misschien de opvatting geaccepteerd dat je daar 'te zacht' of 'te weinig gemotiveerd' voor was. Schrijf nu op wat je inzichten zijn in het kader van jouw eigenschap. In dit geval dus dat de meeste HSP's bijzonder ongeschikt zijn voor de onmenselijke inspanning die helaas door de meeste studies in die richting wordt vereist.
> Oppert jouw nieuwe inzicht iets wat je moet doen? In dit voorbeeld zou dit nieuwe inzicht in de studie medicijnen misschien besproken moeten worden met je ouders als ze hun negatieve mening blijven handhaven. Of het zou kunnen betekenen dat je op zoek gaat naar een medische studie die menselijker is of zich op een verwant onderwerp richt zoals fysiologie of acupunctuur, waarbij een afwijkende stijl van beroepsmatig onderricht mogelijk is.

Weten wat je roeping is

Sommigen van jullie worstelen misschien met het ontdekken van je roeping en voelen zich een beetje gefrustreerd dat je intuïtie je hierbij niet beter helpt. Helaas kan intuïtie je hierbij ook in de weg staan, omdat het je bewust maakt van te veel innerlijke stemmen die zich uitspreken voor te veel verschillende mogelijkheden. Het zou inderdaad een mooi streven zijn om gewoon anderen ten dienste te staan, en weinig over mijn materiële gewin na te denken. Maar dat sluit een levensstijl uit waarin ik tijd heb om de leukere dingen in het leven na te jagen. En ik heb altijd een rustig leventje, te midden van mijn gezin, zo belangrijk gevonden. Of zou ik mijn leven rond het spirituele moeten centreren? Maar dat is zo zweverig, terwijl ik een leven met beide voeten op de grond erg prettig vind. Misschien zou ik het gelukkigst zijn als ik me bezighield met ecologische zaken. Maar aan de andere kant zijn er zo veel dingen waar de mensheid behoefte aan heeft.

Al die stemmen laten zich horen. Welke heeft het bij het rechte eind? Als je overspoeld wordt door dergelijke stemmen, heb je waarschijnlijk problemen met allerlei soorten beslissingen; dat is meestal het geval bij zeer intuïtieve mensen. Maar voor welke roeping je ook kiest, je zult je besluitvaardigheid moeten ontwikkelen. Dus ga nu eerst eens deze keuzes per twee of drie groeperen. Misschien kun je een rationele opsomming maken van de voors en tegens. Of doe je net alsof je je beslissing al definitief hebt genomen en leef je dat leven gedurende een dag of twee.

Een ander probleem voor zeer intuïtieve en/of introverte HSP's is dat we misschien niet goed geïnformeerd zijn over de *feiten*. We laten ons leiden door onze vermoedens. We houden er niet van om te *vragen*. Maar het verzamelen van concrete informatie van bestaande mensen is vooral voor introverte en intuïtieve mensen deel van het individuatieproces.

Als je het gevoel hebt dat je het 'gewoon niet kunt', leg je het derde obstakel bloot dat de ontdekking van je roeping in de weg staat: weinig gevoel van eigenwaarde. Diep van binnen weet je waarschijnlijk wel wat je het liefst zou willen doen. Natuurlijk kun je iets hebben uitgekozen waar je met geen mogelijkheid in kunt slagen, zodat je vermijdt je verder te ontwikkelen en te doen wat wel mogelijk is. Maar misschien heb je nog steeds geen idee van wat wel en niet binnen je mogelijkheden ligt.

Als HSP heb je wellicht grote problemen met bepaalde taken die, volgens de normen van jouw cultuur, essentieel zijn om in de meeste beroepen te kunnen slagen – zoals bijvoorbeeld spreken of optreden in het openbaar, lawaai verdragen, bijeenkomsten bijwonen, netwerken, politieke spelletjes spelen of reizen. Maar nu weet je precies waarom jij met deze zaken problemen hebt en kun je manieren gaan onderzoeken om de overprikkeling die ze creëren te omzeilen. Dus in feite is er weinig dat je niet kunt doen, zolang je maar een manier vindt om het op je eigen manier te doen.

Het feit echter dat HSP's weinig gevoel van eigenwaarde hebben is heel begrijpelijk. Veel van jullie hebben het idee gefaald te hebben. Je hebt misschien zo je best gedaan om anderen een plezier te doen dat je niet veel meer dan een brug op de levenspaden van anderen bent geweest en ook als zodanig behandeld bent, als iets om overheen te lopen. Hoe dan ook, hoe zou je het vinden om aan je einde te komen zonder dat je hebt geprobeerd?

Je zegt dat je bang bent om te falen. Welke innerlijke stem zegt dat? Een wijze stem die jou beschermt? Of een kritische die je verlamt? Neem, om toch door te kunnen gaan, eens aan dat die stem gelijk heeft en dat je zult falen. Vergeet de mensen die het hebben geprobeerd en zijn geslaagd, wat je altijd in films ziet gebeuren. Ik ken mensen die het hebben geprobeerd en hebben gefaald. Heel veel. Het kan hun misschien enorm veel geld en tijd hebben gekost, maar ze voelen zich toch gelukkiger omdat ze het hebben geprobeerd. Nu zijn ze op weg naar andere doelen, een stuk wijzer door wat ze hebben geleerd over zichzelf en de wereld. En echt, aangezien niets tot een totale mislukking leidt, hebben ze veel meer zelfvertrouwen dan wanneer ze langs de zijlijn waren blijven staan.

Tot slot raad ik je aan bij je speurtocht naar je roeping gebruik te maken van de vele goede boeken en diensten op het gebied van beroepskeuze. Zorg gewoon dat je sensitiviteit altijd in je bewustzijn aanwezig is als een belangrijk element waar de meeste beroepsadviseurs geen aandacht aan schenken.

Wat andere HSP*'s doen*

Misschien helpt het om te horen voor welke soort loopbanen andere HSP's hebben gekozen. Natuurlijk brengen we altijd onze eigen manier van doen mee. Uit mijn telefonisch onderzoek bleek bijvoorbeeld dat maar weinig HSP's vertegenwoordigers waren, maar een van hen was dat wel – in exclusieve wijnen. Iemand anders verkocht onroerend goed, en vertelde dat ze gebruikmaakte van haar intuïtie om de juiste mensen aan het juiste huis te koppelen.

Je kunt je voorstellen dat andere HSP's andere banen – vrijwel elke baan – een rustige, bedachtzame en consciëntieuze invulling kunnen geven, zoals de HSP's die zeiden dat ze leraar, kapper, hypotheekbemiddelaar, piloot, stewardess, hoogleraar, acteur, kleuterjuf, secretaresse, dokter, verpleegkundige, verzekeringsagent, profatleet, kok en consultant waren.

Andere banen leken zeer geschikt te zijn voor HSP's: meubelmaker, hondentrimmer, psychotherapeut, dominee, bestuurder van zwaar materieel (lawaaiig, maar geen andere mensen), boer, schrijver, kunstenaar (heel veel), röntgenoloog, meteoroloog, bomensnoeier, wetenschapper, redacteur, menswetenschapper, accountant en elektricien.

Hoewel uit sommige onderzoeken blijkt dat de zogenaamde verlegen mensen minder goed verdienen, trof ik heel veel HSP's aan in goedbetaalde banen – bestuurders, managers, bankiers. Misschien is uit andere studies gebleken dat hun zogenaamde verlegen geïnterviewden slecht betaald werden, omdat er net als in mijn onderzoek een kronkel in hun gegevens zat: namelijk dat twee keer zoveel HSP's als niet-HSP's zichzelf huisvrouw of -man, of fulltime ouder noemden. (Dat waren niet allemaal vrouwen.) Als je hen als niet-verdienend meetelt, drukt dit natuurlijk het gemiddelde inkomen van de groep naar beneden. Maar uiteraard voegen deze mensen inkomen toe aan hun gezin door de diensten uit te voeren waar je anders veel voor zou moeten betalen.

De 'huis-HSP's' kunnen een goede niche voor zichzelf creëren, vooropgesteld dat ze de onderwaardering voor hun werk binnen hun cultuur kunnen negeren. In feite profiteert de cultuur flink hiervan. Onderzoek op het gebied van ouderschap blijft bijvoorbeeld uitwijzen dat de ongrijpbare kwaliteit van 'sensitiviteit' een sleutelrol speelt bij het goed opvoeden van kinderen.

Roeping omvormen tot een betaalde baan

Er zijn goede boeken verschenen die juist gaan over het punt om datgene wat je leuk vindt om te vormen tot iets waar je voor betaald krijgt, dus zoals gewoonlijk zal ik me concentreren op de aspecten die vooral voor ons relevant zijn. Het creëren van een betaalde baan op basis van je ware roeping vereist vaak het ontwikkelen van een volledig nieuwe dienst of nieuw beroep, en dat kan betekenen dat je je eigen bedrijf moet beginnen of een nieuwe baan op je huidige werk moet creëren. Dat kan je afschrikken, tenzij je in gedachten houdt dat je op de manier van een HSP te werk moet gaan.

Gooi eerst het idee overboord dat iedereen zijn werk gedaan krijgt door middel van netwerken, door de juiste mensen te kennen en dat soort dingen. Netwerken is altijd nodig, maar er zijn ook manieren die effectief genoeg en een stuk plezieriger voor een HSP zijn – brieven, e-mail, contact houden met iemand die veel contacten heeft, met je extraverte collega die bij ieder congres aanwezig is gaan lunchen en hem of haar 'uithoren'.

In de tweede plaats moet je vertrouwen hebben in een paar van jouw voordelen. Met jouw intuïtie kun je anderen vóór zijn bij het bestuderen van trends en het ontdekken van nieuwe behoeften of markten. Als je ergens enthousiast over bent, maak je een goede kans dat anderen dat ook zijn, of kunnen worden, als ze eenmaal jouw redenen hebben aangehoord. Als jouw belangstelling niet al te ongewoon is, zou het in bestaande banen moeten kunnen passen. Als het erg ongewoon is, ben je waarschijnlijk een vooraanstaand deskundige, en zal iemand je ergens binnenkort voor nodig hebben, vooral als je je visie eenmaal met anderen deelt.

Jaren geleden ging een HSP met een passie voor film en video werken als bibliothecaresse, en ze overtuigde haar universiteit ervan dat ze een volledig gemoderniseerde film- en videoafdeling nodig hadden. Ze zag in dat deze media een belangrijke rol zouden gaan spelen in het onderwijs, vooral in de permanente bijscholing van het grote publiek. Inmiddels ziet iedereen dat in, en is haar film- en videobibliotheek de beste op haar gebied.

Zelfstandig ondernemer zijn (of volledige zelfstandigheid binnen een grotere organisatie genieten) is een logische route voor HSP's. Je bepaalt zelf je werktijden, de stimulatie, het soort mensen waar je mee te maken hebt, en je hebt geen problemen met chefs of collega's. En in tegenstelling tot vele kleine of startende ondernemers doe je waarschijnlijk consciëntieus je onderzoek en planning voor je enig risico neemt.

Je zult echter moeten oppassen voor bepaalde neigingen. Als je een typische HSP bent, kun je een zorgelijke perfectionist worden. Je kunt de strengste manager voor jezelf worden waar je ooit voor hebt gewerkt. Het kan ook nodig zijn om een zeker gebrek aan focus te overwinnen. Als je creativiteit en intuïtie je overspoelen met duizenden ideeën zul je al in een vroeg stadium de meeste daarvan moeten laten voor wat ze zijn, en je zult allerlei moeilijke beslissingen moeten nemen.

Als je ook nog introvert bent, zal het je extra moeite kosten om in contact te blijven staan met je afnemers of markt. Je kunt altijd een extravert persoon als partner of assistent inbrengen. Sterker nog, het hebben van partners of het aannemen van anderen om allerlei overtollige stimulatie te absorberen is een goed idee. Maar met hen als buffer tussen jou en de wereld zal je intuïtie geen directe input krijgen, tenzij je zorgt voor echt contact met degenen voor wie je werkt.

Kunst als roeping

Bijna alle HSP's hebben een artistieke kant die ze graag willen laten zien. Of ze houden van een bepaalde kunstvorm in het bijzonder. Maar enkelen van jullie zullen kunst als je roeping nastreven of zelfs je broodwinning. Bijna alle onderzoeken naar de persoonlijkheden van vooraanstaande kunstenaars beweren dat sensitiviteit een centrale rol speelt. Helaas wordt die sensitiviteit ook gekoppeld aan geestesziekten.

De moeilijkheid is naar mijn mening dat wij kunstenaars normaal gesproken alleen werken, waarbij we onze handvaardigheid en onze subtiele creatieve visie verfijnen. Maar terugtrekking van welke aard ook creëert sensitiviteit – dat is deels de reden waarom iemand zich terugtrekt. Dus we zijn extra sensitief als de tijd rijp is om ons werk te laten zien, het uit te voeren, toe te lichten, te verkopen, recensies ervan te lezen en afwijzing of bijval te accepteren. Vervolgens is daar het gevoel van verlies en verwarring als een belangrijk stuk werk af is of een optreden achter de rug is. De stroom van ideeën die uit het onbewuste naar boven komt, heeft geen uitlaatklep meer. Kunstenaars zijn bedrevener in het aanmoedigen en uiten van die kracht dan in het begrijpen waar het vandaan komt of de invloed ervan als er wat mee wordt gedaan.

Het is niet verbazingwekkend dat artiesten hun heil zoeken in drugs, alcohol en medicijnen om hun prikkeling in toom te houden of om weer contact te maken met hun innerlijke zelf. Maar het langetermijneffect is een lichaam dat nog meer uit balans is. Bovendien is het deel van de mythe of het standaardbeeld van de kunstenaar dat elke psychologische hulp zijn creativiteit om zeep zal brengen door hem te normaal te maken.

Maar vooral een hoog sensitieve kunstenaar kan maar beter goed nadenken over de mythologie die de kunstenaar omgeeft. De gekwelde, emotionele kunstenaar is een van de meest romantische figuren in onze cultuur, nu heiligen, ballingen en ontdekkingsreizigers nog amper voorkomen. Ik kan me herinneren dat een leraar in het vak creatief schrijven ooit de namen van vrijwel alle beroemde auteurs op het bord schreef en ons vroeg wat zij met elkaar gemeen hadden. Het antwoord was dat ze allemaal een zelfmoordpoging hadden gedaan. Ik weet niet zeker of de klas het zag als iets dramatisch of meer als een romantisch aspect van de door hen verkozen carrière. Maar als psycholoog en kunstenaar zag ik een dodelijk ernstige situatie. Hoe vaak is de waarde van het werk van een kunstenaar niet gestegen als ze eenmaal gek waren verklaard of zelfmoord hadden gepleegd? Hoewel het leven van de artistieke held-avonturier vooral de jonge HSP aanspreekt, kan het ook een tamelijk onbewust gezette val zijn door degenen met doorsneeleventjes die de kunstenaar in zichzelf geen tijd gunnen en willen dat iemand anders de kunstenaar voor hen uithangt, door alle idioterie te tonen die ze in zichzelf onderdrukken. Veel van het lijden van sensitieve kunstenaars zou voorkomen kunnen worden door te begrijpen welke invloed deze afwisseling van de geringe stimulatie van de creatieve isolatie met de grotere stimulatie van de door mij beschreven publieke blootstelling heeft. Maar ik denk dat dit inzicht pas breed toegepast zal worden als ook de mythe van de grillige kunstenaar en de behoefte daaraan begrepen worden.

Anderen ten dienste staan bij wijze van roeping

HSP's zijn zich vaak bijzonder bewust van het lijden van anderen. Vaak geeft hun intuïtie hun een duidelijker beeld van wat er gedaan moet worden. Aldus kiezen veel HSP's voor een dienstverlenend beroep. En veel van hen 'branden op' (burn-out).

Maar om anderen behulpzaam te zijn hoef je geen baan te hebben die je opbrandt. Veel HSP's staan erop zogezegd aan de frontlinie te werken, waar je de meeste stimulatie te verwerken krijgt. Ze zouden zich schuldig voelen als ze op de achtergrond zouden blijven en anderen zouden laten doen wat in hun ogen zo moeilijk is. Maar op dit punt gekomen denk ik dat je kunt begrijpen dat sommige mensen juist perfect geschikt zijn om die frontlinies te bezetten en dat heerlijk vinden. Dus waarom zou je hen niet hun driften laten bevredigen? Ook achter de frontlinies zijn mensen nodig, die de strategie ontwikkelen vanuit een uitkijktoren boven het slagveld.

Anders gezegd, sommige mensen koken graag en anderen wassen graag af. Ik heb jarenlang problemen gehad om aan anderen het opruimen van de troep over te laten als ik lekker had gekookt, een van mijn favoriete bezigheden. Tot ik uiteindelijk iemand hoorde beweren dat hij schoonmaken *echt leuk* vond – en een hekel had aan koken.

Ooit kreeg ik een rondleiding op de *Rainbow Warrior* van Greenpeace en luisterde naar enkele van de avonturen van de bemanning, hoe ze bijvoorbeeld vlak voor de boeg van een gigantische walvisvaarder waren gedropt of dagenlang achter elkaar torpedo's en machinegeweren op zich gericht hadden gehad. Hoeveel ik ook van walvissen hou, ik zou meer last dan gemak veroorzaken in dergelijke omstandigheden. Maar ik wist dat ik op andere manieren het werk kon ondersteunen.

Kortom, je hoeft niet die baan te nemen die uitzonderlijk veel stress en overprikkeling veroorzaakt. Iemand anders vult die baan wel in en zal erin uitblinken. Je hoeft geen lange werkdagen te maken. Het kan zelfs je plicht zijn om korte werkdagen te maken. Misschien kun je er het best niet mee te koop lopen, maar jezelf gezond en op het juiste prikkelingsniveau houden is de eerste voorwaarde om anderen te kunnen helpen.

Een les van Greg

Greg was een hoog sensitieve leraar die bij zijn studenten en collega's zeer geliefd was en een groot aanzien genoot. Toch kwam hij bij mij om te bespreken waarom hij het enige beroep dat hij ooit had gewild ging opgeven, waarbij hij van mij een bevestiging verwachtte dat lesgeven geen beroep voor HSP's was. Ik was het met hem eens dat het een zwaar beroep was. Maar ik denk ook dat goede, sensitieve leraren essentieel zijn voor alle soorten geluk en vooruitgang, voor zowel individuen als de hele maatschappij. Ik kon het niet aanzien dat zo'n juweel uit het vak zou stappen.

Terwijl hij er samen met mij over nadacht, gaf hij toe dat lesgeven een heel logische roeping was voor een sensitief, zorgzaam persoon. Leraarsbanen zouden voor hen geknipt moeten zijn, maar in feite maakt de druk het moeilijk voor HSP's om in het onderwijs te blijven. Hij besefte dat het zijn taak was om de functiebeschrijving te veranderen. Dat was zelfs zijn morele plicht. Hij zou er veel beter aan doen om overwerk te weigeren dan om ontslag te nemen.

Met ingang van de volgende dag werkte Greg nooit later dan vier uur 's middags. Het vergde veel creativiteit om de juiste besparingen te vinden. Veel daarvan waren niet ideaal en druisten in tegen zijn consciëntieuze aard. Hij had het gevoel dat hij zijn nieuwe werkgewoonten voor zijn collega's en directeur verborgen moest houden, hoewel ze er in de loop der tijd toch achter kwamen. (De directeur ging ermee akkoord, omdat hij inzag dat Greg zijn hoofdtaken prima deed en beter in zijn vel stak.) Sommigen van zijn collega's deden hetzelfde; anderen waren jaloers en gaven op hem af, maar konden hun manier van werken niet veranderen. Nu, tien jaar later, is Greg nog steeds een zeer succesvolle leraar en nog een gelukkige en gezonde ook.

Het klopt dat zelfs als je uitgeput bent, je nog steeds iets doet voor de mensen aan wie je je dienst levert. Maar je verliest contact met je diepste krachten, geeft het verkeerde voorbeeld met je zelfvernietigende gedrag, maakt van jezelf een martelaar en geeft anderen reden om zich schuldig te voelen. En uiteindelijk zul je net als Greg ontslag willen nemen of door je lichaam daartoe gedwongen worden.

HSP's en maatschappelijke verantwoordelijkheid

Niets van het bovenstaande is bedoeld om meer HSP's aan de strijd voor maatschappelijke rechtvaardigheid en een leefbaar milieu te onttrekken. Integendeel, we zijn daarbij juist hard nodig, maar wel op onze eigen manier. Misschien is een deel van wat fout loopt bij de regering en in de politiek, niet zozeer een gevolg van links of rechts denken, als wel een gebrek aan genoeg HSP's die iedereen dwingen de consequenties na te gaan. We hebben er afstand van gedaan door deze zaken over te laten aan de impulsievere, agressievere typen, die zich toevallig uitstekend voelen bij het najagen van een politieke carrière en vervolgens het najagen van alle andere zaken.

De Romeinen hadden een groot generaal genaamd Cincinnatus. Volgens de overlevering was hij liever rustig op zijn boerderij blijven wonen, maar werd hij tweemaal overgehaald om terug te keren in het openbare leven om zijn volk te behoeden voor militaire rampen. De wereld zou meer van dit soort mensen op openbare posten moeten zetten. Maar als we daartoe niet worden uitgenodigd, kunnen we er beter af en toe vrijwillig in stappen.

HSP's in de zakenwereld

Het lijdt geen twijfel dat HSP's door de zakelijke wereld worden ondergewaardeerd. Getalenteerde, intuïtieve mensen die toch consciëntieus zijn en vastbesloten zijn geen fouten te maken, zouden als werknemer gekoesterd moeten worden. Maar als oorlogsvoering, pionieren en expansie dienen als metafoor voor prestatie, zijn wij minder goed in te passen in de zakenwereld.

Zakendoen kan ook worden beschouwd als een kunstwerk waar een artiest voor nodig is, een voorspellende taak waar een ziener voor nodig is, een maatschappelijke verantwoordelijkheid waarvoor een rechter nodig is, een groeitaak waarvoor vaardigheden als die van een boer of ouder nodig zijn, een uitdaging om het grote publiek wat bij te brengen waarvoor onderwijsvaardigheden nodig zijn, enzovoort.

Bedrijven verschillen onderling. Wees op je hoede voor de bedrijfscultuur als je ergens gaat werken of de kans krijgt om de bedrijfscultuur waar je in zit te beïnvloeden. Luister naar wat er wordt gezegd, maar vertrouw ook op je intuïtie. Wie wordt bewonderd, beloond en krijgt promotie? Degenen die stoerheid, concurrentie en ongevoeligheid voorstaan? Of creativiteit en visie? Harmonie en een goede moraal? Klantgerichtheid? Kwaliteitscontrole? HSP's zouden zich in alle culturen behalve in de eerstgenoemde tot op zekere hoogte thuis moeten kunnen voelen.

De begaafde HSP op het werk

In mijn ogen zijn alle HSP's alleen al begaafd vanwege hun eigenschap. Maar sommigen zijn uitzonderlijk getalenteerd. Sterker nog, een van de redenen voor het idee achter de 'geëmancipeerde' HSP was de schijnbaar vreemde mengeling van eigenschappen die onderzoek na onderzoek onder begaafde volwassenen boven water kwam: impulsiviteit, nieuwsgierigheid, een sterke behoefte aan onafhankelijkheid, een hoog energieniveau, naast introversie, intuïtiviteit, emotionele gevoeligheid en non-conformisme.

Het is echter lastig om met begaafdheid op de werkplek om te gaan. In de eerste plaats kan je originaliteit vooral een probleem worden als je je ideeën in een groepssituatie naar voren moet brengen. Veel organisaties benadrukken het belang van probleemoplossing binnen de groep, omdat het in mensen zoals jij ideeën doet opkomen, die vervolgens getemperd worden door de anderen. De moeilijkheid doet zich voor als iedereen ideeën oppert en de jouwe in jouw ogen duidelijk zoveel beter zijn. En toch lijken de anderen dat niet te snappen. Als je meegaat met de groep, ben je niet trouw aan jezelf en niet in staat om je aan de groepsresultaten te committeren. Ga je niet mee met de groep, dan voel je je een onbegrepen buitenstaander. Een goede manager of chef begrijpt dit proces en zal een begaafde medewerker in bescherming nemen. Anders kun je misschien beter je talenten elders aanbieden.

In de tweede plaats kun je bijzonder opgetogen zijn over je werk en ideeën. In je enthousiasme kun je in de ogen van anderen grote risico's nemen. In jouw ogen zijn het geen grote risico's omdat de uitkomst helder is. Maar je bent niet onfeilbaar, en anderen genieten wellicht van je mislukkingen, ook al komen deze zelden voor. Bovendien zullen anderen die deze intensiteit niet begrijpen, zeggen dat je altijd aan het werk bent en keuren ze dat af – omdat zij beroerd bij jou afsteken. Maar voor jou is je werk je hobby. *Niet werken zou werk zijn.* Als dit voor jou opgaat, kun je misschien beter je lange werkdagen voor je houden en alleen je chef daarover inlichten.

Of beter nog, de lange werkdagen afschaffen. Probeer zelfs de positiefste opwinding als een staat van overprikkeling te behandelen en streef naar een evenwicht tussen werk en vrije tijd. Je werk zal er baat bij hebben.

Een ander gevolg van je intensiteit is dat je rusteloze geest je met volgende projecten bezig laat houden voordat je het vorige tot in detail hebt afgerond, waardoor anderen met de eer gaan strijken. Als je hier geen aandacht aan schenkt, wat gewoonlijk niet je stijl is, zul je het resultaat van je handelen moeten accepteren.

Een derde aspect van begaafdheid, emotionele gevoeligheid, kan je meezuigen in de gecompliceerde privé-zaken van anderen. Dit is vooral op de werkplek geen goed idee. Je hebt behoefte aan bepaalde professionele grenzen. Vooral op je werk zul je meer tijd moeten doorbrengen met de minder sensitieve personen, die jou goed in evenwicht kunnen houden en jij hen. Ontwikkel buiten je werk om de intiemere relaties die je de emotionele diepgang bieden die je zoekt.

Buiten je werk om zouden het ook de relaties moeten zijn die jou de veilige haven bieden voor de emotionele stormen die het gevolg zijn van je sensitiviteit. Ga daarvoor niet bij je collega's op zoek, en zeker niet bij je superieuren. Je bezorgt hun te veel last, en hun conclusie kan zijn dat 'er iets met je mis is'.

Een vierde eigenschap van begaafde mensen, intuïtie, kan op anderen als haast magisch overkomen. Zij zien niet wat jij ziet – het contrast tussen de oppervlakte en 'wat er werkelijk gaande is'. Dus net als met je ongebruikelijke ideeën moet je bepalen of je eerlijk zult zijn of dat je je zult neerleggen bij de visie van anderen, waardoor je je heimelijk een beetje ontwricht voelt.

Tot slot kan je begaafdheid je een zeker charisma geven. Anderen hopen misschien dat jij hen zult leiden in plaats van dat ze dat zelf doen. Dat is heel verleidelijk, maar het leidt er alleen maar toe dat je hen ogenschijnlijk van hun vrijheid berooft, wat in zekere zin ook zo zou zijn.

Vanuit jouw positie kan het lijken of anderen maar weinig in ruil kunnen aanbieden. Het aanvankelijke delen kan een gevoel van teleurstelling opleveren. Maar je afkeren van anderen leidt tot nog meer vervreemding, terwijl je juist anderen nodig hebt.

Eén oplossing voor dit alles is om er niet op te staan dat al je talenten op je werk geuit moeten worden. Uit jezelf door middel van persoonlijke projecten en kunst, plannen voor de toekomst of door gelijktijdig voor jezelf te werken, en door middel van het leven zelf.

Met andere woorden, doe meer met je begaafdheid naast het produceren van de opvallendste ideeën op je werk. Gebruik het om een groter inzicht in jezelf te verkrijgen en om meer kennis op te doen over mensen in groepen en organisaties. Als dat je doel is, kun je rustig achteroverleunen en observeren. Ook kun je af en toe als een doorsneepersoon in plaats van een begaafd persoon ergens aan deelnemen en kijken hoe dat voelt.

Zorg er ten slotte voor dat je in contact blijft met allerlei soorten andere mensen, op je werk en daarbuiten, en accepteer dat niemand al jouw kanten zal kunnen begrijpen. Sterker nog, het accepteren van de eenzaamheid die gepaard gaat met begaafdheid, kan zelfs de meest bevrijdende en krachtige stap van allemaal zijn. Maar accepteer ook het tegendeel, dat er geen reden is om je geïsoleerd te voelen, omdat iedereen op zijn eigen manier begaafd is. En dan is er nog de omgekeerde waarheid: niemand, ook jij niet, is bijzonder in de zin dat je bent uitgezonderd van de universele wetten van ouder worden en doodgaan.

Zien dat je eigenschap op de juiste waarde wordt geschat

Ik hoop dat je je inmiddels kunt voorstellen in welke vele opzichten jouw HSP-zijn een toegevoegde waarde in je werk kan zijn, of je nu voor jezelf werkt of voor een ander. Maar ik heb ontdekt dat het bijzonder veel moeite kost voordat HSP's negatieve ideeën over hun eigenschap uit het verleden kunnen loslaten en het werkelijk kunnen waarderen. Je kunt iemand anders niet van de waarde van je eigenschap overtuigen als je daarvan zelf niet overtuigd bent. Dus doe zonder mankeren het volgende.

Schrijf alle positieve kenmerken op die mogelijk bij een HSP horen. Volg de regels van het brainstormen en accepteer alle ideeën zonder kritisch te zijn. Maak je niet druk als niet-HSP's sommige van dezelfde goede kenmerken vertonen. Het is voldoende dat we ze in grotere mate of ook hebben. En gebruik elke strategie: logische afleiding van de basiseigenschap; denk aan je groeiende beeld van de typische HSP; denk aan de HSP's die je kent en bewondert; denk aan jezelf; lees dit boek door. Dit zou een *lange* lijst moeten zijn. Als HSP's dit als groep doen, wordt deze lijst erg lang – als ik hen een beetje stimuleer. Dus houd vol tot je een lijst van formaat hebt.

Doe nu twee dingen: schrijf een kort stukje dat je tijdens een sollicitatiegesprek zou gebruiken, en ook een wat formelere brief, en ga in beide in op enkele van je positieve kenmerken, waarbij je je sensitiviteit zodanig verwerkt dat je je werkgever rustig daarover informeert.

Hieronder volgt een deel van een mogelijke tekst (die voor een brief wat te informeel zou zijn):

En naast mijn tien jaar ervaring met kleine kinderen beschik ik over een flinke dosis kennis van de grafische kunst en over praktijkervaring met lay-out. Bij dit alles ben ik mij bewust van de unieke bijdrage van mijn persoonlijkheid en karakter – ik ben een van die mensen die uitzonderlijk consciëntieus en grondig te werk gaan en graag goed werk afleveren.

Tegelijkertijd denk ik dat ik over een tamelijk grote verbeeldingskracht beschik. Men heeft mij altijd beschouwd als uiterst creatief (naast mijn hoge cijfers op school en mijn hoge IQ). Mijn intuïtie in mijn werk is altijd een van mijn allersterkste punten geweest, waardoor ik goed ben in het signaleren van mogelijke problemen of fouten.

Ik ben niet het type om oproer te veroorzaken. Ik hou van een rustige werkomgeving. In feite kunt u maar beter weten dat ik het best werk als ik me rustig voel en als alles om me heen rustig is. Dus de meeste mensen vinden het bijzonder prettig om met me samen te werken, hoewel het mij zelf niet uitmaakt of ik alleen werk of met een paar anderen. Mijn onafhankelijkheid in dat opzicht, mijn vermogen om goed alleen en zelfstandig te werken, is ook altijd een van mijn sterkste punten geweest. [...]

Training

Trainingssituaties kunnen al te prikkelend zijn omdat je ertoe neigt slechter te presteren wanneer er op je wordt gelet of als je anderszins overprikkeld bent – doordat je bijvoorbeeld te veel informatie ineens op je af krijgt, te veel mensen om je heen hebt die praten of moeite hebben met leren, of door je alle afschuwelijke gevolgen voor de geest te halen als je iets niet kunt onthouden.

Probeer zo mogelijk jezelf te trainen. Neem handboeken mee naar huis of blijf in je eentje op kantoor doorwerken. Of regel het zo dat je privé-les krijgt, het liefst van iemand die je op je gemak stelt. Laat iemand het stap voor stap voordoen en ga dan alleen daarmee oefenen. Laat je vervolgens observeren door iemand die geen chef is, iemand die je niet zo zenuwachtig maakt.

Je fysiek prettig voelen op je werk

Omdat je sensitiever bent dan anderen, heb je geen behoefte aan extra ongemak of stress om je heen. Een bepaalde situatie kan volgens anderen misschien veilig zijn, maar voor jou toch stressvol zijn. Anderen hebben misschien geen problemen met fluorescerend licht, een machine die lawaai maakt, of chemische geuren, maar jij wel. Dit is een heel persoonlijke zaak, zelfs onder HSP's.

Als je wel ergens over wilt klagen, realiseer je dan goed wat je te wachten staat. Als je de klacht toch wilt doorzetten, meld dan de inspanningen die je zelf hebt gedaan om het probleem op te lossen. Benadruk je productiviteit en prestaties, maar dat je nog meer in je mars hebt als dit probleem is opgelost (als dat realistisch is).

Vooruitkomen in een organisatie

Onderzoek onder 'verlegen' mensen geeft aan dat ze te weinig betaald krijgen en onder hun competentieniveau werken. Ik vermoed dat dit voor veel HSP's geldt, hoewel we er soms zelf voor kiezen. Maar als je vooruit wilt komen en dat lukt niet, of als er ontslagen worden overwogen en je wilt daar niet tussen zitten, zul je aandacht moeten besteden aan je strategie.

Vaak houden HSP's niet van 'politieke spelletjes'. Maar dat op zich kan al aanleiding geven tot wantrouwen. We worden zo snel verkeerd begrepen op allerlei manieren, vooral als we minder tijd met anderen op het werk doorbrengen of niet met hen van gedachten wisselen. We kunnen afstandelijk, arrogant en typisch overkomen. Als we ook niet opdringerig zijn, kunnen we ongeïnteresseerd of zwak overkomen. Vaak zijn deze projecties bijzonder ongegrond. Maar je zult wel voor dit soort processen moeten oppassen en je moeten voorbereiden om aan deze projecties een eind te maken.

Als dit aan de orde is, laat dan anderen langs je neus weg (of formeel) je positieve gevoelens over hen en de organisatie weten. Je denkt misschien dat je positieve gevoelens duidelijk zijn, maar dat hoeft niet als jij niet opvalt en anderen niet erg goed opletten. Vraag jezelf af of je ook openhartiger zou moeten praten over wat jij denkt dat je kunt bijdragen, en op welke plek binnen de organisatie je jezelf graag ziet, en hoe lang je bereid bent daarop te wachten.

Zorg er in de tussentijd voor dat je niet wordt overgeslagen als de volgende promotieronde plaatsvindt, door elke week je meest recente bijdragen aan de organisatie te noteren, alsmede alle andere prestaties binnen je werk of je privé-leven. Wees gedetailleerd. Dan ben je je er in ieder geval van bewust en stip je ze gemakkelijker aan, maar laat zo mogelijk tijdens het volgende functioneringsgesprek een samenvatting van deze prestaties aan je chef zien.

Als je hiertegen opziet of over een maand tot de ontdekking

komt dat je het nog steeds niet hebt gedaan, denk dan eens goed na hoe dat komt. Heb je het gevoel dat je aan het opscheppen bent? Denk dan eens aan de mogelijkheid dat je je organisatie en je chef bepaald geen dienst bewijst door hen niet aan jouw waarde te helpen herinneren. Vroeg of laat zul je je ontevreden gaan voelen en van baan willen veranderen, of word je eruit gewerkt door de concurrentie, of word je ontslagen terwijl iemand met minder capaciteiten mag blijven. Zou je graag willen dat anderen jouw waarde zouden opmerken zonder dat je ze daaraan hoeft te herinneren? Dat is een gebruikelijke kinderwens die in deze wereld zelden uitkomt.

Of presteer je eigenlijk maar heel erg weinig? Kan het je wat schelen? Misschien is het zaak dat je de prestaties noteert die je wel wat kunnen schelen – de tochten die je hebt gefietst, de boeken die je hebt gelezen, de gesprekken die je hebt gevoerd met vrienden. Als iets naast je werk het grootste deel van je energie vergt, kan dat hetgeen zijn waar je het meeste plezier aan beleeft. Is er een manier om daarvoor betaald te krijgen? En als een verantwoordelijkheid zoals kinderen of een bejaarde vader of moeder je tijd opeist, voel je dan trots over het nemen van die verantwoordelijkheid. Schrijf ook dit op als een prestatie, ook al hoef je hiermee bij de meeste werkgevers niet aan te komen.

Tot slot, als je niet vooruitkomt in je werk of het gevoel hebt dat 'iemand het op je voorzien heeft', is het goed mogelijk dat je gewoon niet gewiekst genoeg bent.

Bette maakt kennis met Machiavelli

Bette was een HSP die bij mij in psychotherapie was. Een van de zaken waar ze vaak bij mij over begon, was haar frustratie op het werk. Therapeuten kunnen nooit zeker weten wat er gaande is in situaties waarvan we maar één kant horen. Maar het klonk alsof Bette haar werk prima deed, maar nooit verder kwam.

Tot ze tijdens een functioneringsgesprek werd aangesproken op juist het soort gedrag dat in onze ogen door de meeste chefs gewaardeerd zou worden. Met tegenzin begon Bette zich af te vragen of haar cheffin 'het op haar had voorzien'. De cheffin had allerlei persoonlijke problemen en Bette was door de vorige cheffin gewaarschuwd dat ze haar mogelijk 'van achteren zou aanvallen.'

De meesten van haar collega's konden het goed vinden met de nieuwe cheffin, maar Bettes intuïtie zei haar dat ze zich zo uitsloofden voor hun meerdere omdat ze bang voor haar waren. Omdat Bette veel ouder was, had ze haar gewoon als onvolwassen beschouwd, maar niet als bedreiging. Maar Bette was ook toegewijd en consciëntieus. Ze werd vaak geprezen door bezoekers die lieten doorschemeren dat van alle collega's op de afdeling zij de meeste kennis in huis had. Ze dacht dat ze niets te vrezen had, maar ze had geen erg gehad in de jaloezie van haar cheffin. Maar Bette ging altijd uit van het positieve in andere mensen.

Uiteindelijk zette Bette de stap om iemand van personeelszaken te vragen of ze haar dossier mocht inzien (wat in deze organisatie geoorloofd was), en ze ontdekte dat haar cheffin notities over haar had toegevoegd die gewoon niet waar waren, terwijl positieve informatie die Bette had laten opnemen nergens te vinden was.

Bette moest ten slotte toegeven dat ze in een machtsstrijd met haar cheffin verwikkeld was, maar ze wist niet wat ze moest doen. Steeds weer zei ze dat ze zich niet wilde verlagen om net zoals deze wraakgodin te gaan denken.

Het belangrijkst voor mij was om Bette te helpen in te zien waarom ze het doelwit was geworden. Ze gaf inderdaad toe dat het niet de eerste keer was geweest in haar arbeidsverleden. Ik vermoedde dat het in dit geval kwam, hoewel het niet klopte, doordat ze afstandelijk, superieur en daarom bedreigend op een onzeker jonger persoon overkwam. Maar daaronder lag Bettes verzuim en zelfs weigering om het conflict te zien aankomen.

In deze baan en in andere werksituaties in het verleden had Bette zichzelf een gemakkelijk doelwit gemaakt door liever 'apart van de kudde' te staan. Zoals vele introverte HSP's ging ze het liefst naar haar werk om gewoon te werken en daarna weer naar huis te gaan zonder zichzelf extra stimulatie aan te doen door gezellig met anderen om te gaan. Ze vertelde me vaak dat ze 'niet van roddelen houdt zoals de anderen'. Een van de effecten van deze manier van doen was dat ze niet goed op de hoogte was van wat er op informeel niveau speelde. Ze moest haar persona voor den dag halen en meekletsen om zichzelf eenvoudig te beschermen, om te weten wat er gaande was en om 'een paar vrienden in hogere kringen' te hebben. Een tweede effect was dat ze in zekere zin de anderen afwees, althans zo voelden zij dat. Hoe dan ook, ze voelden zich niet geroepen om haar te helpen, en zodoende had de cheffin geweten dat ze zonder problemen de aanval tegen Bette in kon zetten.

Een andere begrijpelijke fout die Bette maakte, die zo typerend is voor een HSP, was dat ze zich volledig onbewust was van de 'schaduwzijde' oftewel de minder wenselijke kanten van haar cheffin. Sterker nog, Bette had de neiging om superieuren te idealiseren. Ze verwachtte slechts vriendelijkheid en bescherming van de leidinggevende. Als ze dat niet kreeg, stapte ze in dit geval naar degene die boven haar cheffin stond om hulp te vragen. Maar ze dacht dat het 'niet meer dan juist' was om haar cheffin te laten weten wat haar plannen waren! De cheffin was haar uiteraard voor en joeg degene die boven haar stond tegen Bette in het harnas. En zo had weer een te zeer geïdealiseerde autoriteit zich, zoals te verwachten viel, als een sterveling gedragen.

Toen ik Bette vroeg om wat gewiekster, wat 'politieker' te zijn, reageerde ze in eerste instantie of ik haar had gevraagd zichzelf te bevuilen. Maar ik wist dat een dergelijke puurheid een lange schaduw moest werpen, en uiteindelijk kwam ze in haar dromen een boze, opgesloten geit tegen, toen een stoer 'straatvechtertje', en uiteindelijk een tamelijk wereldse zakenvrouw. Tijdens het leren kennen van deze droomfiguren voegde elk van hen iets toe aan Bette wat ze in feite al in zich had, maar nooit had gebruikt en hevig onderdrukte als iets onacceptabels. Ze leerden haar hoe ze op zijn minst een beetje gezond wantrouwen tegenover iedereen moest hebben, vooral tegenover degenen die ze idealiseerde (onder wie ik).

Vermijdbare en onvermijdelijke spijtgevoelens

Het is moeilijk om alle dingen die we in dit leven niet gerealiseerd zullen krijgen onder ogen te zien. Maar dat is inherent aan onze sterfelijkheid. Wat is het fantastisch als we ook maar een beetje vooruitgang kunnen boeken inzake de vraag die het leven ons heeft gesteld. Het is nog fantastischer als we een manier vinden om betaald te worden terwijl we dit doen. En het is bijna een wonder als we eraan kunnen werken in het bedrijf van anderen, in harmonie en wederzijds respect. Als je zo gezegend bent, waardeer dat dan. Als je dit nog niet hebt bereikt, dan hoop ik dat je nu een idee hebt hoe je het voor elkaar zou kunnen krijgen.

Aan de andere kant kan het nodig zijn om schoon schip te maken met een roeping die vaak is geblokkeerd door andere verantwoordelijkheden of door het onvermogen van je cultuur om jou te waarderen. Als je hier vrede mee kunt hebben, ben je misschien wel de wijste van ons allemaal.

WERKEN MET WAT JE HEBT GELEERD
Maak kennis met je eigen Machiavelli

Machiavelli, een adviseur van Italiaanse prinsen die leefde in de Renaissance, heeft met een nietsontziende openhartigheid beschreven hoe je anderen voorbij moet streven en hun voor kunt blijven. Zijn naam wordt, wellicht te veel, geassocieerd met manipuleren, liegen, bedriegen en al het andere gekonkel dat 'aan het hof' plaatsvindt. Ik wil je niet aanraden om machiavellistisch te worden, maar ik verzeker je wel dat hoe meer zijn eigenschappen je tegenstaan, des te meer je je bewust moet zijn van hun aanwezigheid in jezelf en anderen. Hoe harder je beweert dat je van dergelijke praktijken niets af weet, des te meer last je zult hebben van heimelijk gekonkel in jezelf of anderen.

Kortom, ergens in jou huist een Machiavelli. Inderdaad, hij is een meedogenloze manipulator; maar geen enkele prins, en zeker geen aardige, zou lang aan de macht blijven zonder ten minste één adviseur met een even onbarmhartige visie als de vijanden van de prins zonder twijfel zullen hebben. De truc is om goed te luisteren, maar Machiavelli kort te houden.

Misschien ken je dit deel van jezelf al. Maar geef dat aspect dan een gezicht. Probeer je voor te stellen hoe hij of zij eruitziet, wat hij of zij zegt, en hoe hij of zij heet. (Dat zal waarschijnlijk niet Machiavelli zijn.) En maak dan eens een praatje. Laat hem of haar jou van alles vertellen over de organisatie waar je werkt. Vraag je af wie wat doet om vooruit te komen en wie het op je heeft voorzien. Vraag wat *jij* zou kunnen doen om verder te komen. Laat die stem een poosje praten.

Denk later terug aan wat je hebt geleerd, en pas daarbij op dat je je normen en waarden en je integere aard niet aantast. Kreeg je bijvoorbeeld te horen dat iemand oneerlijke trucs toepast en jou en het bedrijf daarmee schade berokkent? Is deze innerlijke stem paranoïde of is het iets wat je eigenlijk wel wist maar niet wilde toegeven? Kun je bepaalde verstandige stappen zetten om deze ontwikkeling te keren of in ieder geval jezelf te beschermen?

7 Intieme relaties
De uitdaging van een sensitieve relatie

Dit hoofdstuk is een liefdesverhaal. Het begint met hoe HSP's verliefd worden en aan liefdevolle vriendschappen beginnen. Vervolgens helpt het bij het dankbare werk om die liefde in stand te houden, in de stijl van de HSP.

Intimiteit bij HSP's – we doen het op zo veel manieren

Cora is vierenzestig, huisvrouw en schrijver van kinderboeken. Ze is één keer getrouwd, met haar 'enige partner op seksgebied', en vertelde me onomwonden dat ze 'zeer tevreden is met dit aspect van mijn leven'. Dick, haar man, is 'allesbehalve een HSP'. Maar ze genieten beiden van wat de ander inbrengt, vooral nu de ruwe kantjes ervan af zijn. Zij heeft bijvoorbeeld in de loop der jaren weerstand leren bieden aan zijn wens om met haar zijn plezier in avonturenfilms, skiën en naar voetbalwedstrijden gaan te delen. Hij gaat nu met zijn vrienden.

Mark, van in de vijftig, is hoogleraar en poëet, een deskundige op het gebied van T.S. Eliot. Hij is niet getrouwd en woont in Zweden, waar hij lesgeeft in de Engelse literatuur. In Marks leven staan vriendschappen centraal. Hij is er goed in geworden om die paar geestverwanten ter wereld op te snorren en diepgaande relaties met hen op te bouwen. Ik vermoed dat zij zichzelf erg gelukkig achten.

Wat betreft de liefde, kan Mark zich zelfs als kind hevige verliefdheden herinneren. Als volwassene waren de enkele liefdesrelaties die hij had 'overweldigend. Twee relaties zullen altijd blijven. Pijnlijk. Afsluiten kan niet, hoewel de deur is gesloten.' Maar op dat moment zei hij spottend: 'Maar ik heb een rijke fantasie.'

Ann herinnert zich ook dat ze als kind intens verliefd kon zijn. 'Er was altijd wel iemand; het was een queeste, een zoektocht.' Ze trouwde op haar twintigste en kreeg in zeven jaar tijd drie kinderen. Er was nooit genoeg geld, en naarmate de spanningen toenamen begon haar man haar steeds meer te mishandelen. Toen hij haar een paar keer flink had geslagen, wist ze dat ze bij hem weg moest, volwassen moest worden en op de een of andere manier zichzelf moest gaan onderhouden.

In de loop der jaren waren er andere mannen in Anns leven, maar ze is nooit hertrouwd. Nu ze vijftig is zegt ze dat 'de queeste naar de "magische wederhelft" eindelijk is beëindigd'. Sterker nog, toen ik haar vroeg of ze nog op een bijzondere manier haar leven had ingericht ten behoeve van haar sensitiviteit, was haar eerste reactie: 'Ik heb eindelijk de mannen uit mijn leven gebannen, dus *daar* word ik in ieder geval niet meer door geplaagd.' Ann voelt zich echter uiterst gelukkig met de goede vriendschappen met vrouwen en de hechte band met haar kinderen en zussen.

Kristen, de studente die we in hoofdstuk 1 hebben leren kennen, was ook iemand die in haar jeugd vaak hevig verliefd was. 'Elk jaar koos ik er eentje uit. Maar naarmate ik ouder werd en het serieuzer werd, vooral als ik daadwerkelijk met hen alleen was, wilde ik dat ze me met rust lieten. En dan was er de jongen voor wie ik naar Japan ging. Hij was zo belangrijk voor me, maar dat is nu godzijdank achter de rug. Nu ik twintig ben interesseren jongens me niet zoveel. Ik wil eerst ontdekken wie ik zelf ben.' Kristen, die zich zo druk maakte of ze wel goed bij haar hoofd was, mankeert zo te horen niets aan haar hersenen.

Lily, dertig jaar oud, had in haar jeugd het ene vriendje na het andere bij wijze van verzet tegen haar strenge Chinese moeder. Maar twee jaar terug, toen Lily gezondheidsproblemen kreeg als gevolg van haar wilde leventje, besefte ze eindelijk dat ze zich ellendig voelde. Tijdens ons gesprek begon ze zich zelfs af te vragen of ze voor dit overstimulerende leven had gekozen om afstand te scheppen tussen zichzelf en haar familie, die ze altijd als saai en on-Amerikaans slap had beschouwd. Hoe dan ook, toen ze weer gezond was, begon ze een relatie met een man die volgens haar nog sensitiever was dan zijzelf. In eerste instantie waren ze gewoon goede vrienden; hij leek nogal saai, net als haar familie. Maar tussen hen groeide iets speciaals en diepzinnigs. Ze trokken bij elkaar in, maar ze wilde niet meteen trouwen.

Lynn is in de twintig en onlangs getrouwd met Craig, met wie ze een gezamenlijk spiritueel pad en een diepe, nieuwe liefde deelt. Maar ze raken het niet eens over hoe vaak ze seks hebben met elkaar. Volgens de spirituele traditie waar Craig deel van uitmaakte, waar ze compleet achter stond toen ze hem leerde kennen, onthield hij zich van seks. Ten tijde van ons interview was hij van gedachten veranderd en was zij degene die deze traditie wilde volgen en zich van seks wilde onthouden. Het compromis waar ze zich tot nu toe beiden in kunnen vinden, is een vorm van vrijen die weliswaar 'niet vaak' (één of twee keer per maand) plaatsvindt, maar 'heel speciaal' is.

Deze voorbeelden tonen de rijkelijk gevarieerde manieren waarop HSP's hun zeer menselijk verlangen om intiem te zijn met anderen bevredigen. Hoewel ik nog niet over uitgebreid statistisch materiaal beschik om dit te bevestigen, heb ik de indruk op basis van mijn interviews dat HSP's meer dan anderen variatie aanbrengen in het soort overeenkomsten die ze op dit gebied treffen, door er vaker dan gemiddeld voor te kiezen alleenstaand te zijn, of monogamer, of te kiezen voor intieme relaties met vrienden of familieleden in plaats van liefdesrelaties. Natuurlijk kan deze andere aanpak te maken hebben met de verschillende persoonlijke achtergronden en behoeftes van HSP's. Maar de behoefte staat aan de wieg van de uitvinding.

Ondanks alle diversiteit kunnen wij als HSP's toch enkele gemeenschappelijke kwesties met betrekking tot onze intieme relaties onder de loep nemen, die allemaal voortkomen uit ons bijzondere vermogen om het subtiele te onderscheiden en uit onze grotere neiging om overprikkeld te raken.

HSP's en verliefd worden

Met betrekking tot verliefd worden geeft mijn onderzoek aan dat wij HSP's sneller verliefd worden dan anderen. Dat kan prima zijn. Onderzoek wijst bijvoorbeeld uit dat verliefd worden iemands gevoel van deskundigheid alsmede het zelfbeeld kan oppoetsen. Als je verliefd bent, voel je je groter en beter. Aan de andere kant is het goed om enkele van de redenen waarom we sneller verliefd worden, die weinig of niets te maken hebben met de persoon op wie we onze verliefdheid richten, te leren kennen – gewoon voor het geval er een periode aanbreekt waarin we liever niet verliefd worden.

Maar schrijf voor we beginnen eens op wat er met je gebeurde op de momenten dat je hevig verliefd werd. Daarna kan je kijken of iets van mijn verhaal in jouw geval aan de orde was.

Ik realiseer me dat sommige HSP's nooit verliefd schijnen te worden. (Ze hebben gewoonlijk de eerder beschreven vermijdende hechtingsstijl.) Maar zeggen: 'Ik zal nooit liefhebben', is hetzelfde als zeggen dat het nooit zal regenen in de woestijn. Iedereen die de woestijn kent, kan je vertellen dat als het er eenmaal regent, je je maar beter kunt bergen. Dus als jij denkt dat je nooit hevig verliefd zal worden, kun je misschien toch maar beter doorlezen – voor het geval het gaat regenen.

Als het te intens is

Voordat je je richt op het soort hevige verliefdheid of vriendschap die kan leiden tot een prachtige relatie, ben je misschien meer geïnteresseerd in het zeldzamer maar beruchtere geval van de overweldigende, onmogelijke liefde. Dat kan iedereen overkomen, maar het lijkt bij HSP's net iets vaker het geval te zijn. En aangezien dit vaak voor beide partijen een ellendige ervaring is, kan wat informatie wellicht helpen voor het geval je in zo'n situatie verzeild raakt.

Deze soort liefde is gewoonlijk onbeantwoord. Het feit dat er geen gelijksoortige reactie is, kan precies de oorzaak zijn van de intensiteit. Als zich wel een relatie zou kunnen ontwikkelen, zou de absurde idealisatie vanzelf wel afnemen zodra men de geliefde beter zou leren kennen, met al zijn of haar minpunten. Maar de intensiteit kan de relatie ook in de weg staan. Extreem intense liefde wordt vaak door de geliefde afgewezen juist omdat het zo veeleisend en onrealistisch is. Degene die wordt aanbeden voelt zich vaak gesmoord en helemaal niet echt bemind in de zin dat er rekening wordt gehouden met zijn of haar gevoelens. Het kan zelfs lijken alsof degene die liefheeft geen *echt* inzicht in de geliefde heeft, alleen maar een bepaald onmogelijk perfectionistisch beeld. In de tussentijd kan degene die liefheeft alles opgeven voor de droom van het perfecte geluk die alleen de ander kan laten uitkomen.

Hoe komt een dergelijke liefde tot stand? Daar is geen eenduidig antwoord op te geven, maar wel een paar uitgesproken mogelijkheden. Carl Jung was van mening dat mensen die gewoonlijk introvert zijn (de meeste HSP's) hun energie naar binnen richten om hun gekoesterde innerlijke leven te beschermen tegen overbelasting door de buitenwereld. Maar Jung maakte duidelijk dat er hoe introverter je bent, des te meer druk ontstaat in je onbewuste om tegenwicht te bieden aan het feit dat je je in jezelf keert. Het is net alsof het huis wordt gevuld met vervelde (maar waarschijnlijk begaafde) kinderen die uiteindelijk een uitweg vinden via de achterdeur. Deze opgekropte energie komt meestal bij één persoon (of plaats of ding) terecht, die voor de arme introverte persoon het belangrijkste ter wereld wordt. Je bent hevig verliefd geworden, en het heeft in werkelijkheid niet zozeer te maken met de andere persoon, als wel met hoelang je je openstelling naar buiten toe hebt uitgesteld.

Deze soort liefde komt in veel films en romans terug. Een klassiek filmvoorbeeld is *The Blue Angel*, over een hoogleraar die verliefd wordt op een revuedanseres. Een klassieker op het gebied van boeken is bijvoorbeeld *Steppenwolf* van Herman Hesse, over een uiterst introverte oudere man die een uitdagende jonge danseres en de gepassioneerde, zinnelijke groep mensen om haar heen leert kennen. In beide gevallen worden de hoofdfiguren hopeloos meegezogen in een wereld van liefde, seks, drugs, jaloezie en geweld – juist alle stimulatie en dergelijke van de zintuigen die hun intuïtieve, introverte zelf ooit heeft verworpen en waar ze totaal niet mee om kunnen gaan. Maar vrouwen ondergaan die ervaring ook, zoals in enkele van de romans van Jane Austen of Charlotte Brontë, waarin beheerste, introverte, stijve vrouwen hals-over-kop verliefd worden.

Hoe introvert je ook bent, je bent een sociaal wezen. Je kunt niet ontsnappen aan je behoefte en spontane verlangen om contact te leggen met anderen, zelfs als je een heel sterke conflicterende aandrang voelt om jezelf te beschermen. Gelukkig kom je vanzelf tot de ontdekking dat niemand perfect is als je jezelf eenmaal een paar keer aan de liefde hebt overgegeven. Het gezegde luidt niet voor niets dat er genoeg vis in de zee zit. De beste bescherming tegen te hevig verliefd worden is om meer met beide benen in de wereld te staan, niet minder. Als je eenmaal een bepaald evenwicht hebt gevonden, zul je misschien zelfs ontdekken dat bepaalde mensen je juist helpen rustig te blijven en je veilig te voelen. Dus aangezien je toch op een gegeven moment kopje-onder zult gaan, kun je net zo goed op dit moment samen met de rest het water in duiken.

Blik eens terug op je eigen geschiedenis op het gebied van verliefdheden en vriendschappen. Volgden deze op een lange periode van afsluiting?

Menselijke en goddelijke liefde

Een andere manier om hevig verliefd te worden is om je spirituele verlangens te projecteren op iemand anders. Ook in dit geval zou je vergissing om je menselijke geliefde voor een goddelijke geliefde aan te zien gecorrigeerd worden als je een poosje met die persoon zou kunnen samenleven. Maar als dat niet mogelijk is, kan die projectie verrassend hardnekkig zijn.

De bron van een dergelijke liefde moet wel iets zijn van behoorlijke omvang, en dat is ook zo, denk ik. Aanhangers van Jung zouden zeggen dat we allemaal een innerlijke partner hebben, wiens taak het is om ons naar onze diepste innerlijke sferen te brengen. Maar we kennen die innerlijke partner misschien niet zo goed, of wat vaker gebeurt is dat we hem of haar per ongeluk projecteren op anderen in ons wanhopige verlangen om degene te vinden die we zo nodig hebben. We willen dat die partner echt is, en hoewel zaken die zich van binnen afspelen uiteraard bijzonder realistisch kunnen zijn, hebben sommige mensen moeite om dat idee te accepteren.

Volgens de leer van Jung is de innerlijke partner voor een man gewoonlijk een vrouwelijke ziel of een dierfiguur, en voor een vrouw meestal een mannelijke spirituele gids of kracht. Dus als we verliefd worden, worden we vaak in werkelijkheid verliefd op die innerlijke kracht, die ons zal brengen naar de plek waar we graag willen zijn, het paradijs. We zien die kracht in mensen van vlees en bloed met wie we een aards, sensueel paradijs hopen te delen (waarvan meestal een tropische cruise of een weekendje skiën deel uitmaakt – reclamemakers helpen ons maar al te graag deze archetypen op de buitenwereld te projecteren). Begrijp me niet verkeerd. Vlees en bloed en sensualiteit zijn geweldig. Maar ze kunnen je innerlijke persoon of innerlijke doel niet vervangen. Maar het is duidelijk welk een verwarring goddelijke liefde teweeg kan brengen als twee sterfelijke mensen van plan zijn elkaar op een menselijke manier lief te hebben.

Misschien is die verwarring gedurende korte tijd, op een bepaald moment in iemands leven, acceptabel. Zoals de romanschrijver Charles Williams schreef: 'Pas als liefde wordt gegeven aan dat wat uiteindelijk niet waar blijkt te zijn, is er ruimte voor hetgeen dat uiteindelijk wel waar blijkt te zijn.'

Overweldigende liefde en geen hechte band

Zoals we al hebben besproken, worden relaties tussen HSP's en anderen enorm beïnvloed door de band die ze in hun jeugd hadden met hun eerste verzorgers. Aangezien slechts zo'n 50 tot 60 procent van de bevolking kan terugkijken op een hechte band met zijn verzorgers in zijn jeugd (wat eigenlijk een schokkend gegeven is), kunnen de HSP's onder jullie die geneigd zijn zeer voorzichtig te zijn met intieme relaties (vermijdend), of er hals-over-kop in duiken (begerig-ambivalent), zichzelf toch als tamelijk normaal beschouwen. Maar je reacties op relaties zijn sterk omdat er op dat gebied nog zo veel onafgedane kwesties liggen.

Vaak doen degenen die geen hechte band hadden, erg hun best om liefde te vermijden om te voorkomen dat ze worden gekwetst. Of misschien lijkt het gewoon tijdverspilling en probeer je er niet bij stil te staan waarom je er anders tegen aankijkt dan de meeste anderen. Maar hoe goed je ook je best doet, op een gegeven moment kun je in een situatie belanden waardoor je je overtuigingen gaat heroverwegen. Er komt iemand in je leven, en het lijkt veilig genoeg om een relatie te riskeren. Of een ander straalt iets vertrouwds uit dat je doet denken aan een andere veilige persoon die te snel weer uit je leven is verdwenen. Of iets van binnen is wanhopig genoeg om een nieuwe gok te wagen. Plotseling hecht je je aan iemand, net als Ellen.

Hoewel Ellen zich nooit zo hecht verbonden had gevoeld met haar man als ze wel zou willen, had ze het idee dat ze toch een tamelijk gelukkig huwelijk had rond de tijd dat ze haar eerste grote beeldhouwwerk afrondde. Maar toen het jarenlange project voltooid en verscheept was, voelde ze zich op een vreemde manier leeg van binnen. Ze deelde dergelijke gevoelens zelden met iemand, maar op een dag raakte ze aan de praat met een oudere, gezette vrouw die haar lange grijze haar in een knot droeg.

Tot dat gesprek had Ellen de vrouw, die in het dorp waar Ellen woonde als een excentriekeling werd beschouwd, nooit opgemerkt. Maar de oudere vrouw was toevallig opgeleid als therapeut en wist bijzonder goed te luisteren. De volgende dag kon Ellen de vrouw niet uit haar hoofd zetten. Ze wilde weer met haar praten. De vrouw was gevleid om zo'n bekende kunstenaar als vriendin te hebben en de relatie kwam tot bloei.

Maar voor Ellen was het meer dan een gewone vriendschap. Het was een ongekend wanhopige behoefte. Tot haar eigen verbazing nam de relatie al snel een seksuele wending, en Ellens huwelijk kwam in gevaar. Vanwege haar man en kinderen besloot ze een eind te maken aan de relatie, maar dat lukte haar niet. Het was absoluut onmogelijk.

Na een jaar van heftige ruzies tussen hen drieën, begon Ellen ondraaglijke karakterfouten in de andere vrouw te ontdekken – vooral een opvliegend karakter. De relatie werd beëindigd, en Ellens huwelijk was gered. Maar pas jaren later in psychotherapie begreep ze wat haar was overkomen.

Tijdens het graven in haar vroege jeugd, begreep Ellen van haar oudere zus dat hun drukke moeder weinig tijd en interesse had gehad voor baby's. Ellen was opgevoed door een reeks oppassen. Ellen kon zich een van hen herinneren, een zeker mevrouw North, die later haar eerste lerares op de zondagsschool was. Mevrouw North was buitengewoon vriendelijk en warm geweest; de kleine Ellen was er vast van overtuigd geweest dat mevrouw North God zelf was. En mevrouw North was een gezette, huiselijke vrouw geweest die haar grijze haar in een knot droeg.

Ellen was onbewust geprogrammeerd opgegroeid. In de eerste plaats was ze geprogrammeerd om zich aan niemand te hechten, aangezien haar oppassen zich zo snel hadden afgewisseld. Maar op een dieper niveau was ze geprogrammeerd om uit te kijken naar iemand als mevrouw North en dan alles op het spel te zetten om die hechte band weer te voelen, zoals ze die als kind elke dag een paar uur had gevoeld in het bijzijn van de echte mevrouw North.

We zijn allemaal in zekere zin geprogrammeerd: om de eerste de beste die ons belooft lief te hebben en ons te beschermen tevreden te stellen en ons aan hem of haar vast te klampen; om de perfecte ouder te vinden en die persoon compleet te verafgoden; om uitzonderlijk voorzichtig te zijn om ons aan iemand te hechten; om ons aan iemand te hechten die lijkt op degene die ons de eerste keer niet wilde hebben (om te kijken of we hen deze keer kunnen veranderen) of die ons niet volwassen wilde laten worden; of gewoon om een andere veilige haven te vinden zoals we die kenden als kind.

Kijk eens terug naar de liefdes in je leven. Kun je ze begrijpen op basis van de binding die je vroeger had met je verzorgers? Heb je daar intense behoeften uit je jeugd in meegebracht? Enkele van die overgebleven behoeften kunnen worden 'gelijmd' met de normale intimiteit van een volwassen relatie. Maar meer kun je niet verwachten van een medevolwassene. Iedereen die echt graag een volwassene met kinderlijke behoeften als partner heeft (bijvoorbeeld de behoefte om de ander nooit uit het zicht te verliezen), draagt zelf ook iets mee uit het verleden dat nog niet is opgelost. Psychotherapie is zo ongeveer de enige manier om inzicht te krijgen in wat je hebt verloren, te rouwen om het overige, en de overweldigende gevoelens te leren beheersen.

Maar hoe zit het met de normale romantische liefde, die tijdelijk het leven zo fantastisch niet-normaal maakt?

De twee ingrediënten voor wederzijdse liefde

Door honderden verhalen over verliefdheid (en vriendschap) uit de mond van mensen van alle leeftijden te bestuderen, hebben mijn man (een sociaal-psycholoog met wie ik veel onderzoek heb gedaan naar intieme relaties) en ik ontdekt dat twee thema's het meest voorkomen. In de eerste plaats vond degene die verliefd werd bepaalde dingen aan de ander uiteraard erg aantrekkelijk. Maar daarnaast trof Cupido's pijl gewoonlijk alleen doel op het moment dat men ontdekte dat de ander hem of haar ook leuk vond.

Deze twee factoren – bepaalde dingen van de ander aantrekkelijk vinden en ontdekken dat die ander jou ook leuk vindt – roept bij mij het beeld op van een wereld waarin mensen elkaar bewonderen, in afwachting van een ander om zijn of haar liefde te verklaren. Het is belangrijk dat HSP's dit beeld voor ogen houden omdat zelf iemand de liefde verklaren of een liefdesverklaring ontvangen een van de opwindendste momenten in je leven is. Maar als we graag een intieme relatie met iemand willen, dan zullen we dat duidelijk moeten maken! We moeten alle risico's om intiem te worden en te zijn ondergaan, waaronder zeggen wat we op ons hart hebben. Cyrano de Bergerac heeft die les geleerd, evenals kapitein John Smith.

Hoe door prikkeling iedereen verliefd kan worden

Een man ontmoet een aantrekkelijke vrouw op een wankele hangbrug die hoog boven een ravijn heen en weer zwaait. Of hij ontmoet dezelfde vrouw op een stevige houten brug dertig centimeter boven een beekje. Op welke plek zal de man meer geneigd zijn om zich aangetrokken te voelen tot de vrouw? Volgens de resultaten van een experiment dat is uitgevoerd door mijn man en een collega (inmiddels een beroemd sociaal-psycholoog), zullen veel meer mensen verliefd worden op de hangbrug. Ander onderzoek heeft uitgewezen dat we sneller geneigd zijn ons aangetrokken te voelen tot iemand anders als we al geprikkeld zijn, zelfs als dat komt door rennen op een loopband of luisteren naar een grappige conference op een bandje.

Er bestaan diverse theorieën over de vraag waarom prikkeling van welke aard dan ook kan leiden tot aantrekking als er een geschikt persoon voorhanden is. Een reden zou kunnen zijn dat we onze prikkeling altijd aan iets proberen toe te schrijven en indien mogelijk zouden we dat maar al te graag toeschrijven aan het voelen van aantrekkingskracht. Of het zou kunnen zijn dat een hoog maar acceptabel prikkelingsniveau in onze gedachten wordt geassocieerd met zelfontplooiing en opwinding, en dat deze op hun beurt weer worden geassocieerd met je tot iemand aangetrokken voelen. Deze ontdekking heeft interessante gevolgen voor HSP's. Als we sneller geprikkeld raken dan anderen zullen we gemiddeld genomen sneller verliefd worden (en misschien ook heviger) als we ons in gezelschap van een aantrekkelijk persoon bevinden.

Kijk nog eens terug naar je eigen liefdes. Onderging je een prikkelende ervaring voor of tijdens je ontmoeting met iemand die je hebt liefgehad? En heb je je ooit sterk aangetrokken gevoeld tot de mensen met wie je een of andere akelige ervaring hebt doorstaan? Of tot dokters, therapeuten, familieleden of vrienden die je hebben geholpen met een crisis of met pijn om te gaan? Denk eens terug aan alle vriendschappen die ontstaan op de middelbare school en de vervolgopleiding, terwijl iedereen zo veel nieuwe, bijzonder prikkelende situaties meemaakt. Nu begrijp je hoe het werkt.

Nog twee redenen waarom HSP's sneller verliefd worden

Een andere reden voor verliefdheid kan zijn dat men onzeker is over zijn of haar gevoel van eigenwaarde. Uit een onderzoek is bijvoorbeeld gebleken dat studentes met weinig gevoel van eigenwaarde (dat hun tijdens het onderzoek was aangepraat) zich meer aangetrokken voelden tot een potentiële mannelijke partner dan degenen van wie het gevoel van eigenwaarde niet was aangetast. Volgens hetzelfde principe raken mensen na een relatiebreuk ook sneller verliefd.

Zoals ik al heb benadrukt hebben HSP's sneller een lage eigendunk omdat ze niet passen binnen het ideaal van hun cultuur. Dus soms achten ze zich al gelukkig als iemand hen überhaupt ziet zitten. Maar liefde op deze basis kan een averechts effect hebben. Later kom je er misschien achter dat je totaal niet op één lijn zit met de persoon op wie je verliefd bent geworden, of dat hij of zij gewoon je type niet is.

Kijk eens terug naar je eigen liefdesrelaties. Heeft het hebben van weinig gevoel van eigenwaarde daarbij een rol gespeeld?

De beste oplossing is natuurlijk om je gevoel van eigenwaarde op te bouwen door je leven in een nieuw kader te plaatsen in de zin van je sensitiviteit, goed naar jezelf te kijken wat nog meer je zelfvertrouwen heeft geschaad, en naar buiten treden op je eigen voorwaarden en jezelf bewijzen dat er niets mis met je is. Je zult versteld staan hoeveel mensen veel van je zullen houden juist *vanwege* je sensitiviteit.

Ook is er sprake van de zeer menselijke neiging om aan een relatie te beginnen of in een relatie te blijven hangen uit pure angst om alleen te zijn, overprikkeld te raken of geconfronteerd te worden met nieuwe of afschrikwekkende situaties. Ik denk dat dit de belangrijkste reden is waarom uit onderzoek blijkt dat een derde van de studenten tijdens het eerste jaar dat ze op eigen benen staan verliefd wordt. We zijn allemaal sociale dieren en voelen ons veiliger in elkaars gezelschap. Maar je wilt toch niet met een willekeurige partner genoegen nemen uit angst om alleen te zijn? De ander zal dat uiteindelijk merken en zich gekwetst voelen of misbruik van je maken. Jullie verdienen allebei beter dan dat.

Kijk eens terug naar je liefdesrelaties. Ben jij verliefd geworden uit angst om alleen te blijven? Ik ben van mening dat HSP's het gevoel zouden moeten hebben dat ze minstens een tijd kunnen doorbrengen zonder een intieme liefdesrelatie. Anders zijn we niet vrij om te wachten op de persoon die ons echt aanspreekt.

Als je nog niet op eigen benen kan staan, is dat niets om je voor te schamen. Het ligt voor de hand dat iets je vertrouwen in de wereld heeft geschaad, of dat iemand je ervan heeft weerhouden om dat vertrouwen te ontwikkelen. Maar als het enigszins kan, probeer dan zelfstandig te wonen. Lijkt dat je te moeilijk, zoek dan de hulp van een therapeut om je hierbij te steunen en de stappen daartoe te zetten – iemand die je niet zal misbruiken of verlaten en die geen belang heeft bij de uitkomst, behalve te zien dat jij jezelf kunt redden.

Je hoeft ook niet *helemaal* alleen te zijn. Je kunt op een heleboel steunpilaren terugvallen, zoals goede vrienden, fijne familieleden, je kamergenoot die toevallig thuis is en zin heeft om mee te gaan naar de film, trouwe honden en aanhalige katten.

Het verdiepen van een vriendschap

Juist HSP's zouden de voordelen van een goede vriendschap niet moeten onderschatten. Ze hoeven niet zo heftig, ingewikkeld of uitzonderlijk te zijn als liefdesrelaties. Sommige conflicten kunnen gewoon met rust worden gelaten tot de lucht weer opgeklaard is. Minder goede eigenschappen kunnen wat langer genegeerd worden, misschien wel gedurende de hele duur van de relatie. En in een vriendschap kun je nagaan wat de grenzen van de ander zijn zonder dat er zulke blijvende schade wordt aangericht als je wordt afgewezen of besluit de ander af te wijzen. Een enkele keer ontstaat er uit iets wat begon als een vriendschap zelfs een liefdesrelatie.

Om een vriendschap (of familierelatie) meer diepgang te geven kun je iets gebruiken van wat je weet over de gezonde redenen waarom mensen verliefd worden. Zeg tegen de ander dat je hem of haar graag mag. En aarzel niet om een emotionele ervaring met elkaar te delen – samen een moeilijk situatie overwinnen, aan een project werken, een team vormen. Het is lastig om elkaar na te staan als je alleen maar af en toe samen gaat lunchen. Tijdens het proces van jullie gedeelde ervaring zullen jullie ook openhartiger worden tegenover elkaar. Als dit wederzijds is en het jullie beiden aanspreekt, is dat de snelste manier om intiem te worden.

Het vinden van de juiste partner

In werkelijkheid is het vaak de niet-HSP die ons vindt. Op een bepaald moment waren de meesten van mijn vrienden extraverte, niet bijster sensitieve (maar zeker aardige en meelevende) mensen die er een beetje trots op leken te zijn dat ze mij, de teruggetrokken schrijfster, hadden ontdekt. Dit waren voor mij fijne vriendschappen, die me perspectieven en kansen boden die ik op eigen houtje nooit zou zijn tegengekomen. Maar om allerlei redenen is het altijd goed voor HSP's om ook met andere HSP's relaties op te bouwen.

Een uitstekende tactiek om andere HSP's te vinden is om aan je extraverte vrienden te vragen of ze jou willen voorstellen aan hun andere kennissen die zijn zoals jij. Of je kunt een HSP vinden door als een HSP te denken. Geen cafébezoek, sportzalen en recepties. Op het gevaar af stereotypen in stand te houden, zou je HSP's wel eens vaker kunnen tegenkomen bij – gewoon bij wijze van voorbeeld – cursussen voor volwassenen, bepaalde kerkgenootschappen, religieuze studiegroepen die zich bezighouden met de diepere of meer esoterische aspecten van hun religies, schildercursussen, lezingen over de psychologie van Jung, voordrachten, bijeenkomsten voor mensen met een hoog IQ, voorstellingen op het gebied van klassieke muziek, opera en ballet, de lezingen voorafgaand aan dergelijke voorstellingen, en allerlei spirituele oorden. Met die lijst zou je alvast uit de voeten moeten kunnen.

Als je eenmaal een andere HSP hebt gevonden, kun je gemakkelijk een praatje aanknopen door een opmerking te maken over de herrie of andere prikkels op de plek waar jullie zijn. Vervolgens kun je samen opstappen, een stukje lopen, de rust opzoeken en de start is gemaakt.

HSP's en het dansfeest

Ik heb al gezegd en zeg nogmaals dat HSP's behoefte hebben aan intieme relaties en daar ook erg bedreven in kunnen zijn. Toch moeten we oppassen voor de kant van ons die graag introvert wil zijn om onszelf te beschermen. Vaak voeren we de volgende soort dans uit.

Eerst willen we intiem zijn, dus zenden we alle signalen uit die intimiteit uitnodigen. Vervolgens reageert iemand daarop. Ze willen meer van ons zien, ons leren kennen, ons misschien aanraken. Wij trekken ons terug. De ander bewaart een poosje zijn geduld en trekt zich dan ook terug. We voelen ons eenzaam en zenden de signalen weer uit. Die persoon of een ander probeert het opnieuw. We zijn – korte tijd – heel blij. Tot we ons overweldigd voelen.

Stap vooruit, stap terug, stap vooruit, stap terug, tot je allebei moe bent van de dans.

Het vinden van de juiste balans tussen afstand en intimiteit kan onmogelijk lijken. Als je het anderen naar de zin probeert te maken, zul je je eigen behoeften uit het oog verliezen. Als je het alleen jezelf naar de zin probeert te maken, zul je er vaak niet in slagen om veel liefde te geven en zul je niet in staat zijn de compromissen te sluiten die in een relatie vereist zijn.

Een relatie hebben met iemand zoals jezelf kan een oplossing zijn; maar je kunt ook het contact met elkaar zodanig verliezen dat jullie ieder aan een kant van de zaal dansen. Aan de andere kant kan een relatie met iemand die meer betrokken en gestimuleerd wil worden de dans tot een moeilijke toestand maken. Ik heb geen pasklaar antwoord. Maar ik weet wel dat HSP's op het dansfeest moeten blijven en het noch moeten opgeven noch moeten wensen dat het voorbij was. In het gunstigste geval is het een stroom die ieders behoeften in evenwicht houdt en onderkent dat gevoelens kunnen variëren. In de loop der tijd word je gewoon wat beleefder en trap je op minder tenen. Laten we dan nu eens gaan kijken naar je intieme relaties.

Intieme relaties tussen twee HSP's

Een intieme relatie hebben met een andere HSP zou grote voordelen moeten bieden. Jullie voelen je eindelijk allebei zo begrepen. Er zouden minder conflicten moeten zijn over hoeveel te veel is, over op jezelf willen zijn. Jullie delen waarschijnlijk dezelfde hobby's en interesses.

De nadelen zouden kunnen zijn dat je meer moeite kunt hebben om dezelfde dingen te doen, of het nu gaat om het vragen van de weg aan een onbekende of een dag winkelen. Dus dit soort dingen schiet er algauw bij in. Ook is het zo dat als jullie beiden de neiging hebben om anderen op afstand te houden, er niemand is om jullie te dwingen intiemer te zijn en je onzekerheid onder ogen te zien. Een afstandelijke relatie is in jullie ogen misschien prima, maar brengt ook een dorheid met zich mee die niet aan de orde zou zijn in een relatie met iemand die op meer intimiteit zou aansturen. Maar dit ligt helemaal bij jullie samen. Wat de populaire psychologie ook beweert, als jullie samen gelukkig zijn is er geen menselijke wet of natuurwet die voorschrijft dat je intiem moet zijn en alles moet delen om tevreden te kunnen zijn.

Tot slot heb ik de indruk dat als twee mensen met gelijksoortige karakters een relatie hebben, over het algemeen hun begrip voor elkaar groot is en er weinig conflicten zijn. Dat kan heel saai zijn. Maar het kan ook een veilige, rustige haven creëren van waaruit jullie allebei op ontdekking kunnen gaan, hetzij in de buitenwereld hetzij meer op jezelf gericht. Als je dan weer samenkomt, kunnen jullie de opwinding van elkaars ervaringen indirect delen.

Als de ander niet zo hoog sensitief is als jij

Elk verschil tussen mensen die veel tijd met elkaar doorbrengen, heeft de neiging groter te worden. Als je iets beter bent in kaartlezen of de financiële administratie, zul je het voortdurend doen voor jullie samen en de deskundige op dat gebied worden. Het probleem is dat degene die het 'niet kan' zich stom en hulpeloos voelt als hij ineens moet kaartlezen of als de bank informeert hoe het met je inkomsten staat. (Hoewel het ook voorkomt dat iemand tot zijn verrassing ontdekt dat hij of zij dankzij de kunst afkijken bij de ander, veel meer weet dan beiden hadden gedacht.)

Iedereen moet voor zichzelf bepalen op welke gebieden het acceptabel is om onwetend te zijn maar te kunnen terugvallen op een deskundige, en op welke gebieden het beslist niet goed is om totaal onwetend te zijn. Dit heeft ook te maken met zelfrespect, en ik denk dat bij heteroseksuele stellen ook geslachtsstereotypen een rol spelen. Misschien voel je je niet op je gemak om dingen te doen die iemand van jouw sekse normaal gesproken niet doet. Of misschien voel je je er ongemakkelijk bij, zoals mijn man en ik, om die stereotypen in stand te houden. (Ik wil graag weten hoe je een band moet verwisselen en hij wil graag weten hoe je een luier verschoont.)

Deze specialisatie levert de meeste problemen op en is het gemakkelijkst te negeren op psychologisch gebied. Een van beiden voelt de emoties voor allebei; de ander laat het niet tot zich doordringen. Of een van beiden voelt alleen de prettige gevoelens en ontwikkelt geen veerkracht door met pijn en angst en dergelijke om te gaan. De ander krijgt vervolgens alle angsten en depressies over zich heen.

Met betrekking tot jouw eigenschap, zal degene van jullie beiden die ook maar iets minder sensitief is een expert worden op het gebied van alles doen dat de sensitiefste van jullie zou kunnen overprikkelen. (Of als jullie beiden sensitief zijn, zouden jullie je allebei op verschillende gebieden kunnen specialiseren.) Dit biedt voordelen aan beide partijen. Er is meer rust en de een voelt zich behulpzaam en de ander voelt zich geholpen. Sterker nog, de minder sensitieve persoon kan zich onmisbaar gaan voelen en het allemaal wat te geruststellend gaan vinden.

In de tussentijd let de sensitievere van de twee voor beiden op subtiele signalen. Sommige hiervan kunnen minder essentieel lijken – het hebben van nieuwe creatieve ideeën, weten waarom je op aarde bent, de communicatie verdiepen, schoonheid waarderen. Maar als er sprake is van een hechte band tussen deze twee, komt dat waarschijnlijk doordat de minder sensitieve persoon werkelijk datgene wat jij, de sensitievere van de twee bijdraagt, nodig heeft en waardeert. Zonder dat zou de hele efficiënte taakverdeling voor niets zijn, en waarschijnlijk ook nog veel minder effectief. Soms heeft de sensitievere persoon dit allemaal in de gaten en voelt deze zich onmisbaar en te superieur.

In een jarenlange relatie kunnen beide partners zeer tevreden zijn over hun specifieke taakverdeling. Maar vooral in de tweede helft van je leven kan er toch ontevredenheid in de relatie sluipen. Het verlangen naar heelheid, om die helft van het leven te ervaren waarin je je niet hebt gespecialiseerd, kan sterker worden dan het verlangen om efficiënt te zijn of mislukkingen te voorkomen. Als dit bovendien tot een extreme specialisatie is verworden, zoals dat in een langdurig huwelijk kan gebeuren, kan elk van beiden zich zo afhankelijk voelen van de ander dat ze het gevoel hebben geen keuze meer te hebben om al dan niet de relatie te hebben. In het geval van sensitiviteit kan een van jullie beiden zich niet in staat voelen om in de buitenwereld te overleven; de ander kan zich niet in staat voelen om zijn innerlijke zelf te leren kennen. Op dat punt beland bestaat de lijm niet meer uit liefde maar uit een gebrek aan alternatieven.

De oplossing ligt voor de hand maar is niet gemakkelijk. Beiden moeten inzien dat de situatie moet veranderen, ook al betekent dat dat een tijd lang de zaken niet zo efficiënt zullen gebeuren als daarvoor. De sensitievere persoon moet nieuwe dingen proberen, meer de leiding nemen en soms ergens alleen op afstappen. De minder sensitieve persoon moet het leven ondergaan zonder de 'spirituele' input van de ander en contact maken met het subtiele zoals dat in zijn of haar eigen bewustzijn komt bovendrijven.

Ieder kan fungeren als een coach voor de ander als beiden de neiging kunnen bedwingen om het van de ander over te nemen. Anders levert het het meest op om van de zijlijn toe te kijken. Of de rol te spelen van iemand die de ander een poosje compleet vergeet, zodat de rasamateur kan worstelen zonder bekeken te worden en zich niet hoeft te schamen voor zijn of haar zwakke pogingen. De amateur weet wanneer hij zich tot de deskundige moet wenden voor liefdevolle steun als hij daar behoefte aan heeft. Dat blijft een fantastisch cadeau. En misschien is het in deze situatie het grootste cadeau dat je de ander kunt geven.

Verschillen in optimaal prikkelingsniveau

We hebben zojuist een situatie bekeken waarin jij en je minder sensitieve partner of vriend de zaken bijna te gemakkelijk voor jou, de 'sensitieve', maken. Maar er zullen zich ook veel momenten voordoen waarop de ander geen raad weet met het feit dat jij overgestimuleerd bent. Momenten waarop jullie tenslotte samen precies hetzelfde hebben gedaan, en waarna hij of zij zich prima voelt. Wat is er met jou aan de hand?

Hoe reageer je op een goedbedoeld verzoek om het 'gewoon te proberen' en geen 'spelbreker' te zijn? Dit is een dilemma uit mijn eigen verleden – eerst als kind binnen het gezin, en later met mijn man. Als ik zei dat ik niet mee wilde doen, gingen ofwel de anderen daarom ook niet en voelde ik me schuldig, of ze gingen zonder me en had ik het gevoel dat ik wat miste. Wat een keuze! Omdat ik mijn eigenschap niet begreep, loste ik het gewoonlijk op door gewoon mee te doen aan wat er was bedacht. Soms ging dat goed, soms was het afschuwelijk, en soms werd ik uiteindelijk ziek. Geen wonder dat veel HSP's het contact met hun 'oorspronkelijke zelf' verliezen.

Tijdens een jaar dat we in Europa doorbrachten toen onze zoon nog een baby was, reisden we gedurende een paar weken in de zomer met vrienden rond. Op onze eerste vakantiedag reden we van Parijs naar de Middellandse Zee, en toen oostwaarts langs de Riviera naar Italië. We hadden niet voorzien dat we in een stroom van Europese vakantiegangers terecht zouden komen en bumper aan bumper, luid toeterend, met knetterende brommertjes langszij ons een weg moesten slingeren door het ene na het andere kustplaatsje. In de tussentijd probeerden we met zijn vijven te beslissen in welke plaats en in welk hotel we onze Riviera-fantasie werkelijkheid zouden laten worden ondanks het feit dat we niet hadden gereserveerd en weinig te besteden hadden. Mijn zoontje, dat zich urenlang vermaakt had door mij als trampoline te gebruiken werd uiteindelijk doodmoe en begon te huilen, te dreinen en vervolgens te gillen. Tegen zonsondergang was de lol er goed af.

Toen we eenmaal in onze hotelkamer waren beland, wilde ik alleen nog maar rust en mijn zoontje op bed leggen. Destijds had ik geen flauw benul dat dit allemaal te maken had met een bijzondere eigenschap; ik wist alleen maar waar wij allebei behoefte aan hadden. En wel meteen.

Mijn man en onze vrienden waren er echter helemaal klaar voor om de casino's van Monte Carlo onveilig te maken. Zoals veel HSP's hou ik niet van gokken. Toch klonk het aanlokkelijk. Maar ik zou het met geen mogelijkheid volhouden. Maar als er een oppas geregeld kon worden – ik vond het gewoon niet leuk om alleen achter te blijven.

En toch heb ik dat uiteindelijk gedaan. Mijn zoon sliep als een roos; ik lag wakker en voelde me verdrietig, alleen en jaloers op de anderen en gespannen omdat ik in mijn eentje op een onbekende plek was. Natuurlijk pepten de anderen, toen ze in een opperbeste stemming weer terugkwamen, me op met grappige verhalen over voorvallen waar 'ik bij had moeten zijn'. Ik was niet meegegaan en had ook niet geslapen, en kon vervolgens niet in slaap komen omdat het me dwarszat dat ik niet had geslapen!

Wat zou ik graag willen dat ik toen had geweten wat ik nu weet. Overprikkeling slaat gemakkelijk om in zorgen en spijtgevoelens – wat ook maar voorhanden is – en naar bed gaan betekent niet dat je zult slapen; daarvoor ben je misschien veel te opgefokt. Maar toch kun je het best in je bed gaan liggen. En meestal krijg je nog wel een andere kans, zelfs om Monte Carlo te zien. Maar het kan vooral heerlijk voelen om thuis te blijven als je eenmaal accepteert dat je thuis soms het best op je plek bent.

In dergelijke situaties staat je vriend of partner voor een groot dilemma. Hij of zij wil graag dat je meegaat, en omdat dat soms in het verleden wel goed is gegaan, is het verleidelijk om een beetje aan te dringen. En behalve dat hij of zij je mist als je niet meegaat, kan de ander zich zeer schuldig voelen dat hij of zij jou alleen achterlaat.

Ik ben van mening dat de HSP in deze situaties moet bepalen wat er gebeurt, zodat deze het iemand anders naderhand niet kwalijk kan nemen. Jij bent tenslotte degene die het best weet hoe je je voelt en waarvan je kunt genieten. Als je ergens over twijfelt uit angst voor overstimulatie – niet vanwege je huidige vermoeidheid – moet je dat afwegen tegen het plezier dat je zou kunnen hebben. (En een beetje gewicht toekennen aan wél gaan als je kampt met een extra angst voor het onbekende die nog stamt uit je kindertijd.) Je moet dat voor jezelf bepalen en ernaar handelen. Als je keuze achteraf een verkeerde blijkt te zijn, ben je daar zelf verantwoordelijk voor. Je hebt het in ieder geval geprobeerd. Als je weet dat je overgestimuleerd bent en graag thuis wilt blijven, breng dat dan tactvol en leg geen nadruk op het feit dat je het jammer vindt. Spoor anderen aan om plezier te maken zonder jou.

Dagelijks tijd voor jezelf

Een ander veelvoorkomend probleem in een intieme relatie met een minder sensitieve partner of vriend is jouw grotere behoefte aan afzondering, gewoon om de dag te overdenken en te verwerken. De ander kan zich afgewezen voelen of gewoon nog steeds van je gezelschap willen genieten. Maak duidelijk waarom je behoefte hebt aan de onderbreking. Zeg wanneer je weer beschikbaar bent en houd je aan die belofte. Of misschien kunnen jullie wel samen blijven, maar in stilte rusten.

Als je stuit op weerstand tegen je behoefte aan afzondering (of tegen een van je andere bijzondere behoeften), zul je deze kwestie uitgebreider moeten bespreken. Je hebt recht op jouw afwijkende ervaring en behoeften. Maar besef dat dat niet de ervaring en behoeften van je partner of vriend zijn en ook niet overeenkomen met die van de meeste mensen die hij of zij kent. Dus probeer te luisteren en te begrijpen wat de ander voelt. Misschien wil hij of zij ontkennen dat er tussen jullie zo'n groot verschil kan bestaan. Of misschien is er angst dat er iets met je aan de hand is, een gebrek of een ziekte. De ander heeft misschien het gevoel dat hij of zij wat mist omdat echte of gefantaseerde avonturen vanwege jouw eigenschap onmogelijk worden. Er kan sprake zijn van kwaadheid of een gevoel dat jij je aanstelt.

Het helpt om de ander bescheiden en tactvol te herinneren aan alle goede dingen die hij of zij door jouw eigenschap ontvangt. En je moet ervoor oppassen om je sensitiviteit niet te gebruiken als een excuus om altijd je zin te krijgen. Je *kunt* hoge stimuleringsniveaus verdragen, *vooral* als je in het gezelschap bent van iemand die jou ontspant en je een veilig gevoel geeft. Soms wordt een welgemeende poging om mee te gaan met je vriend of partner wel gewaardeerd. Het kan ook goed uitpakken. Zo niet, dan heb je je grenzen laten zien – bij voorkeur zonder 'zie je wel' te zeggen. Het zal duidelijk worden dat je meestal gelukkiger, gezonder en minder boos bent als je allebei het optimale prikkelingsniveau van de ander erkent en respecteert. Jullie zullen beiden de ander aanmoedigen om te doen wat nodig is – erop uit gaan en plezier te maken, of thuis te blijven en uit te rusten – om binnen die aangename marge te blijven.

Andere kwesties kunnen natuurlijk ook aan de oppervlakte komen als je opening van zaken geeft over je behoeften. Als de relatie al wankel is, kan het aankondigen van jouw eigenschap als iets waar je vriend of partner maar mee moet leren leven, tot flink wat opschudding leiden. Maar als die breuk al tijden ophanden was, hoef je het je eigenschap of jouw verdediging daarvan niet kwalijk te nemen, hoezeer het ook een strijdpunt wordt.

De angst voor eerlijke communicatie

Over het geheel genomen kan sensitiviteit een diepgaande communicatie enorm verbeteren. Je pikt zoveel meer op van de subtiele signalen, nuances, tegenstrijdigheden, ambivalenties en onbewuste processen. Je begrijpt dat dit soort communicatie geduld vergt. Je bent loyaal, consciëntieus en waardeert de waarde van de relatie voldoende om die de tijd te willen geven.

Het grote probleem is echter zoals altijd overprikkeling. In die geestestoestand kunnen we uitzonderlijk ongevoelig zijn voor alles om ons heen, waaronder degenen van wie we houden. We kunnen de schuld op onze eigenschap schuiven – 'ik was gewoon te moe, te overbelast'. Maar het is toch onze plicht om te doen wat we kunnen om op een constructieve manier te communiceren of het de ander, zo mogelijk van tevoren, te laten weten wanneer we niet in staat zijn het vol te houden.

HSP's maken waarschijnlijk hun grootste communicatiefouten door de overprikkeling als gevolg van wrijvingen te vermijden. Ik denk dat de meeste mensen, maar HSP's in het bijzonder, bang zijn voor kwaadheid, confrontaties, tranen, spanning, 'scènes', veranderingen (wat altijd inhoudt dat je iets verliest), bang zijn om gevraagd te worden te veranderen, om veroordeeld of in verlegenheid gebracht te worden door onze fouten, of een ander te veroordelen of in verlegenheid te brengen.

Je weet waarschijnlijk rationeel wel – uit boeken, door ervaring en wellicht uit relatietherapie – dat al het bovenstaande erbij hoort om een relatie fris en bloeiend te houden. Maar om de een of andere reden helpt die wetenschap niet als het tijd is om je erin te storten en je gevoelens eruit te gooien.

Bovendien loopt je intuïtie op de zaken vooruit. In een bijzonder echte, prikkelende, halfbewuste denkbeeldige wereld ondervind je al de diverse manieren waarop de conversatie zich zou kunnen ontwikkelen, en de meeste daarvan benauwen je.

Je kunt op twee manieren met je angst omgaan. In de eerste plaats kun je je bewust worden van wat je je inbeeldt en je ook andere mogelijkheden inbeelden – bijvoorbeeld hoe het zal zijn als het conflict uit de wereld is of hoe het zal zijn als je het probleem *niet* aanpakt. In de tweede plaats kun je met je vriend of partner bespreken wat je in gedachten hebt dat je ervan weerhoudt om openhartiger te zijn. Iets dergelijks zeggen is onvermijdelijk manipulatief: 'Ik zou wel daarover met je willen praten, maar dat kan ik niet als je reageert door dat te zeggen.' Maar het kan ook leiden tot diepgaander zaken over hoe jullie communiceren.

De behoefte aan time-outs tijdens conflicten

Een stel bij wie een van beiden of allebei HSP zijn moet een paar extra basisregels vaststellen voor hun meest prikkelende gesprekken, gewoonlijk hun ruzies. Ik ga ervan uit dat jullie je al onthouden van schelden, het verwarren van het huidige conflict met zaken uit het verleden en het misbruik maken van vertrouwelijkheden die zijn uitgewisseld op momenten dat jullie je beiden veilig en vertrouwd voelen. Maar jullie zouden het ook eens kunnen worden over andere regels om met overprikkeling om te gaan. Een daarvan is het nemen van een time-out.

Over het algemeen zou je niet midden in een ruzie weg moeten lopen (of de kwestie aanboren om er maar 'helemaal een punt achter te zetten'). Maar als iemand een sterke aandrang heeft om weg te lopen, voelt die persoon zich wanhopig en in een hoek gedrukt – woorden hebben dan geen effect meer. Soms wordt dit veroorzaakt door een schuldgevoel omdat je een bijzonder onaangename kant van jezelf hebt gezien. Op dat moment moet de ander even gas terugnemen en een beetje medeleven tonen, in plaats van erop door te blijven hameren en de partner nog meer in verlegenheid te brengen. Soms heeft degene die klem zit nog steeds het gevoel dat hij of zij gelijk heeft, maar ontbreekt het hem of haar gewoon aan argumenten. De woorden komen te snel en zijn te scherp, waardoor hij of zij geen zinnig weerwoord weet te geven. Er komt een enorme woede opzetten en weglopen is de enige veilige manier om daar uiting aan te geven.

Hoe dan ook, als HSP kun je merken dat je soms zo overprikkeld raakt van ruziemaken dat jullie ruzie al snel een van de naarste momenten van je leven wordt. Maar aangezien jullie relatie gedoemd is bitter en afstandelijk te worden zonder een portie gelegitimeerde kritiek zo nu en dan, wil je toch graag dat beiden achteraf de onenigheden als de moeite waard beschouwen, ook al was het op dat moment pijnlijk. Het is zaak om beschaafd te blijven. Dus neem een time-out. Bied een vluchtweg aan, ook al is het maar vijf minuten, een uur of een nachtje om erover te slapen. Niemand ontvlucht de ruzie, er is alleen sprake van uitstel.

Wachten om een ruzie te beëindigen kan voor allebei moeilijk zijn, dus jullie moeten het samen eens zijn om even pauze te nemen. Bespreek het van tevoren als een zeer bruikbare basisregel, niet als een uitvlucht. Misschien vinden jullie het zelfs zo nuttig dat je meteen afspreekt om dat voortaan toe te passen. De zaken zien er altijd anders uit na een time-out.

De kracht van positieve metacommunicatie en reflectief luisteren

Metacommunicatie betekent praten over hoe je praat of gewoon hoe je je in het algemeen voelt, los van het moment. Negatieve metacommunicatie klinkt als volgt: 'Ik hoop dat je je realiseert dat ik hoewel ik dit met je bespreek toch gewoon doe waar ik zin in heb.'

Of: 'Is het je weleens opgevallen dat jij iedere keer als we ruzie hebben onredelijk wordt?' Dergelijke uitspraken laten de ruzie escaleren. Zorg dat je je daarvan onthoudt, ook al zijn het nog zulke doeltreffende wapens.

Positieve metacommunicatie doet echter het tegenovergestelde, door een veilig plafond in te bouwen met betrekking tot de hoeveelheid schade die wordt aangericht. Dat klinkt bijvoorbeeld als: 'Ik weet dat we nu een stevige ruzie aan het uitvechten zijn, maar ik wil dat je weet dat ik wel graag tot een oplossing wil komen. Ik geef om je en ik waardeer het dat je je hier samen met mij doorheen wilt worstelen.'

Positieve metacommunicatie is op alle momenten van spanning tussen mensen belangrijk. Het verlaagt de opwinding en spanning door de betrokkenen eraan te herinneren dat ze om elkaar geven of zouden kunnen geven en dat alles waarschijnlijk wel weer op zijn pootjes terechtkomt. Stellen waarvan een van beiden of beiden HSP zijn, zouden er vooral voor moeten zorgen om metacommunicatie in hun intieme relaties toe te passen.

Ik zou je ook willen voorstellen om 'reflectief te luisteren'. Dit waardevolle instrument bestaat al sinds de jaren zestig en waarschijnlijk ken je het heel goed. Ik heb het als geheugensteuntje opgenomen omdat het zonder overdrijven mijn huwelijk tot twee keer toe heeft gered. Dus hoe zou ik het hier kunnen weglaten? Dit is tenslotte de reanimatietechniek voor liefde en vriendschap.

Reflectief luisteren komt neer op het luisteren naar de ander, vooral naar zijn of haar gevoelens. Om er zeker van te zijn dat je goed hebt geluisterd, verwoord je op jouw beurt de *gevoelens*. Dat is alles. Maar het is moeilijker dan het lijkt. In de eerste plaats zul je zeggen dat het gekunsteld klinkt, of 'als een therapeut'. Dat klopt als je alleen maar reflectief luistert en niet meer op andere manieren reageert. Maar je reactie kan ook te maken hebben met je onwennigheid met betrekking tot gevoelens, wat je in ieder geval deels door je cultuur is ingegeven. Neem maar van mij aan dat het veel minder kunstmatig klinkt voor degene die de aandacht ontvangt. En zoals goede basketballers soms niets anders moeten doen dan dribbelen en op de basket schieten, moet jij af en toe oefenen in niets anders dan luisteren, zodat je de slag te pakken hebt op het moment dat je het nodig hebt. Dus probeer ten minste één keer niets anders te doen dan reflectief te luisteren, bij voorkeur bij iemand met wie je een goede relatie hebt.

Nog steeds onzeker? Een andere reden om je gevoelens de ruimte te geven is dat ze in de buitenwereld zelden worden opgemerkt. We willen dat ze worden erkend, in ieder geval in onze intieme relaties. En gevoelens zitten dieper dan ideeën en feiten, in de zin dat ze vaak de ideeën en feiten kleuren, beheersen en verwarren. Als de gevoelens eenmaal duidelijk zijn, zijn de ideeën en feiten ook duidelijker.

Als je reflectief luistert tijdens een conflict in je relatie, zul je gedwongen zijn te horen wanneer je oneerlijk bent, wanneer het tijd is om bepaalde behoeften achter je te laten en bepaalde gewoonten op te geven, en te horen welke negatieve invloed je hebt zonder dat je jezelf verdedigt en je afsluit voor het slechte nieuws en zonder overprikkeld te raken en in te storten zodat de ander zich over je moet ontfermen. Dit brengt ons op een diepzinnig onderwerp.

Intieme relaties als een weg naar individualiteit

In hoofdstuk 6 heb ik beschreven wat jungiaanse psychologen het individuatieproces noemen, het proces van het volgen van je levenspad en te leren luisteren naar je innerlijke stemmen. Een ander aspect van dat proces is specifiek te luisteren naar die stemmen of delen van onszelf die we hebben geschuwd, veracht, genegeerd of ontkend. Deze 'schaduw'-kanten, zoals aanhangers van Jung (jungianen) het noemen, zijn altijd nodig om een sterk, heel persoon te worden, ook al doen we de helft van ons leven alsof we dood zullen gaan als we het bestaan ervan onderkennen.

Iemand kan er bijvoorbeeld zo van overtuigd zijn dat hij altijd sterk is, dat hij geen enkele zwakte ooit kan toegeven. De geschiedenis en de fictieve werkelijkheid staan altijd bol van de lessen over deze gevaarlijke blinde vlek, die de persoon uiteindelijk ten val brengt. We hebben ook allemaal het tegenovergestelde zien gebeuren – mensen die ervan overtuigd zijn dat ze altijd zwakke, onschuldige slachtoffers zijn die hun persoonlijke kracht verspelen maar daarmee het risico lopen dat ze zichzelf als goed beschouwen en anderen als slecht. Sommige mensen ontkennen het deel van zichzelf dat liefheeft; anderen het deel dat haatdragend is. Enzovoort.

REFLECTIEF LUISTEREN

Als je dit doet bij wijze van oefening stel dan een tijdslimiet (van minimaal tien minuten en maximaal vijfenveertig minuten). Draai vervolgens de rollen om waarbij de ander dezelfde tijdslimiet krijgt, maar doe dat er niet direct achteraan. Wacht een uur of zelfs een dag. Als het onderwerp een conflict of ruzie tussen jullie was, wacht dan ook voordat jullie gaan bespreken wat er werd gezegd. Je kunt eventueel wat aantekeningen maken van wat je wilt zeggen. Maar in dit geval kun je nog het best je reacties uiten als het jouw beurt is om reflectief te luisteren.

WAT JE WÉL MOET DOEN:

1. Gedraag je fysiek als iemand die werkelijk luistert. Zit rechtop, zonder je armen of benen over elkaar te slaan. Leun eventueel iets naar voren. Kijk de ander aan. Kijk niet op je horloge of op de klok.
2. Weerspiegel door middel van woorden of je intonatie de ware gevoelens die werden geuit. De feitelijke inhoud is ondergeschikt en komt wel naar voren terwijl jullie praten – heb geduld. Als je vermoedt dat er andere gevoelens leven, wacht dan tot ze in woorden geuit worden of overduidelijk uit de intonatie blijken.

Om met een wat raar voorbeeld te beginnen om het idee van het benadrukken van de weerspiegeling van gevoelens te demonstreren: je partner zegt misschien iets als:

'Ik vind die jas van jou niet leuk.' In deze oefening, gericht op het benadrukken van het gevoel, zou jij dan zeggen: 'Je hebt *echt een hekel* aan deze jas.' Je zegt niet: 'Je hebt echt een hekel aan *deze* jas', wat de nadruk legt op de jas alsof je vraagt wat daaraan mankeert. En je zegt ook niet: 'Je hebt er echt een hekel aan als *ik* deze jas draag', wat jou centraal stelt (gewoonlijk op een defensieve manier).

Maar rare voorbeelden kunnen tot veel meer leiden. Je partner reageert op jouw reflectie van deze gevoelens door te zeggen: 'Ja, die jas doet me altijd denken aan afgelopen winter.' Nu is er – nog – geen sprake van veel gevoelens. Dus je wacht af.

Je partner zegt: 'Ik haatte het om in dat huis te wonen.' Je benadrukt de gevoelens opnieuw: 'Jij had het daar helemaal niet naar je zin.' Niet: 'Hoezo?' Niet: 'Ik heb geprobeerd te regelen om zo snel mogelijk te kunnen verhuizen.' En voor je het weet kan het zijn dat je dingen hoort over afgelopen winter die je nooit eerder hebt geweten. 'Ja, ik realiseer me nu dat ik me nog nooit zo alleen heb gevoeld, ook al was jij in dezelfde kamer.' Dingen waarover gepraat moet worden. Daartoe kan reflectie van de gevoelens van de ander leiden, in plaats van dat je je op feiten concentreert of op je eigen gevoelens.

WAT JE NIET MOET DOEN:

1. Stel geen vragen.
2. Geef geen advies.
3. Begin niet over je eigen gelijksoortige ervaringen.
4. Ga niet analyseren of interpreteren.
5. Doe geen andere dingen die de aandacht afleiden of niet de gevoelservaring van de ander reflecteren.
6. Verzand niet in een lange stilteperiode waarbij je de ander een monoloog laat voeren. Jouw zwijgen is de

> 'luisterende' helft van reflectief luisteren. In geval van een juiste timing geeft jouw zwijgen de ander de ruimte om dieper te gaan. Maar blijf ook reflecteren wat er wordt gezegd. Gebruik je intuïtie bij de timing van deze twee elementen.
> 7. En wat de ander ook te berde brengt, ga niet in de verdediging en onthoud je van jouw kijk op de zaak. Als je denkt dat het noodzakelijk is, kun je achteraf benadrukken dat het feit dat je luisterde niet betekende dat je het ermee eens was. Hoewel de aannames die schuilgaan achter gevoelens verkeerd kunnen zijn (en soms doen we iets verkeerd vanwege onze gevoelens), zijn gevoelens op zich niet goed of fout en leiden ze gewoonlijk tot minder problemen in plaats van meer als er met respect naar wordt geluisterd.

De beste manier om met schaduwaspecten om te gaan is om ze te leren kennen en er een verbond mee te sluiten. Tot nu toe ben ik erg optimistisch geweest over HSP's, waar ik het had over onze plichtsgetrouwheid, loyaliteit, intuïtie en inzichten. Maar ik zou je geen dienst bewijzen als ik niet ook zou zeggen dat HSP's evenveel of misschien wel meer reden hebben om bepaalde aspecten van zichzelf te verwerpen en te ontkennen. Sommige HSP's ontkennen soms hun kracht, macht en vermogen om stoer en ongevoelig te zijn. Sommige ontkennen hun onverantwoordelijke, niet-liefdevolle aspecten. Sommige ontkennen hun behoefte aan anderen of hun behoefte om alleen te zijn of hun kwaadheid – of al het voorgaande.

Het is moeilijk om deze afgewezen aspecten te leren kennen, omdat we gewoonlijk een goede reden hebben gehad om ze te verwerpen. En hoewel je kennissen misschien aardig op de hoogte zijn van je schaduwzijde, zullen ze er waarschijnlijk niet snel over beginnen. Maar in een zeer intieme relatie, vooral als je samenwoont of op elkaar moet kunnen rekenen voor de fundamentele dingen van het leven, valt het niet te vermijden elkaars schaduwzijde te zien en – soms in alle hevigheid – te bespreken. Sterker nog, je zou kunnen zeggen dat een intieme relatie pas echt begint als je deze aspecten van elkaar kent en bepaalt hoe je ermee wilt leven of hoe je ze wilt veranderen.

Het is pijnlijk en beschamend om jezelf van je slechtste kant te zien. Daarom kan dat alleen gebeuren als je daartoe gedwongen wordt door degene van wie je het meest houdt en als je weet dat je niet in de steek gelaten zult worden om wat je te zeggen hebt of om deze 'afschuwelijke', geheime aspecten van jezelf. Daarom is een intieme relatie de beste manier om ze in je macht te krijgen, om de positieve energie te verkrijgen die samen met de negatieve verloren was gegaan, en zelfstandiger te worden op weg naar wijsheid en heelheid.

Persoonlijke groei in intieme relaties

Wij mensen lijken een grote behoefte aan groei en uitbreiding te hebben – niet alleen in de zin van meer grond, bezittingen of macht, maar ook in de zin van kennis, bewustzijn en identiteit. Een van de manieren waarop we dat doen is door anderen in onszelf op te nemen. Je bent niet langer 'ik', maar wordt iets groters: 'wij'.

Als we voor het eerst verliefd worden, maken we een snelle ontwikkeling door als gevolg van het opnemen van een ander in ons leven. Maar onderzoek op het gebied van huwelijken laat zien dat de relatie na een aantal jaren veel minder bevredigend is, zij het dat goede communicatie dat verval vertraagt en dat met het zojuist beschreven individuatieproces het verval nog verder vertraagd of gekeerd kan worden. Mijn man en ik hebben onderzoek uitgevoerd waaruit bleek dat er nog een andere manier is om de tevredenheid te laten toenemen. In diverse onderzoeken onder getrouwde en niet-samenwonende stellen ontdekten we dat de stellen een grotere tevredenheid over hun relatie voelden als ze dingen samen deden die ze omschreven als 'opwindend' (niet slechts 'plezierig'). Dit lijkt logisch: als je niet meer kunt groeien door nieuwe dingen van de ander aan jezelf toe te voegen, kun je toch een associatie creëren tussen de relatie en persoonlijke groei door samen nieuwe dingen te ondernemen.

Vooral in de ogen van een HSP kan het leven al stimulerend genoeg lijken, en als je thuiskomt wil je gewoon rust. Maar zorg ervoor dat je je relatie niet zo comfortabel maakt dat je helemaal niets nieuws meer wilt proberen. Als je dat wel wilt, moeten de uren zonder elkaar misschien wat minder stressvol zijn. Of je moet op zoek naar dingen die je laten groeien zonder je te overprikkelen – een concert van rustige maar ongewoon mooie muziek, een bespreking van jullie dromen van afgelopen nacht, een nieuwe gedichtenbundel om gezamenlijk bij het haardvuur te lezen. Je hoeft niet met elkaar de achtbaan in.

Als de relatie een bron van steun is geweest, verdient het ook jouw zorg om haar een bron van bevredigende persoonlijke groei te laten blijven.

HSP's en seksualiteit

Dit is een onderwerp dat gedegen onderzoek en een compleet eigen boek verdient. Onze cultuur voedt ons allemaal met zo veel informatie over wat ideaal en wat abnormaal is. Maar die is afkomstig van de 80 procent niet-HSP's. Wat is ideaal en normaal voor ons? Ik kan het niet met zekerheid zeggen, maar het lijkt logisch dat als we gevoeliger zijn voor stimulatie, we wellicht ook gevoeliger zijn voor seksuele stimulatie. Dit zou tot gevolg kunnen hebben dat ons seksleven bevredigender is. Het zou ook kunnen betekenen dat we veel minder behoefte hebben aan variatie. En de momenten dat we overprikkeld zijn van algemene stimulatie, zouden natuurlijk hun weerslag kunnen hebben op ons seksuele functioneren en ons plezier in seks. Je weet nu genoeg over deze eigenschap, zowel in theorie als praktijk, om na te kunnen gaan hoe je seksualiteit erdoor wordt beïnvloed. Als dit aspect van je leven tot nu toe verwarrend of beangstigend is geweest, is het misschien ook een goed idee om de oefening te doen om enkele van je seksuele ervaringen of gevoelens in een nieuw kader te plaatsen.

HSP's en kinderen

Kinderen lijken tot bloei te komen als hun verzorgers sensitief zijn. En ik heb vele hoog sensitieve verzorgers ontmoet die in hun element waren als ze konden zorgen voor hun eigen kinderen of die van anderen. Ik heb ook enkele HSP's ontmoet die geen kinderen hebben gekregen of die hun gezin hebben beperkt tot één kind vanwege hun sensitiviteit. Het was geen verrassing dat dit deels afhing van hun ervaringen uit het verleden met kinderen – was dat plezierig, of was het te veel van het goede?

Als je bezig bent met de vraag of je al dan niet kinderen wilt, is het goed om te onthouden dat jouw kinderen en toekomstige gezin beter op jou aangepast zullen zijn dan de kinderen van anderen. Ze zullen jouw genen hebben en door jou zijn beïnvloed. Als gezinnen luidruchtig zijn of voortdurend onderling ruzie hebben, komt dat vaak doordat de gezinsleden dat prettig vinden of er in ieder geval geen problemen mee hebben. Jouw gezinsleven kan anders zijn.

Aan de andere kant kan niemand ontkennen dat kinderen de mate van stimulatie in je leven enorm vergroten. Voor een consciëntieuze HSP zijn ze zowel een enorme verantwoordelijkheid als een plezier. Je moet samen met hen midden in het leven staan, op de kleuterschool, de basisschool en de middelbare school. Je zult andere gezinnen moeten leren kennen, dokters, tandartsen, orthodontisten, pianoleraren. Er komt geen eind aan. Ze brengen de hele wereld naar je toe – kwesties op het gebied van seks, drugs, autorijden, het vinden van een vervolgopleiding, een baan, een partner. Daar komt een hoop bij kijken (en je kunt er niet van uitgaan dat je tijdens het hele proces een partner zult hebben). Je zult andere dingen ervoor op moeten geven – dat staat vast.

Het is prima om geen kinderen te hebben. We kunnen niet alles hebben in deze wereld. Soms is het slim om onze grenzen te onderkennen. Sterker nog, als het om kinderen gaat zeg ik vaak dat het *fantastisch* is om ze niet te hebben. En *fantastisch* om ze wel te hebben. Beide alternatieven zijn op hun eigen manier fantastisch.

Je sensitiviteit verrijkt je relaties

Of je nu een extraverte of een introverte HSP bent, je grootste sociale bevrediging haal je meestal uit intieme relaties. Dit is het gebied in het leven waar vrijwel iedereen het meest van leert terwijl men er een enorme bevrediging van krijgt, en waarin jij in je element bent. Je kunt zowel anderen als jezelf helpen door je sensitiviteit op deze relaties toe te passen.

WERKEN MET WAT JE HEBT GELEERD
Onze drie-eenheid: jij, ik en mijn (of onze) sensitiviteit

Het volgende is bedoeld om samen te doen met iemand met wie je een intieme relatie hebt. Als je niemand hebt om dit samen mee te doen, stel je dan voor dat je het doet met iemand met wie je in het verleden een relatie had of met wie je in de toekomst een relatie hoopt te hebben. Je zult er alsnog veel van opsteken.

Als de ander wel bestaat en dit boek niet heeft gelezen, laat hem of haar dan het eerste hoofdstuk en dit hoofdstuk lezen, zodat hij of zij minstens noteert wat ongewoon relevant leek te zijn voor jullie relatie. Het kan ook nuttig zijn om sommige stukken samen hardop te lezen. Maak vervolgens tijd om de volgende vragen te bespreken. (Als jullie beiden HSP's zijn, loop dan eerst de vragen door voor een van jullie en dan nog een keer voor de ander.)

1. *Welke aspecten van jou die worden veroorzaakt door het feit dat je een* HSP *bent, stelt de ander op prijs?*
2. *Welke aspecten van jou die een gevolg zijn van je sensitiviteit, zou de ander graag veranderd willen zien?* Houd in gedachten dat het punt niet is dat deze aspecten 'fout' zijn, maar gewoon moeilijk in bepaalde situaties of in relatie tot eigenschappen of gewoonten van de ander.
3. *Noem eens een paar van de conflicten die tussen jullie zijn voorgevallen waaraan het feit dat jij een* HSP *bent ten grondslag ligt?*
4. *Bespreek gevallen waarin de ander had gewenst dat jij rekening*

had gehouden met je sensitiviteit en jezelf beter in bescherming had genomen.

5. *Bespreek gevallen waarin je je sensitiviteit als een excuus hebt gebruikt om iets niet te doen of als een wapen in een ruzie.* Als dit een verhitte discussie wordt, pas dan toe wat je hebt geleerd bij 'reflectief luisteren' om het in de hand te houden.
6. *Zijn er binnen jullie families nog meer hoog sensitieve mensen? Op welke manieren beïnvloedt die relatie mogelijk deze relatie?* Stel je bijvoorbeeld eens voor dat een hoog sensitieve vrouw is getrouwd met een man wiens moeder hoog sensitief was. De man zou diepgewortelde opvattingen hebben over sensitiviteit. Je daarvan bewust worden zou de relatie tussen alledrie kunnen verbeteren – de man, zijn vrouw en zijn moeder.
7. *Bespreek wat jullie allebei winnen door je te specialiseren – in de zin dat de een sensitiever is dan de ander.* Vinden jullie het allebei prettig om, naast de efficiency en de specifieke voordelen, nodig te zijn vanwege jullie eigen talenten? Voel je je onmisbaar voor de ander? Ben je tevreden met jezelf als je iets doet wat de ander niet kan?
8. *Bespreek wat je allebei mist door deze specialisatie.* Wat zou je graag zelf willen doen wat de ander op dit moment voor je doet? Word je er moe van dat de ander afhankelijk van je is als jij je met je specialiteit bezighoudt? Heb je minder respect voor je partner omdat je dergelijke dingen beter kunt? Heeft het een negatief effect op het gevoel van eigenwaarde van de ander?

8 Het helen van de diepere wonden
Een ander proces voor HSP*'s*

Haal je een sensitieve vriend uit het verleden voor de geest

Op de middelbare school kende ik een jongen die Drake heette. Destijds was hij het pispaaltje van de klas. Nu zou ik zeggen dat hij een HSP was.

Drake had echter nog aanzienlijk meer op zijn bordje. Hij was geboren met een erfelijke hartafwijking, epilepsie, allerlei allergieën en een lichte huid die geen zonlicht kon verdragen. Doordat hij niet kon sporten of zelfs maar buiten kon zijn, werd hij volkomen buitengesloten van wat in onze cultuur als een normale jongensjeugd geldt. Als vanzelf dook hij in de boeken en als puber deed hij tamelijk hartstochtelijk over bepaalde ideeën. Hij deed ook hartstochtelijk over meisjes, zoals de meeste jongens op die leeftijd.

De meisjes wilden natuurlijk niets met hem te maken hebben. Ik veronderstel dat we zijn aandacht niet eens durfden toe te laten; zijn behoefte aan acceptatie maakte hem te belastend. En het zou voor elk van ons het sociale einde hebben betekend. Maar hij werd toch op de een na de ander verliefd, op een verlegen en hongerige manier waarmee hij zichzelf voor gek zette. Voor sommigen van zijn klasgenoten was het hoogtepunt van het jaar om de sombere liefdesgedichten van Drake te pakken te krijgen en deze overal op school hardop voor te lezen.

Gelukkig was Drake opgenomen in het programma voor begaafde studenten, en te midden van ons werd hij beter geaccepteerd. We bewonderden zijn opstellen en zijn opmerkingen in de klas. Dus we waren trots op hem toen hij een volledige beurs ontving om aan een topuniversiteit te gaan studeren.

Hij moet zelfs nog banger dan de rest van ons zijn geweest om te gaan studeren. Het betekende dat hij dag en nacht met leeftijdgenoten moest doorbrengen, precies dezelfde die zijn leven in het verleden onmogelijk hadden gemaakt. Natuurlijk kon hij de eer die hem te beurt viel niet afslaan. Maar hoe zou het voor hem zijn? En hoe zou het voelen om zijn veilige huis en medische ondersteuning achter te moeten laten?

Het antwoord daarop kwam na de eerste kerstvakantie. Tijdens de eerste nacht terug in het studentenhuis had Drake zichzelf opgehangen.

HSP's en het helen van psychologische wonden

Het is niet mijn bedoeling om je van zo'n verhaal te laten schrikken – nogmaals, Drake had allerlei problemen. De levens van HSP's lopen zelden zo slecht af. Maar om dit hoofdstuk tot steun te laten zijn moet het zowel een waarschuwing als troost bieden. Mijn onderzoeksresultaten tonen onomstotelijk aan dat HSP's die in hun kindertijd en puberteit met extreme moeilijkheden zijn geconfronteerd, een veel groter risico lopen op angsten, depressies en zelfmoord tot ze zowel hun verleden als hun eigenschap erkennen en hun eigen wonden beginnen te helen. HSP's die nu ernstige problemen hebben, zouden zichzelf ook speciale aandacht moeten geven. Niet-HSP's nemen gewoon niet zoveel van de subtiele, verstorende aspecten van dergelijke situaties in zich op. Je eigenschap op zich is geen gebrek, maar net als een precies afgesteld instrument of apparaat, of een vurige volbloed, heb je behoefte aan een speciale aanpak. En veel van jullie zijn als kind matig verzorgd of zijn zelfs beschadigd.

In dit hoofdstuk bespreek ik de diverse manieren waarop je met vroegere en huidige moeilijkheden kunt omgaan, voornamelijk door middel van psychotherapie in de ruimste zin van het woord. Ik zal ook de voors en tegens van psychotherapie voor HSP's zonder noemenswaardige problemen bespreken, de diverse benaderingen, hoe je tot de keuze van een therapeut komt en dergelijke. Maar ik zal beginnen met het punt van wonden uit de kindertijd.

Hoeveel nadruk moeten we op onze kindertijd leggen?

Ik geloof niet dat ons psychologische wel en wee helemaal teruggebracht kan worden naar wat ons is overkomen toen we opgroeiden. We hebben te maken met het heden – de mensen die ons beïnvloeden, onze fysieke gezondheid, onze omgeving – en er zit van binnen ook een drijvende kracht voorwaarts. Zoals ik in hoofdstuk 6 al zei over roeping, ben ik van mening dat we allemaal minstens een deel van de vraag voor onze generatie te beantwoorden hebben, een taak om minstens een beetje vooruitgang te boeken zolang we hier zijn. En hoewel een moeilijk verleden in eerste instantie het realiseren van ons levensdoel in de weg lijkt te staan, kan het soms ook het doel dienen. Of *is* het het doel – om een bepaald soort menselijk probleem volledig te ervaren en te begrijpen.

Ik wil ook een veelvoorkomende fout van veel psychotherapeuten uitlichten, namelijk degenen die nog geen inzicht hebben in HSP's. Vanzelfsprekend zoeken deze therapeuten naar iets in de jeugd van de HSP om 'symptomen' te verklaren die misschien binnen onze normale bandbreedte vallen. Ze vinden misschien dat de HSP zich 'te veel' terugtrekt, aangeeft 'zonder reden' het gevoel te hebben er niet bij te horen, 'buitensporige' of 'neurotische' angsten heeft en 'ongewone' problemen op het werk, in intieme relaties of met seksualiteit. Het hebben van een verklaring is altijd een opluchting voor zowel therapeut als cliënt, ook al is dat het feit dat iemand ons iets heeft aangedaan wat we sindsdien zijn vergeten of hebben onderschat.

Ik merk dat mensen van wie de echte moeilijkheden beginnen bij hun eigenschap (die ze misschien verkeerd hebben begrepen of waar ze misschien niet goed mee om zijn gegaan), zich enorm opgelucht en een stuk beter voelen als ze de basisfeiten over sensitiviteit leren kennen. Ook dan hebben ze misschien nog een flink stuk werk in therapie voor de boeg, zoals ervaringen in een nieuw kader plaatsen en te leren leven met hun eigenschap, maar de focus wordt als vanzelf verlegd.

Ik denk ook dat mensen niet weten waar ze over praten als ze zeggen: 'Kom op zeg! De kindertijd is voor niemand een pretje.

Geen enkel gezin is perfect. Ieder huisje heeft zijn kruisje. De manier waarop mensen maar jarenlang in therapie zitten, is gewoon zielig. Kijk maar eens naar hun broers en zussen – dezelfde problemen – en die maken er toch ook geen drama van. *Zij gaan wel gewoon door.*'

Je kunt de kindertijd van verschillende mensen niet over één kam scheren. Soms is die echt vreselijk. En hij kan binnen hetzelfde gezin ook verschillen. Statistisch onderzoek naar de invloed van de gezinsomstandigheden onder verschillende kinderen uit hetzelfde gezin laten *geen* overlappingen zien. Je broers en zussen hebben een totaal andere jeugd gehad dan jij. Jullie namen verschillende posities in binnen het gezin, hadden verschillende vroege ervaringen, zelfs in zekere zin andere ouders, gezien het feit dat volwassenen met de omstandigheden en de jaren veranderen. En tot slot was je hoog sensitief.

Mensen die hoog sensitief worden geboren, worden overal meer door geraakt. Bovendien gaat de aandacht vaak naar degene die het sensitiefst binnen het gezin is. Vooral in een probleemgezin wordt hij of zij bijvoorbeeld de ziener van het gezin, of de harmoniebewaarder, wonderkind, doelwit, martelaar, patiënt, ouder of de zwakkeling van wie de bescherming het levensdoel van iemand anders wordt. In de tussentijd wordt de extra behoefte van het sensitieve kind om zich veilig te leren voelen in de wereld over het hoofd gezien.

Kortom, geloof het gerust als het jou toeschijnt dat 'dezelfde' jeugd of een 'normale' jeugd voor jou moeilijker is geweest dan voor de anderen binnen het gezin of voor anderen met een vergelijkbaar verleden. En als je denkt dat je therapie nodig hebt om wonden uit die kindertijd te helen, *zorg dan dat je het krijgt.* Elke jeugd vertelt zijn eigen verhaal en verdient het om gehoord te worden.

Hoe Dan het heeft overleefd

In eerste instantie waren Dans antwoorden op mijn vragen kenmerkend, zij het wat extreem voor een HSP. Hij beschouwde zichzelf als uiterst introvert en had altijd veel behoefte gehad aan alleen zijn. Hij had een hekel aan geweld in welke vorm ook. Hij vertelde me dat hij de leiding had over de boekhoudafdeling van een grote non-profitorganisatie, waar hij dacht gewaardeerd te worden omdat hij zo aardig en 'diplomatiek' was. De meeste andere sociale situaties vond hij te uitputtend. Maar toen kwam het gesprek weer op zijn afkeer van geweld.

Dan herinnerde zich veelvuldige knokpartijen met zijn broer, die hem dan op de grond gedrukt hield en hem stompte en schopte. (Mishandeling tussen kinderen binnen een gezin is nog steeds een van de minst onderzochte vormen van geweld binnen het gezin.) In de tussentijd vroeg ik me af wat er nog meer aan de hand was, waarom deze pesterijen binnen het gezin werden getolereerd. Ik vroeg of zijn moeder hem als een sensitief kind had beschouwd.

'Dat weet ik niet. Ze had weinig oog voor me.'

Een rode vlag. Alsof hij mijn gedachten had gelezen, zei hij: 'Mijn vader en moeder liepen niet met hun gevoelens te koop.'

Ik knikte.

'Sterker nog, ze waren wereldvreemd. Ik kan me niets positiefs van hen herinneren. Zoals knuffelen en zo.' Toen liet hij zijn stoïcijnse houding varen. Hij deed het verhaal uit de doeken over de nooit behandelde geestesziekte van zijn moeder. 'Chronische depressie. Schizofrenie. Mensen in de televisie die tegen haar praatten.' Vlagen van alcoholisme – nuchter van maandag tot en met vrijdag, 'dronken en niet aanspreekbaar' van vrijdagavond tot zondagmorgen. 'Mijn vader was ook alcoholist. Hij sloeg haar. Mishandelde haar. Het liep altijd uit de hand.'

Als zijn moeder dronken was, vertelde ze hem altijd hetzelfde verhaal – over haar kille, in zichzelf gekeerde, invalide moeder, over de reeks werksters en verpleegsters die haar had opgevoed, over de ziektes van haar vader en dat ze gedwongen was om dag in dag uit alleen met hem door te brengen terwijl hij langzaam doodging. (Dit is zo vaak het verhaal – een gebrek aan koestering, generatie na generatie.)

'Dan zat ze maar te snotteren terwijl ze het vertelde. Ze was een lieve vrouw. *Zij* was de sensitieve. Veel meer dan ik.' En in één adem vervolgde hij: 'Maar zo wreed. Ze wist altijd mijn zwakke plek te vinden. Daar was ze echt verschrikkelijk goed in.' (HSP's zijn ook niet allemaal lieverdjes.)

Dan worstelde met de verschrikkelijke tweestrijd die zich ontwikkelt als de enige beschermer van een kind ook gevaarlijk is.

Hij beschreef hoe hij zich als kind verstopte – in kasten, onder de wastafel, in de auto, op een bepaalde vensterbank. Maar, zoals in vele van dit soort verhalen, was er één persoon die het reddende verschil maakte. Dan had een oma van zijn vaders kant, een strenge vrouw die 'een schoonmaakobsessie' had. Maar nadat haar man was overleden, sloot ze vriendschap met kleine Dan.

'Een van mijn vroegste herinneringen is dat ik met drie vrouwen van in de zestig canasta zit te spelen, en dat ik zes ben en de kaarten amper vast kan houden. Maar ze hadden een vierde man nodig, en als ik canasta zat te spelen, was ik volwassen en belangrijk en kon ik dingen tegen ze zeggen die ik tegen niemand anders kon zeggen.'

Deze oma zorgde voor de essentiële stabiliteit die een hoog sensitief kind nodig heeft om overlevingsstrategieën te ontwikkelen.

Dan beschikte ook over een fantastische veerkracht. 'Mijn moeder had er een handje van om me de les te lezen, in de zin van: "Waarom doe je zo je best? Jij zal het toch niet ver schoppen. Je hebt geen schijn van kans." En daardoor besloot ik haar juist te trotseren.'

Als je hoog sensitief bent, wil dat absoluut niet zeggen dat je niet, op jouw manier, een taaie doordouwer kan zijn. En dat had Dan nodig, zoals bleek uit de rest van zijn verhaal.

Op zijn veertiende kreeg Dan een baantje. Hij keek erg op tegen een man met wie hij werkte, omdat deze zeer belezen was en tegen Dan praatte alsof hij een volwassene was. 'Ik vertrouwde hem, en het eind van het liedje was dat ik door hem werd aangerand.'

(Opnieuw is het niet het enkele voorbeeld van het misbruik dat zorgen baart, maar de levenslange situatie die het in de hand heeft gewerkt. Gezien Dans jeugd moet zijn grote behoefte aan intimiteit ertoe hebben geleid dat hij de subtiele signalen van gevaar over het hoofd heeft gezien. Plus dat hij zichzelf niet snel in bescherming zou nemen, in aanmerking genomen dat hij geen rolmodellen had – niemand anders was voor hem op zijn hoede geweest.)

Dan haalde zijn schouders op. 'Dus daar heb ik van geleerd: als je dit kunt overleven, kunnen ze je zo'n beetje alles aandoen zonder dat het veel verschil maakt. Als je je hier doorheen slaat.'

Dan trouwde met zijn jeugdliefde die uit net zo'n ontwricht en chaotisch gezin kwam als hij. Ze waren vastbesloten om van hun huwelijk een succes te maken, en dat lukte hun ook, inmiddels al twintig jaar. Een deel van hun succes is te danken aan het stellen van grenzen ten opzichte van zijn familie en die van haar. 'Ik weet nu hoe ik voor mezelf moet zorgen.'

Een deel van die les kwam voort uit drie maanden psychotherapie in het jaar daarvoor, toen hij in een diepe depressie terecht was gekomen. Hij had ook veel boeken gelezen over de psychologie van wederzijdse afhankelijkheid en over de volwassen kinderen van alcoholisten. Hij ging echter niet naar de respectievelijke praatgroepen. Zoals veel HSP's liep hij ten overstaan van een groep onbekenden liever niet te koop met zijn leven.

'Toestemming om te doen waar *ik* behoefte aan heb – dat is het belangrijkste geweest. Om mijn sensitiviteit te onderkennen en te respecteren. Om positieve, oplossingsgerichte rust op het werk te projecteren. Maar om ervoor op te passen te veel op anderen over te komen als iemand of iets die ik van binnen niet ben.'

Omdat er van binnen 'een zwart gat zit. Soms kan ik geen enkele reden bedenken om te blijven leven. Dan kan het me gewoon niet schelen of ik leef of dood ben.'

Vervolgens vertelde hij op dezelfde toon dat hij een vriend had, een psychiater, die hem veel steun gaf, en twee andere vrienden die hulpverleners waren. En dat hij wist dat zijn sensitiviteit in combinatie met zijn levenservaring een bepaalde rijkdom had gebracht.

'Ik ben diep ontroerd door dingen. Het intense plezier dat ik daaraan beleef zou ik niet graag willen missen.' Hij glimlachte dapper. 'Hoewel ik vaak eenzaam ben. Het heeft langer geduurd om de pijn van het leven op waarde te schatten. Maar het leven draait om allebei. Ik ben op zoek naar een spiritueel antwoord.'

En zo weet Dan het vol te houden.

Hoe zit het met jouw verleden?

Aan het eind van dit hoofdstuk krijg je de kans om je eigen kindertijd onder de loep te nemen en na te denken waar die uit bestond. Ik wil het onderzoeksresultaat dat ik in hoofdstuk 4 heb besproken, hier herhalen: HSP's worden sterker beïnvloed door een probleemjeugd in de zin dat ze als volwassenen depressiever en angstiger zijn. Houd ook in gedachten dat hoe eerder het probleem is verschenen of begonnen en hoe meer dat geworteld lag in het gedrag van je eerste verzorger, gewoonlijk je moeder, des te dieper het bij jou is geworteld en des te blijvender de schadelijke effecten zijn. Je zult je hele leven erg geduldig met jezelf moeten omspringen. Je zult heel worden, maar op je eigen manier en met behulp van bepaalde eigenschappen die je niet had kunnen verwerven als er geen problemen waren geweest. Je zult bijvoorbeeld bewuster en complexer in elkaar steken en begripvoller zijn jegens anderen.

Laten we niet de voordelen van het sensitief zijn als kind uit het oog verliezen, ook al is dat in een disfunctioneel gezin geweest. Je had meer de neiging om je terug te trekken en erover na te denken in plaats van er volledig in verstrikt te raken. Net als Dan met zijn oma heb je misschien intuïtief geweten bij wie je moest aankloppen voor hulp. Je hebt wellicht bij wijze van compensatie een uitgebreide innerlijke en spirituele rijkdom ontwikkeld.

Mijn oudste geïnterviewde was zelfs gaan geloven dat een moeilijke jeugd wordt gekozen door zielen die voorbestemd zijn om een spiritueel leven te leiden. Het zorgt ervoor dat ze aan hun innerlijk leven blijven werken, terwijl anderen genoegen nemen met een traditioneler bestaan. Of zoals een vriend van mij opmerkte: 'Tijdens de eerste twintig jaar krijgen we ons leerplan. In de twintig jaar daarna bestuderen we het.' Voor sommigen van ons is dat leerplan het equivalent van een universitaire studie!

Als volwassenen hebben HSP's vaak precies de juiste persoonlijkheden om zich bezig te houden met innerlijk werk en helen. In het algemeen gesproken helpt je scherpe intuïtie je de belangrijkste verborgen factoren boven water te krijgen. Je hebt een betere toegang tot je eigen onbewuste en aldus een beter gevoel van het onbewuste van anderen en hoe jij bent beïnvloed. Je kunt een aardig idee van het proces zelf ontwikkelen – wanneer je moet doorzetten, en wanneer je even rustig aan moet doen. Je bent nieuwsgierig naar innerlijk leven. Bovenal ben je integer. Je blijft toegewijd aan het individuatieproces hoe moeilijk het ook is om bepaalde momenten, bepaalde wonden en bepaalde feiten onder ogen te zien.

Ervan uitgaande dat je een van de vele HSP's bent met een moeilijke jeugd of een moeilijk huidig leven, gaan we nu je alternatieven op een rijtje zetten.

De vier benaderingen

De 'taart' van helingsmethoden kan op allerlei manieren verdeeld worden – langdurig of kort, zelfhulp of professionele hulp, individuele of groepstherapie, behandeling van jou alleen of van je hele gezin. Maar we kunnen de lading goed dekken door de taart te verdelen in vier grote stukken: cognitieve gedragstherapie, interpersoonlijk, fysiek en spiritueel.

Sommige therapeuten gebruiken ze allevier en misschien zijn dat wel de beste. Maar vraag na wat hun persoonlijke favoriet is, en noem deze vier expliciet erbij. Het is een gemiste kans om in therapie te zijn bij iemand wiens basisfilosofie niet jouw voorkeur heeft.

Cognitieve gedragstherapie

Kortetermijngedragstherapie, die gericht is op het verlichten van specifieke symptomen, is het best toegankelijk via je verzekering en gereguleerde zorgplannen. Deze aanpak is 'cognitief' omdat hij werkt met hoe je denkt, en hij is gedragstherapeutisch omdat hij werkt met de wijze waarop je je gedraagt. Vaak worden gevoelens en onbewuste motieven niet in ogenschouw genomen. Alles is erop gericht om de zaken praktisch, rationeel en helder te krijgen.

Er zal je worden gevraagd waaraan je wilt werken. Als je klacht is dat je je over het algemeen gespannen voelt, zullen je de meest recente technieken op het gebied van ontspanning of biofeedback worden geleerd. Als je voor bepaalde dingen bang bent, zul je geleidelijk aan het onderwerp van je angst worden blootgesteld tot de angst is verdwenen. Als je depressief bent, zul je leren om je irrationele overtuigingen dat alles hopeloos is, dat niemand om je geeft, dat je geen fouten mag maken, enzovoort te onderzoeken. Als je in een depressie toch aan die overtuigingen blijft vasthouden, zullen je manieren worden bijgebracht om die gedachten een halt toe te roepen.

Als je je niet bezighoudt met bepaalde taken die je psychologisch gezien zouden kunnen helpen, zoals je elke dag netjes aankleden en op pad gaan of vrienden maken, zul je steun krijgen om bij deze specifieke zaken doelen te stellen. Je zult leren welke vaardigheden je nodig hebt om je doelen te bereiken en hoe je jezelf kunt belonen als je daarin slaagt.

Als je worstelt met stress op het werk, een scheiding of familieproblemen, zul je worden geholpen om deze ervaringen zodanig in een nieuw kader te plaatsen dat er meer feiten en inzichten worden toegevoegd die je helpen ermee om te gaan.

Deze methoden lijken misschien niet erg diepgaand of aantrekkelijk, maar ze werken vaak wel en zijn altijd een poging waard. De vaardigheden zullen je van pas komen ook al lossen ze niet alles op. En de toename van je zelfvertrouwen door het oplossen van een probleem zorgt vaak voor een kwaliteitsverbetering van je leven in het algemeen.

Naast het leren van deze technieken in psychotherapie kun je ze ook allemaal in boeken terugvinden. Maar gewoonlijk helpt het om een zorgzame coach te hebben die samen met je deze stappen doorloopt. Jij en een vriend zouden dat eventueel ook voor elkaar kunnen doen. Maar de professionals hebben aanzienlijk meer ervaring. Ze zouden echter vooral moeten weten wanneer ze een bepaalde aanpak moeten laten varen en een andere moeten proberen.

Interpersoonlijk
Interpersoonlijk georiënteerde psychotherapie is hetgeen de meeste mensen verstaan onder 'therapie'. Voorbeelden zijn freudiaanse, jungiaanse, *object relations*, gestalt, rogeriaanse oftewel cliëntgerichte, transactionele analyse, existentiële en de meeste

eclectische therapieën. Ze draaien allemaal om praten en maken gebruik van de relatie tussen jou en een of meer anderen – vaak een therapeut, maar soms een groep of een collega-hulpverlener.

Er bestaan waarschijnlijk honderden theorieën en technieken op dit vlak, dus ik zal me in algemene termen moeten uitdrukken. Daarnaast passen de meeste therapeuten een mengeling toe om tegemoet te komen aan de behoeften van de klant. Toch kan de nadruk verschillen. Sommigen maken van de relatie een veilige plek om van alles en nog wat te onderzoeken. Sommigen zien het als een plek die specifiek bedoeld is om je een nieuwe ervaring van vroege verbondenheid te geven, een nieuw mentaal beeld van wat je in toekomstige intieme relaties kunt verwachten. Sommigen zeggen dat het een plek is om te rouwen over het verleden en het los te laten, en er de zin van te ontdekken; anderen noemen het een plek om nieuw gedrag te observeren en uit te proberen; weer anderen vinden het een plek om je onbewuste te onderzoeken tot je er in betere harmonie mee bent.

Jij en je therapeut werken samen aan je gevoelens over de therapeut, andere relaties, je persoonlijke levensgeschiedenis, je dromen (eventueel), en wat er ook maar bovenkomt. Je zult niet alleen leren van wat er wordt besproken; je zult ook leren hoe je dit soort innerlijk werk zelfstandig kunt doen.

Nadelen? Iemand kan praten tot hij een ons weegt zonder dat het ergens toe leidt als de therapeut niet erg bedreven is hierin en als je werkelijke probleem op een ander vlak ligt. De therapeut moet tot op grote hoogte inzicht hebben in zijn of haar eigen problemen. Het kan jaren kosten om je eerdere relaties, de relatie met je therapeut en je bestaande relaties onder de loep te nemen. Maar soms wordt in een paar maanden tijd grote vooruitgang geboekt, zoals het geval was met Dan.

Fysiek
Onder de fysieke benadering scharen we lichaamsbeweging, betere eetgewoonten of voorzichtig zijn met voedselallergieën, acupressuur, kruidensupplementen, massage, tai-ji, yoga, Rolfing, bio-energetica, danstherapie en natuurlijk alle medicijnen, vooral antidepressiva en antistress-pillen. Sterker nog, de huidige fysieke

aanpak houdt hoofdzakelijk in dat een psychiater medicijnen voorschrijft, wat ik in hoofdstuk 9 verder zal bespreken.

Alles wat een lichaam ondergaat, heeft effect op de geest. We verwachten dat dit het geval is met medicijnen die voor dat doel speciaal zijn ontwikkeld. Maar we vergeten dat onze hersenen en derhalve onze gedachten ook beïnvloed kunnen worden door slaap, lichaamsbeweging, voeding, omgeving en de toestand van onze seksuele hormonen, om maar een paar elementen te noemen die we vaak zelf kunnen beheersen. Omgekeerd heeft alles wat de geest ondergaat effect op het lichaam – mediteren, onze problemen vertellen aan een vriend, of ze gewoon opschrijven. Elke gesprekstherapiesessie moet de geest veranderen. Daarom zou het geen verrassing moeten zijn dat de drie vormen van therapie die ik tot nu toe heb besproken – cognitieve gedragstherapie, interpersoonlijk en fysiek – alledrie even effectief blijken te zijn om een depressie te genezen. Dus je kunt inderdaad kiezen.

Spiritueel
Onder spirituele benaderingen vallen alle dingen die mensen doen om het niet-materiële aspect van zichzelf en hun wereld te onderzoeken. Spirituele benaderingswijzen bieden ons troost met hun boodschap dat er echt meer in het leven zit dan wij kunnen zien. Ze helen de wonden die we in deze wereld oplopen of maken ze draaglijker. Ze vertellen ons dat we niet in deze situatie gevangenzitten, dat er nog meer is. Misschien ligt er zelfs een bepaald plan aan dit alles ten grondslag, een doel.

Daar komt nog bij dat als we ons openstellen voor een spirituele aanpak, we vaak ervaringen beginnen op te doen die ons ervan overtuigen dat er echt iets meer te ontdekken valt. Vervolgens willen we een spirituele aanpak van de therapie; al het andere zou een belangrijk aspect van het leven lijken buiten te sluiten.

Sommige therapeuten zijn met name spiritueel georiënteerd. Zorg dat je hiernaar vraagt voor je aan de therapie begint, en denk erover na of je je kunt vinden in het specifieke spirituele pad van die ander. Of je kunt op zoek gaan naar geestelijken, spiritueel leiders of anderen die rechtstreeks in verband staan met een religie of een spirituele stroming. Ga in dit geval zorgvuldig na of ze psychologisch voldoende onderlegd zijn om het werk te kunnen uitvoeren dat jullie afspreken samen te gaan doen.

HSP's en de cognitieve gedragstherapie

Wat de vraag betreft in hoeverre deze vier benaderingen geschikt zijn voor HSP's, draait het er natuurlijk om in hoeverre ze geschikt zijn voor jou. Maar daar heb ik een paar ideeën over. Op bepaalde momenten zouden waarschijnlijk alle HSP's te maken moeten krijgen met de methoden van de cognitieve gedragstherapie. Zoals besproken in hoofdstuk 2 hebben HSP's baat bij het volledig ontwikkelen van de hersensystemen die ons controle geven over waar we onze aandacht op richten en hoe we omgaan met conflicten tussen de activerings- en controlepauzesystemen. Net als bij spieren zijn deze aandachtssystemen waarschijnlijk bij sommigen van nature sterker. Maar we kunnen ze allemaal ontwikkelen, en de aanpak van de cognitieve gedragstherapie is daarvoor de beste manier.

Dit is echter een zeer rationele benadering en is gewoonlijk afkomstig van niet-HSP's van wie ik denk dat ze soms heimelijk geloven dat sensitieve mensen gewoon raar en irrationeel zijn. Deze houding van een therapeut of schrijver kan je gevoel van eigenwaarde verminderen en de prikkeling doen toenemen, vooral als je er niet in slaagt het niveau of het doel te bereiken dat voor jou is vastgesteld. Er zal worden geïmpliceerd dat dit doel 'normaal' is, maar het kan in feite het doel zijn om zoals zij te zijn of zoals de meerderheid van de mensen, waarbij karakterverschillen worden genegeerd. Een goede cognitieve gedragstherapeut zal echter afgestemd zijn op zowel de individuele verschillen als het belang van eigenwaarde en zelfvertrouwen in al het psychologische werk.

Ook geven HSP's vaak de voorkeur aan een benadering die 'dieper gaat' of intuïtiever is in plaats van gericht op oppervlakkige symptomen. Maar zo'n soort vooroordeel tegen het praktische en het nuchtere bij sommigen van ons zou op zichzelf juist een goede reden kunnen zijn om deze aanpak te verkennen.

HSP's en de interpersoonlijke aanpak

Interpersoonlijke psychotherapie heeft een grote aantrekkingskracht op HSP's, en we kunnen er veel van leren. We ontdekken onze intuïtieve vermogens, het diepst van onze ziel. We raken bedreven in zeer intieme relaties. Bij sommige interpersoonlijke methoden wordt ons onderbewuste onze bondgenoot in plaats van een bron van symptomen.

De nadelen zijn dat HSP's te lang in interpersoonlijke therapie kunnen blijven, omdat we er zo goed in zijn om die details te doorgronden. Een goede therapeut zal er echter op staan dat je je innerlijke werk zelfstandig doet zodra je daar klaar voor lijkt te zijn. HSP's kunnen deze vorm van therapie ook aanwenden om te vermijden naar buiten te treden, hoewel een goede therapeut ook dat niet zal laten gebeuren.

Ten slotte is er gewoonlijk sprake van een sterke aantrekking tot de therapeut met wie we al deze verkenningen ondernemen – dat wordt een positieve of idealiserende overdracht genoemd. Voor HSP's is dit vaak bijzonder sterk aanwezig, hetgeen therapie tot een kostbare zaak kan maken, en vrijwel onmogelijk om op te geven.

Meer over overdracht
In feite kan een sterke, positieve overdracht naar of hechting aan de therapeut bij elk van deze methoden voorkomen, dus een nadere toelichting is op zijn plaats.

Overdracht is niet altijd positief. Men denkt dat dit verschijnsel de overbrenging van onderdrukte gevoelens is die je ooit had ten opzichte van belangrijke andere mensen in je leven, dus kwaadheid, angst, alles is mogelijk. Maar gewoonlijk hebben de positieve gevoelens de overhand, wat nog wordt versterkt door dankbaarheid jegens de therapeut, de hoop op hulp en de verschuiving van allerlei andere gevoelens naar dit doelwit.

Een sterke positieve overdracht heeft veel voordelen. Door te willen zijn zoals de therapeut of aardig gevonden te willen worden door hem of haar zul je veranderen op een manier die je anders nooit zou hebben geprobeerd.

Door het feit onder ogen te zien dat de therapeut niet je moeder, geliefde of boezemvriend kan zijn, zul je een bittere waarheid moeten accepteren en daarmee moeten leren omgaan. Door je de aard van deze gevoelens te realiseren – deze persoon lijkt perfect, het zou heerlijk zijn om je leven met hem of haar door te brengen – kun je bedenken wie of wat een beter doelwit is om deze sterke gevoelens op te richten. Tot slot kan het fijn zijn om te genieten van de hulp en het gezelschap van iemand die je zo graag mag.

Toch kan de overdracht dezelfde impact hebben als een diepgaande liefdesverhouding met iemand die je gevoelens niet kan beantwoorden. (En als je therapeut dat wel doet, is dat onethisch gedrag. Dan ben je bij de verkeerde therapeut en heb je *meer* professionele hulp nodig om je uit deze situatie te bevrijden, aangezien je dat waarschijnlijk niet op eigen houtje kunt.) Als zodanig kan het een onverwachte, ongewenste en heftige ervaring zijn. Een sterke overdracht kan je gevoel van eigenwaarde aantasten in de zin dat je je uiterst afhankelijk en beschaamd voelt. Het heeft invloed op anderen met wie je een relatie hebt en die jouw hechte band met deze nieuwe persoon aanvoelen. Als de overdracht je therapie langer laat duren, heeft dat gevolgen voor je budget. Dit moet allemaal in overweging worden genomen, en het beste moment daarvoor is voordat je aan de therapie begint.

Er zijn veel redenen waarom er bij HSP's sprake zou kunnen zijn van een sterkere overdracht. In de eerste plaats is deze sterker als het onbewuste grote veranderingen wil, maar het ego deze niet kan of wil realiseren. HSP's moeten vaak dergelijke grote veranderingen doorvoeren om meer of minder naar buiten te treden, of om 'bevrijd' te worden van hun overmatige socialisatie of acceptatie van de culturele vooroordelen jegens hen, of gewoonweg om op betere voet te komen staan met dit aspect van hun persoonlijkheid. In de tweede plaats bevat psychotherapie alle in hoofdstuk 7 beschreven elementen die ervoor zorgen dat mensen verliefd worden en waardoor HSP's hals-over-kop verliefd worden. De therapeut die je kiest zal in jouw ogen ongetwijfeld aantrekkelijk, wijs en vakkundig zijn. Je zult zijn of haar optreden uitleggen als een bewijs dat hij of zij je graag mag. En je zult alles met hem of haar gaan delen waarvan je vreesde dat niemand het zou willen aanhoren of accepteren – alles waarover je niet eens durfde na te denken. Dit maakt de situatie zeer prikkelend.

Ik wil beslist niet suggereren dat je maar niet in therapie moet gaan omdat je een sterke overdracht zou kunnen ontwikkelen. Dat kan juist een teken zijn dat je behoefte hebt aan therapie. En in handen van een vakkundig therapeut zal de overdracht de grootste kracht zijn die verandering teweeg kan brengen. Maar wees gewaarschuwd dat je je niet overhaast gaat hechten aan de eerste de beste therapeut, of pas ver voorbij het punt waarop je je voordeel hebt gedaan met alles wat deze specifieke persoon heeft aangedragen.

HSP's en de fysieke benadering

HSP's kunnen vooral baat hebben bij een fysieke aanpak als het erom draait een psychologische situatie te beëindigen die fysiek en mentaal uit de hand dreigt te lopen. Misschien heb je last van slaapgebrek, vermoeidheid en depressiviteit of ben je verschrikkelijk angstig of is het een combinatie hiervan. De oorzaken van zo'n negatieve spiraal kunnen zeer divers zijn. Ik heb gezien hoe een fysieke oplossing, meestal medicijnen, een gunstig effect had op depressies die het gevolg zijn van een virus, problemen op het werk, de dood van een goede vriend en het werken aan pijnlijke onderwerpen in psychotherapie. In alle gevallen was het verstandig om de spiraal fysiek te beëindigen omdat de persoon in kwestie pas andere gedachten kon ontwikkelen als het lichaam tot rust was gekomen.

De gebruikelijkste methode is het toedienen van medicijnen. Maar ik heb ook gezien hoe een HSP dezelfde spiraal wist te doorbreken door op vakantie te gaan naar een nieuw oord in de tropen en zijn problemen een poosje opzij kon zetten. Bij terugkomst pakte deze persoon de oude kwesties met een frisse kijk en een ontspannen lichaam weer op. In een ander geval moest iemand in plaats van weg te gaan juist terugkomen van vakantie om een spiraal van angst en opwinding te doorbreken. Er was behoefte aan minder stimulatie. Je intuïtie kan prima als gids functioneren om precies te weten wat je fysiek gezien moet doen om de werking van je geest te beïnvloeden.

Een derde geval reageerde goed op een zorgvuldige voedingsbegeleiding. Alle mensen verschillen aanzienlijk op het gebied van voedingsbehoeftes en de voedingsmiddelen die ze moeten vermijden, en HSP's lijken daar nog eens extra in te verschillen. Vooral als we chronisch geprikkeld raken, hebben we juist extra voedingsstoffen nodig op het moment dat we waarschijnlijk totaal geen oog hebben voor dergelijke zaken. We hebben misschien zelfs geen trek meer in eten, of onze spijsvertering werkt niet goed, waardoor we maar weinig benutten van de voedingsstoffen die we binnen krijgen. Een goed voedingsadvies is heel belangrijk voor HSP's.

Op één punt lijken we minder te verschillen, en dat is hoe snel we instorten als we honger hebben. Dus blijf regelmatig kleine maaltijden eten, hoe druk of afgeleid je ook bent. Als je een HSP bent met een eetstoornis, kun je rekenen op ernstige problemen tot je dat hebt opgelost, en er zijn talloze mogelijkheden om je daarbij te helpen.

Ook wil ik graag de enorme invloed van fluctuaties in het niveau van de geslachtshormonen noemen, waarvan ik vermoed dat HSP's hiervoor gevoeliger zijn. Hetzelfde geldt voor de schildklierhormoonproductie. Al deze systemen staan met elkaar in verband en hebben een ingrijpend effect op cortisol en neurotransmitters in de hersenen. Eén aanwijzing dat hormonen het probleem vormen, is het soort onverklaarbare stemmingswisseling waarin je je het ene moment prima voelt en het volgende alles hopeloos en waardeloos lijkt. Of vergelijkbare grote variaties in energie of geestelijke helderheid.

Houd bij alle fysieke oplossingen, van medicijnen tot massage, in de gaten dat je zeer sensitief bent! Vraag in het geval van medicijnen of je kunt beginnen met de laagste dosering. Kies je arts zorgvuldig en spreek van tevoren met deze persoon over je sensitiviteit. Als je dit aanstipt, blijkt de arts vaak al ervaring te hebben met andere mensen zoals jij, zodat hij of zij precies weet wat er moet gebeuren. (Als dat niet zo is, kun je waarschijnlijk niet met deze persoon werken.)

Wees je ervan bewust dat er net als bij psychotherapeuten ook bij lichamelijk georiënteerde hulpverleners sprake kan zijn van een sterke overdracht. Dit is vooral het geval als ze ook met je psychologische problemen aan de slag gaan. Deze combinatie kan zelfs zo heftig werken dat het naar mijn mening vaak niet aan te raden is, althans niet voor HSP's. Het verlangen om vastgehouden, getroost en begrepen te worden kan worden verkend en tot op zekere hoogte worden ingewilligd door middel van woorden of aanraking. Maar als dezelfde persoon beide geeft, kan dat te veel lijken op datgene waar je behoefte aan hebt, en kan het gewoon te verwarrend of verstorend werken.

Als je therapeut wel werkt met zowel je geest als je lichaam, is het vooral zaak om de kwalificaties en referenties van deze persoon te controleren. Hij of zij dient een jarenlange opleiding op het gebied van interpersoonlijke psychologie te hebben doorlopen, en niet alleen op het gebied van lichaamsgeoriënteerde hulpverlening.

HSP's en de spirituele benadering

Een spirituele benadering spreekt de meeste HSP's wel aan. Bijna elke door mij ondervraagde HSP die bezig was geweest met een vorm van helend innerlijk werk, had daarbij gebruikgemaakt van spirituele bronnen. Eén reden waarom HSP's zich aangetrokken voelen tot het spirituele, is dat we zo geneigd zijn om in onszelf te kijken. Een andere is dat we aanvoelen dat we beklemmende situaties het hoofd kunnen bieden als we onze prikkeling kunnen kalmeren door de dingen anders te zien – transcenderen, liefhebben en vertrouwen. De meeste spirituele praktijken hebben als doel om precies dat soort perspectief te bereiken. En velen van ons hebben spirituele ervaringen opgedaan die inderdaad geruststellend hebben gewerkt.

Toch kleven er nadelen of op zijn minst gevaren aan een spirituele benadering, met name als ze als enig middel wordt ingezet. In de eerste plaats proberen we misschien andere lessen te vermijden, zoals leren met mensen om te gaan of onze lichamen, gedachten en gevoelens te begrijpen. In de tweede plaats kan er ook sprake zijn van positieve overdracht op spirituele leiders of bewegingen en vaak beschikken deze leiders en bewegingen niet over de vaardigheid om je te helpen over een dergelijke te grote idealisering heen te groeien. Ze koesteren haar misschien zelfs, aangezien deze gevoelens je bereid maken om te doen wat ze ook maar voorstellen, en zij zijn ervan overtuigd dat dat goed voor je is. Ik heb het niet alleen over 'sektes'. Je kunt het evengoed voelen voor een aardige dominee of een reguliere godsdienst waarbij er op dezelfde manier verkeerd mee wordt omgesprongen.

In de derde plaats is het volgens de meeste spirituele methoden zaak om het zelf, het ego en je persoonlijke wensen op te offeren. Soms moet men het ego overgeven aan God, soms aan de leider (vaak gemakkelijker maar twijfelachtiger). Ik denk dat er een moment in je leven is waarop een zekere opoffering van het egoperspectief heel wenselijk is. Er schuilt wel enige waarheid in de oosterse opvatting dat de wensen van het ego de bron vormen van lijden en dat een nadruk op het verleden – op onze persoonlijke problemen – onze aandacht van het heden en van onze ware verantwoordelijkheid afleidt en ons weerhoudt om ons voor te bereiden op wat er voor ons ligt, wat het persoonlijke overstijgt.

Ik heb echter veel HSP's te snel afstand zien doen van hun ego. Het kan een eenvoudige opoffering zijn als je denkt dat je ego toch niet veel waard is. En als je iemand kent die er werkelijk in is geslaagd om het ego los te laten, straalt die persoon zo van spiritualiteit dat je dat ook voor elkaar wilt krijgen. Maar een charismatische uitstraling is geen garantie. Het kan gewoon een rustig, stressloos, goed gedisciplineerd leven weerspiegelen – wat in deze tijd al zeldzaam genoeg is. De stralende vrome ziel kan op psychologisch, sociaal en soms zelfs moreel gebied alsnog een puinhoop zijn. Het kan zijn alsof boven de lichten uitbundig schijnen terwijl de benedenverdieping donker en verwaarloosd is.

Ware verlossing en verlichting, voorzover je die in deze wereld kunt bereiken, is het resultaat van hard werken, waarbij lastige persoonlijke problemen niet worden omzeild. Voor HSP's heeft de zwaarste opgave wellicht niets te maken met het vaarwel zeggen tegen de wereld, maar alles met naar buiten treden en in die wereld op te gaan.

Heeft psychotherapie nut voor HSP*'s zonder specifieke problemen, als volwassene of als kind?*

Als je geen ernstige trauma's of vroege wonden hoeft te helen, kun je besluiten dat je met de kennis die je met dit boek opdoet je, in ieder geval op dit moment, geen andere hulp bij je leven nodig hebt.

Maar psychotherapie draait niet noodzakelijkerwijs om het oplossen van problemen of het verlichten van symptomen. Het kan ook gaan om het verwerven van inzicht, wijsheid en het ontwikkelen van een partnerrelatie met je onbewuste. Natuurlijk kan je op allerlei andere manieren veel opsteken over het doen van innerlijk werk – boeken, bijeenkomsten, gesprekken. Veel goede therapeuten schrijven bijvoorbeeld boeken en geven cursussen. Maar omdat HSP's een bijzonder scherpe geest, intuïtie en innerlijk leven hebben, hebben ze vaak veel baat bij psychotherapie. Het bekrachtigt deze kwaliteiten en scherpt ze nog verder aan. Naarmate deze gekoesterde delen van jezelf zich ontwikkelen, wordt de psychotherapie voor hen een heilige en veilige plaats. Daar kan vrijwel niets aan tippen.

Speciaal voor HSP*'s – jungiaanse analyse en Jung-georiënteerde psychotherapie*

De vorm van psychotherapie die ik de meeste HSP's aanbeveel is de Jung-georiënteerde therapie oftewel jungiaanse analyse, waarin de werkwijze en doelstellingen van Carl Jung worden gevolgd. (Als er echter sprake is van jeugdtrauma's om aan te werken, is het wel zaak om uit te zoeken of deze aanpak ook over training op dit gebied beschikt.)

Jungs aanpak legde de nadruk op het onbewuste, evenals alle 'dieptepsychologen', zoals de freudiaanse psychoanalyse of benaderingen op het gebied van *object relations*, die allemaal in de categorie 'interpersoonlijk' zouden vallen. Maar de jungiaanse aanpak voegt daar een spirituele dimensie aan toe, door in te zien dat het onbewuste ons ergens heen probeert te leiden, om ons bewustzijn verder te brengen dan ons beperkte egobewustzijn. De boodschappen komen voortdurend op ons af in de vorm van dromen, symptomen en gedragingen die ons ego als problemen beschouwt. We hoeven er alleen maar aandacht aan te schenken.

Het doel van de jungiaanse therapie of analyse is in de eerste plaats om een veilige haven te verstrekken waarbinnen beangstigend of verworpen materiaal veilig kan worden onderzocht. De therapeut fungeert als een ervaren gids in het oerwoud. In de tweede plaats leert het de cliënt om zich ook thuis te voelen in dat oerwoud. Jungiaanse psychologen zijn niet uit op genezing, maar op een levenslange betrokkenheid in het individuatieproces door middel van communicatie met de innerlijke sferen.

Omdat HSP's zo nauw in contact staan met hun onderbewuste en zulke levendige dromen hebben, en zich zo sterk aangetrokken voelen tot het beeldende en spirituele, kunnen we pas tot bloei komen als we dit facet van onszelf volledig hebben doorgrond. In zekere zin vormt het dieptewerk van Jung de trainingsruimte voor de tegenwoordige klasse van koninklijke adviseurs.

Je bent in 'jungiaanse analyse' als je in therapie bent bij een jungiaans analist, iemand die is opgeleid aan een van de jungiaanse opleidingsinstituten. Gewoonlijk zijn analisten al vakkundige therapeuten en kunnen ze iedere willekeurige aanpak inzetten die heilzaam is, maar ze geven uiteraard de voorkeur aan die van Jung. Jungiaanse analisten werken graag gedurende enkele jaren, misschien twee keer per week, met je samen. Analisten werken meestal volgens een hoger tarief vanwege hun extra opleiding. Je kunt ook in therapie gaan bij een niet-analist, een Jung-georiënteerde psychotherapeut. Maar vraag dan wel welke training ten grondslag ligt aan het 'jungiaanse' dat hij of zij propageert. Sommigen kunnen bogen op een uitgebreide boekenkennis, gevolgde cursussen, stages of een lange persoonlijke analyse. De persoonlijke analyse is vooral belangrijk.

Sommige jungiaanse opleidingsinstituten bieden een lager tarief als je ervoor voelt om in therapie te gaan bij iemand die nog niet is afgestudeerd – een 'kandidaat-analist' of een 'psychotherapiestagiair'. Deze mensen zijn geschoold en enthousiast, dus dat zou een voordelige oplossing kunnen zijn. Het enige probleem is dat het vinden van een goede match met jouw persoonlijkheid, wat als essentieel wordt beschouwd in jungiaans werk, lastiger voor elkaar te krijgen is.

Wees ook op je hoede voor jungianen met gedateerde seksistische of homofobe opvattingen. De meeste jungianen hanteren opvattingen die in lijn zijn met hun eigen cultuur, in plaats met die van het Victoriaanse Zwitserland uit de tijd van Jung. Ze worden aangemoedigd om onafhankelijk te denken. Jung zelf zei ooit: 'Godzijdank ben ik Jung en geen jungiaan.' Maar er zijn jungianen die de tamelijk bekrompen ideeën van Jung omtrent geslacht en seksuele voorkeur navolgen.

Een paar laatste opmerkingen over HSP's en psychotherapie

Zorg er in de eerste plaats voor dat je niet doet wat anderen willen, door genoegen te nemen met een therapeut die zichzelf centraal stelt. De therapeut zou een veilige haven moeten zijn die groot genoeg is, zodat je niet steeds tegen het ego van die veilige haven aan botst. Wees in de tweede plaats niet te gestreeld door de sterke persoonlijke aandacht (die de meeste goede therapeuten geven) gedurende de eerste paar sessies. Neem de tijd om jezelf hiervoor in te zetten.

Als het proces eenmaal is gestart, besef dan dat het hard werken is en niet altijd plezierig. Een sterke overdracht is slechts één voorbeeld van het soort onverklaarbare krachten die loskomen als je je onbewuste vertelt dat het nu de ruimte heeft om zichzelf een beetje te uiten.

Soms wordt psychotherapie gewoon te intens, te overprikkelend – en lijkt het meer op een kokende ketel dan op een veilige haven. Als dat zo is, zullen je therapeut en jij moeten bespreken hoe jullie dat in de hand houden. Misschien heb je een onderbreking nodig, een paar sessies die wat rustiger, ondersteunender en oppervlakkiger zijn. Een onderbreking kan je vooruitgang juist versnellen, zelfs als het lijkt alsof het een remmende werking heeft.

Psychotherapie in de ruimste zin van het woord is een verzameling van paden naar wijsheid en heelheid. Als je een HSP bent met een probleemjeugd, dan is het haast essentieel dat je dat pad bewandelt. Vooral dieptewerk kan ook als een soort speelplaats fungeren voor de HSP. Terwijl anderen zich verloren voelen, voelen wij ons daar helemaal thuis. Deze grote, prachtige wildernis laat ons door allerlei soorten landschap reizen. We slaan tevreden ons kamp op met alles waar we baat bij hebben – boeken, cursussen, relaties. We worden maatjes met deskundigen en amateurs die we onderweg tegenkomen. Het is een prima land.

Laat je niet intimideren door de opvatting van de maatschappij, of de weg die jij kiest nu wordt gezien als de laatste trend of een bron van vermaak. Deze weg heeft HSP's iets te bieden wat anderen niet altijd helemaal op waarde kunnen schatten.

WERKEN MET WAT JE HEBT GELEERD
De wonden uit je jeugd vaststellen

Als je weet dat jouw jeugd tamelijk gelukkig en niet erg veelbewogen was, kun je deze test overslaan, of je kunt hem gebruiken om je bewust te worden van je geluk en je medeleven met anderen te vergroten. Sla hem ook over als je al tot tevredenheid hebt gewerkt aan de kwesties uit je kindertijd.

Voor de rest van jullie kan deze opgave je flink van slag maken, dus sla hem over als het niet het juiste moment in je leven lijkt om zo grondig in de geschiedenis te duiken. Zelfs als je intuïtie zegt dat je het maar moet doen, wees dan voorbereid op wat naschokken. En ook hier geldt: overweeg therapie als je meer verwarring en onrust voelt dan je aankunt.

Als je besluit hiermee door te gaan loop dan de lijst door en kruis aan wat op jou van toepassing is. Zet bovendien een sterretje bij alles wat in de eerste vijf jaar is gebeurd, een tweede sterretje als het is gebeurd voordat je twee was. Als de situatie gedurende lange tijd voortduurde (hoe je 'lang' definieert mag jij zelf bepalen), omcirkel dan het kruisje of de sterretjes. Doe dat ook als de gebeurtenis nog steeds je hele leven lijkt te beheersen.

Deze kruisjes, sterretjes en rondjes laten je min of meer zien waar de grootste problemen liggen, zonder te proberen daar een rangorde in aan te geven.

— Je ouders waren niet blij met de signalen van jouw sensitiviteit en/of wisten daar bijzonder slecht mee om te gaan.
— Je was duidelijk een ongewenst kind.
— Je werd verzorgd door een veelheid aan verzorgers die niet je ouders waren, of andere liefdevolle mensen die dicht bij jullie gezin stonden.
— Je werd tegen je zin overbeschermd.
— Je werd gedwongen dingen te doen waar je bang voor was, waardoor je je eigen gevoel van wat voor jou goed was terzijde schoof.
— Je ouders dachten dat er fysiek of mentaal iets aan jou mankeerde.
— Je werd overheerst door een ouder, zus, broer, buurman, schoolvriendje enzovoort.
— Je werd seksueel misbruikt.
— Je werd fysiek mishandeld.
— Je werd verbaal mishandeld – uitgescholden, gepest, afgeblaft, voortdurend bekritiseerd – of het zelfbeeld dat je door anderen uit je directe omgeving kreeg weerspiegeld, was op alle fronten uitzonderlijk negatief.
— Je werd lichamelijk gezien niet goed verzorgd (je kreeg niet voldoende te eten enzovoort.)
— Je kreeg weinig aandacht, of de aandacht die je kreeg was uitsluitend te danken aan je uitzonderlijke prestaties.
— Een van je ouders of een ander uit je directe omgeving was alcoholist, drugsverslaafde of geestesziek.
— Een van je ouders was vaak lichamelijk ziek of gehandicapt en niet beschikbaar.
— Je moest zorgen voor (een van) beide ouders, lichamelijk of emotioneel.
— Een van je ouders was wat een deskundige op het gebied van geestelijke gezondheid zou beschrijven als narcistisch, sadistisch of op een andere manier uiterst moeilijk om mee samen te leven.

— Op school of in de buurt was je het slachtoffer – het doelwit van mishandeling, pesterijen, enzovoort.
— Je had andere jeugdtrauma's naast mishandeling (bijvoorbeeld een ernstige of chronische ziekte, een verwonding, een handicap, armoede, een natuurramp, je ouders leefden onder ongewoon veel stress vanwege werkloosheid, enzovoort).
— Je sociale omgeving beperkte je mogelijkheden en/of behandelde je als inferieur omdat je arm was of tot een minderheid behoorde, enzovoort.
— Er vonden grote veranderingen in je leven plaats die je niet in de hand had (verhuizingen, sterfgevallen, scheidingen, achterlating, enzovoort).
— Je had last van een groot schuldgevoel over iets waar je jezelf de schuld van gaf en waarover je met niemand kon praten.
— Je wilde dood.
— Je hebt je vader verloren (doordat hij doodging of door een scheiding enzovoort), had geen contact met hem en/of hij was niet betrokken bij je opvoeding.
— Je hebt je moeder verloren (doordat zij doodging of door scheiding enzovoort), had geen contact met haar en/of zij was niet betrokken bij jouw opvoeding.
— Elk van beide bovenstaande mogelijkheden was ofwel een geval van duidelijke en vrijwillige achterlating of afwijzing van jou persoonlijk, ofwel je was ervan overtuigd dat je je vader of moeder had verloren vanwege je eigen fout of gedrag.
— Een broer, zus of ander familielid overleed of verloor je op een andere manier.
— Je ouders maakten voortdurend ruzie en/of gingen scheiden en maakten ruzie om jou.
— Als puber had je bijzonder veel problemen of had je zelfmoordneigingen, of raakte je aan de drugs of alcohol.
— Als puber kwam je voortdurend in aanraking met de autoriteiten.

Nu je hiermee klaar bent, kijk dan eens naar het patroon van kruisjes, sterretjes en rondjes. Als er niet veel staan, wees daar dan blij om en uit je dankbaarheid waar die terecht is. De aanwezigheid van flink wat kruisjes, sterretjes en rondjes heeft waarschijnlijk nieuwe pijn of angst om ernstig beschadigd te zijn opgeroepen. Laat het volledige plaatje van je geschiedenis naar voren komen. Richt dan je aandacht op je eigen beste eigenschappen, talenten en prestaties, inclusief alle behulpzame mensen en gebeurtenissen die het negatieve compenseren. Besteed dan even tijd (ga bijvoorbeeld even wandelen) om het kind dat zoveel heeft ondergaan en bijgedragen eer te bewijzen. En ga na waar hij of zij nu behoefte aan heeft.

9 Artsen, medicijnen en HSP's
'Zal ik luisteren naar Prozac of een goed gesprek voeren met mijn dokter?'

In dit hoofdstuk zullen we nagaan in hoeverre je eigenschap je reactie op medische zorg in het algemeen beïnvloedt; vervolgens krijg je informatie over de specifieke medicijnen die je misschien neemt of krijgt aangeboden vanwege je eigenschap.

> *Manieren waarop je eigenschap jouw medische zorg beïnvloedt*

– Je bent gevoeliger voor lichaamssignalen en symptomen.
– Als je je levenswijze niet hebt aangepast aan je eigenschap, zul je meer stressgerelateerde en/of 'psychosomatische' ziekten ontwikkelen.
– Je bent gevoeliger voor medicijnen.
– Je bent gevoeliger voor pijn.
– Je zult geprikkelder zijn, en gewoonlijk overprikkeld, door een medische omgeving, medische procedures, onderzoeken en behandelingen.
– In de omgeving van de 'gezondheidszorg' kan je sterke intuïtie de overschaduwende aanwezigheid van lijden en dood, het menselijke tekort niet negeren.
– Gezien al het voorgaande en het feit dat de meeste traditionele medisch deskundigen geen HSP's zijn, zal je relatie met hen gewoonlijk problematischer zijn.

Het goede nieuws is dat je problemen kunt opmerken voordat ze uit de hand lopen, en je er geweldig bewust van kunt zijn wat je eraan kunt doen. Zoals aangestipt in hoofdstuk 4 zijn hoog sensitieve kinderen die niet onder druk staan buitengewoon gezond. Uit een langetermijnonderzoek onder volwassenen die in hun jeugd plichtsgetrouw waren – wat voor de meeste HSP's geldt – bleek dat ze als volwassenen erg gezond waren. Dit gold niet voor verlegen volwassenen. Dit suggereert dat HSP's in staat zijn om zeer gezond te zijn, maar hun sociale leven op orde moeten krijgen en hun sociale ongemak moeten verlichten, zodat ze het stressloze, ondersteunende leven kunnen hebben waar ze behoefte aan hebben.

Maar laten we de problemen bespreken die de bovenstaande lijst impliceert, aangezien die je meer zorgen baren. Omdat je je bijzonder bewust bent van subtiele lichaamssignalen is er ook vaak sprake van vals alarm. Dit zou geen probleem moeten zijn; je gaat naar de dokter en vraagt zijn mening. Als je je nog steeds onzeker voelt, vraag je een second opinion.

Maar soms is het niet zo simpel. Dokters kunnen tegenwoordig drukke, ongevoelige mensen zijn. Vaak stap je een tikkeltje nerveus en overprikkeld zijn of haar kantoor binnen. Je bent je bewust van iets kleins, maar je maakt je er zorgen om, anders had je geen afspraak gemaakt. Je weet dat de kans groot is dat het niets bijzonders is en dat de dokter je overdreven zenuwachtig vindt. Je weet dat zowel je sensitiviteit voor het subtiele als je overprikkeling ten gevolge van het voorziene sociale ongemak overduidelijk zijn.

Ondertussen deelt de dokter het vooroordeel van zijn cultuur om jouw eigenschap te verwarren met verlegenheid en introversie, en deze eigenschappen vervolgens als minder geestelijk gezond te beschouwen. Bovendien is sensitiviteit, vooral voor sommigen, een gevreesde zwakte die ze moesten onderdrukken om op de artsenopleiding te kunnen overleven. Dus ze projecteren dat deel van zichzelf (en de zwakte die ze ermee associëren) op patiënten die daarvan ook maar enigszins de kenmerken vertonen.

Kortom, er zijn veel redenen waarom de dokter wellicht alvast aanneemt dat vooral in jouw geval dit vage symptoom 'tussen je oren' zit en dat uiteindelijk ook meestal laat doorschemeren. (Uiteraard zijn geest en lichaam zo nauw met elkaar verbonden dat het begonnen zou kunnen zijn met een psychologische stressveroorzakende factor, maar dokters zijn niet goed getraind om hiermee om te gaan.) Je wilt niet neurotisch overkomen door te gaan protesteren, maar je vraagt je wel af of er is geluisterd, of je wel goed onderzocht bent, of alles werkelijk in orde is. Je voelt je beschaamd en wil de dokter niet tot last zijn. Maar als je weggaat ben je nog steeds ongerust, waardoor je je begint af te vragen of je inderdaad neurotisch bent. En misschien besluit je de volgende keer je symptomen te negeren, totdat ze zo overduidelijk zijn dat elke dokter ze kan zien.

De oplossing is om een dokter te vinden die jouw eigenschap volledig onderkent – hetgeen betekent dat deze persoon jouw vermogen om subtiele aspecten van je gezondheid op te pikken en je reacties op behandelingen serieus neemt. Een dokter zou verrukt moeten zijn over zo'n uitstekend alarmsysteem. Tegelijkertijd kan hij of zij, vanwege jouw sensitiviteit, de rustige deskundige zijn en je geruststellen als blijkt dat er waarschijnlijk niets aan de hand is. Maar deze geruststelling zou respectvol moeten zijn en niet gebaseerd moeten zijn op de aanname dat er psychisch iets met je aan de hand is.

Het zou je moeten lukken om dergelijke dokters te vinden, vooral als je dit boek als leesvoer voor hen meeneemt.

Je gevoeligheid voor medicijnen is een feit. Het kan worden verergerd door overprikkeling als gevolg van het feit dat je je zorgen maakt over de neveneffecten (en de meeste medicijnen hebben die, dus dat maakt jou geen neuroot). Of je kunt overprikkeld zijn door iets anders op het moment dat je de eerste dosering nam. Dus misschien wil je even wachten en kijken hoe de medicijnen op jou uitwerken als je tot rust gekomen bent.

Als je er zeker van bent dat je verkeerd reageert op een medicijn, vertrouw daar dan op. Er zijn enorme verschillen in gevoeligheid voor medicijnen. Je mag van je medische deskundigen verwachten dat ze hier samen met jou op een respectvolle manier een weg in zoeken. Doen ze dat niet onthoud dan dat jij de cliënt bent – ga naar een ander.

Wat overprikkeling als gevolg van andere behandelingen en procedures betreft, besef dat je wordt geconfronteerd met nieuwe, intensieve sensaties die vaak een dreigende invasie van je lichaam betekenen. De oplossing is om eerst aan degene die de procedure uitvoert uit te leggen dat je hoog sensitief bent. Als jouw uitleg blijk geeft van zelfrespect, zul je over het algemeen worden gerespecteerd. Sterker nog, je openheid zal veelal worden gewaardeerd. Degene die de procedure uitvoert, kan extra maatregelen nemen om het je gemakkelijker te maken.

Jij zou je bewust moeten zijn van wat het best werkt om je prikkeling te temperen. Sommigen van ons worden rustiger wanneer hun stap voor stap wordt uitgelegd wat er gebeurt; anderen geven de voorkeur aan stilte. Sommigen hebben het liefst een vriend(in) bij zich; anderen zijn liever alleen. Sommigen reageren prima op extra medicijnen die de pijn of spanning verminderen; anderen vinden het controleverlies als gevolg van medicijnen nog benauwender. Bovendien kun je waarschijnlijk veel voor jezelf doen. Je kunt van tevoren zo veel mogelijk over de situatie te weten komen. Je kunt jezelf kalmeren, je balans vinden en sussen op alle manieren die je kent. En je kunt jezelf achteraf troosten met liefdevol begrip voor en acceptatie van de heftige reactie die je hebt gehad.

Gevoeligheid voor pijn varieert ook aanzienlijk. Sommige vrouwen voelen bijvoorbeeld bijna geen pijn bij het bevallen, en onderzoek onder hen heeft uitgewezen dat dergelijke vrouwen vrijwel nooit pijn voelen gedurende hun leven. Het omgekeerde geldt ongetwijfeld ook; dat sommigen veel pijn voelen gedurende hun leven. Uit mijn onderzoek blijkt dat HSP's gewoonlijk meer pijn ervaren.

Onze geestesgesteldheid heeft enig invloed op de pijnbeleving, dus het helpt altijd als je een aardige, liefdevolle, begripvolle, rustige ouder kunt zijn voor je kind/lichaam als het pijn heeft. Het is ook essentieel dat je aan degenen die je kunnen helpen je verhoogde gevoeligheid voor pijn duidelijk maakt. Als ze goed geïnformeerd zijn over het onderwerp, zullen ze jouw reactie beschouwen als een normale variant in de menselijke fysiologie en er op gepaste wijze mee omgaan. (Maar onthoud dat je wellicht ook gevoeliger bent voor pijnbestrijders.)

Waar het op neerkomt, is dat je vaak geprikkelder bent dan de gemiddelde patiënt. Zelfs als we ervan uitgaan dat jouw gezondheidsdeskundige slim genoeg is om je opwinding niet als iets lastigs of als een teken van een stoornis te behandelen, maakt het de zaken toch ingewikkelder. Je vermogen om je gedachten te verwoorden neemt bijvoorbeeld af.

Er zijn diverse oplossingen. Je kunt een lijst met vragen meenemen en aantekeningen maken. Je kunt iemand meenemen om te luisteren en de vragen te stellen waar jij niet aan denkt. (Op die manier kun je achteraf nog een ander geheugen raadplegen.) En je kunt je probleem uitleggen. Laat je kalmeren door de deskundige door middel van een praatje of welke methode hij of zij ook graag toepast. Je kunt je opwinding ook wat compenseren door de persoon te vragen de instructies te herhalen en beschikbaar te zijn voor het telefonisch beantwoorden van vragen waar je niet aan hebt gedacht.

Houd ook in gedachte dat het gebruikelijk is om een band te voelen met iemand met wie je een prikkelende ervaring hebt gedeeld, vooral als het een echt pijnlijke of emotioneel veelbetekenende beproeving was. Op het medische vlak kom je dit soort extra gevoelens tegen als mensen het over hun chirurg hebben of als vrouwen het hebben over degene die hun kind heeft gehaald, hetgeen volkomen normaal is. De oplossing is gewoon weten waarom het gebeurt en het op de juiste manier compenseren.

Overprikkeling is moeilijk. Je kunt er gewoon niet omheen. En in medische situaties, waarin je wordt geconfronteerd met pijn en ouderdom en dood, is het alleen maar moeilijker. Toch heeft het volgens mij wel zin om je in je leven bewust te zijn van de dood, vooropgesteld dat het je plezier in het moment vergroot. Als het bewustzijn te overweldigend is, kun je altijd een beroep doen op dat handige universele verdedigingssysteem dat ontkennen heet. En verzamel je familie en je vrienden om je heen om je te helpen. Ooit zijn of worden zij ook met deze vragen geconfronteerd. Dit is niet het moment om het gevoel te hebben dat je raar bent of anderen tot last bent. We gaan hier allemaal doorheen.

Het herschrijven van je medische geschiedenis

Dit zou een goed moment kunnen zijn om – in het licht van je eigenschap – je ervaringen op het gebied van medische zorg in een nieuw kader te plaatsen.

Denk aan één tot drie belangrijke ervaringen op het gebied van ziekte en medische zorg, vooral ziekenhuisopnamen of jeugdervaringen. Volg dan de bekende drie stappen. Ga in de eerste plaats na hoe je altijd tegen die ervaringen hebt aangekeken, waarschijnlijk mede op basis van de houding van de medische sector – dat je 'overgevoelig' was, een lastige patiënt, dat je je pijn inbeeldde, dat je neurotisch was, enzovoort. Bezie dan deze ervaringen in het licht van wat je nu weet over je eigenschap. Bekijk ten slotte of er iets moet gebeuren op basis van deze nieuwe kennis, zoals het zoeken naar een andere dokter of dit boek aan hem of haar geven.

Als dit inderdaad een moeilijk aspect in je leven is geweest, lees dan ook het kader 'Oefen om op een nieuwe manier om te gaan met medisch deskundigen'.

OEFEN OM OP EEN NIEUWE MANIER OM TE GAAN MET MEDISCH DESKUNDIGEN

1. *Denk aan een medische situatie die voor jou overprikkelend is, sociaal ongemakkelijk of anderszins problematisch.* Misschien is dat jouw reactie op het feit dat je moet rondlopen in niets anders dan een ziekenhuishemd, op bepaalde soorten van onderzoek, of op bloedafname, kiezen boren of een diagnose of uitslag krijgen die te laat of niet duidelijk is.
2. *Denk aan deze situatie in het licht van je eigenschap,* waaronder de potentiële positieve rol van je eigenschap. Je zult het bijvoorbeeld sneller opmerken als er een probleem is en consciëntieuzer zijn in het opvolgen van instructies. Maar bedenk bovenal wat je nodig hebt (en waar je ook recht op hebt) om de situatie minder prikkelend te maken. Onthoud dat iedereen erop zou moeten toezien dat jouw lichaam niet overspoeld wordt door cortisol, aangezien het medische resultaat ook beter zal zijn als je rustig bent.
3. *Stel je voor hoe je voor elkaar krijgt wat je nodig hebt.* Dat kan iets zijn wat je voor jezelf kunt doen. Maar waar-

schijnlijk komt er ook in ieder geval een beetje berichtgeving over je sensitiviteit aan de medisch deskundige aan te pas. Dus schrijf een scenario voor jezelf. Zorg ervoor dat het zelfrespect uitstraalt en respect van anderen oproept zonder bot of arrogant te zijn. Laat iemand wiens oordeel je vertrouwt je scenario lezen. Iemand uit de gezondheidszorg zou perfect zijn. Oefen dan het gesprek met die persoon. Laat hem of haar achteraf zeggen hoe het overkwam wat je zei.
4. *Bedenk hoe je datgene wat je hebt geoefend kunt toepassen bij de volgende keer dat je medische zorg ontvangt.* Tegen die tijd kun je deze punten er nog eens op naslaan en nog wat oefenen om je ideeën in praktijk te brengen.

Een waarschuwing inzake medische etiketten voor jouw eigenschap

Zoals je weet raken dokters zich snel bewust in welke mate onze mentale opvattingen invloed hebben op het immuunsysteem en ziekten. Ze zijn zich er ook van bewust dat sommige mensen meer gedachten en gevoelens lijken te hebben die aan hun ziekte kunnen bijdragen dan anderen. Maar omdat ze zich richten op de ziekte, nemen ze vaak niet in ogenschouw of er ook positieve aspecten kunnen kleven aan het persoonlijkheidstype dat gepaard lijkt te gaan met bepaalde ziektebeelden. Ik zeg 'lijkt', omdat ze ook geen rekening houden met de culturele vooroordelen ten opzichte van bepaalde persoonlijkheidstypen die voor de echte schade zorgen. Sterker nog, ze kunnen ongewild dit vooroordeel doen voortduren door met al hun deskundige autoriteit te stellen dat een bepaald soort persoonlijkheid of karaktertrek ongezond of negatief is.

De signalen van een vooroordeel tegen sensitiviteit kun je gemakkelijk oppikken als je eenmaal tussen de regels door leert lezen, om beschrijvingen van sensitiviteit als een 'syndroom' op te vangen, of dat zulke mensen 'uit balans zijn' of 'vaak de controle kwijt zijn' of 'te sterk reageren' of 'niet in staat zijn de zaken in het juiste perspectief te zien' als gevolg van een lichaam met 'een overmaat' aan dit of een 'abnormaal' dat. Onthoud dat dit meestal medische oordelen zijn vanuit een strijder/leidersperspectief van wat uit, verloren, te sterk, juist, overmatig en abnormaal is.

Onthoud echter ook dat er momenten kunnen zijn waarop je daadwerkelijk het gevoel hebt dat je uit balans bent, de controle kwijt bent en te sterk reageert. HSP's in een uiterst stimulerende wereld komen daar niet onderuit, vooral niet degenen die een stressvolle jeugd of persoonlijke geschiedenis achter de rug hebben. Laat je op die momenten helpen door gezondheidsdeskundigen met medicijnen, ook al gaan ze er op een strijder/leider manier mee om. (Sta er gewoon op dat je met een lage dosering begint.) Maar houd voor ogen dat het niet aan je eigenschap te wijten is, maar aan de wereld waarin jij met je eigenschap bent geboren, en waarin je voortdurend op de proef wordt gesteld om je aan te passen of te veranderen.

Waarom zou je Prozac en andere medicijnen nemen?

Ik heb diverse malen geopperd dat je met je gezondheidsdeskundigen over je eigenschap zou moeten praten. Als je dat echter doet zul je vroeg of laat wellicht een 'psychoactieve' medicatie voorgeschreven krijgen bij wijze van permanente oplossing – waarschijnlijk een antidepressivum, zoals Prozac, of een kalmerend middel zoals valium. Sterker nog, velen van jullie hebben deze medicijnen waarschijnlijk al geprobeerd. Ze kunnen uitstekend helpen als je in een crisis zit of een tijdelijk middel nodig hebt om je overprikkeling of de effecten daarvan in de hand te houden, zoals slapeloosheid of eetproblemen. De onderliggende vraag is of je min of meer permanent iets moet slikken om je eigenschap te 'genezen'. Veel medici vinden van wel. Toen ik bijvoorbeeld mijn eigen huisarts voor het eerst vertelde over dit boek, was hij erg opgetogen. 'Dit probleem is in de medische wereld echt een ondergeschoven kindje,' zei hij. 'Dat is schandalig. Maar godzijdank valt het eenvoudig te genezen, net als diabetes.' En hup, daar kwam zijn receptenblokje te voorschijn.

Ik weet wel dat hij me alleen maar probeerde te helpen. Maar ik vertelde hem enigszins sarcastisch dat ik toch maar wilde proberen om het nog wat langer zonder zijn hulp te stellen.

Jij kunt echter het gevoel hebben dat de nadelen van je eigenschap zwaarder wegen dan de voordelen of dat je graag zou willen zien of een medicijn de uitwerking van je eigenschap zou beïnvloeden. In dat geval wil je misschien wel het langetermijngebruik van een medicijn proberen met als doel om de fundamentele manier waarop je hersenen werken te veranderen. Maar ik vind dat een HSP goed geïnformeerd zou moeten zijn voordat die stap wordt gezet.

Het is inmiddels denk ik duidelijk dat de rest van dit hoofdstuk je niet zal voorschrijven wat je moet doen; het is bedoeld om je te informeren en je te helpen alle zaken te overdenken.

Medicatie in een crisis

Er is een belangrijk onderscheid tussen het nemen van psychoactieve medicijnen in een crisis en het gebruik ervan om een persoonlijkheidswijziging op lange termijn te realiseren. Soms zijn medicijnen de gemakkelijkste of zelfs de enige manier om de vicieuze cirkel van overprikkeling, overdag niet goed kunnen functioneren en 's nachts niet kunnen slapen te doorbreken. In deze gevallen is je huisarts, net als de mijne, maar al te graag bereid om je iets voor te schrijven. Of je loopt tegen het andere uiterste aan, een arts die vindt dat je je altijd door een pijnlijke geestesgesteldheid heen moet worstelen, vooral als de oorzaak 'buiten jezelf' ligt, zoals een beroving of plankenkoorts. De beste oplossing is om van tevoren te bepalen wat je in een crisis zou doen. Vervolgens kun je op zoek naar een dokter wiens filosofie inzake dergelijke medicijnen overeenkomt met de jouwe. Als je wacht tot je in een crisissituatie zit, kun je (en kunnen ook anderen) het gevoel hebben dat je nauwelijks in staat bent om belangrijke beslissingen te nemen.

Dan sta je geheid onder druk om te doen wat de eerste de beste dokter je voorschrijft.

Medicijnen die onmiddellijk de prikkeling stoppen

Er zijn talloze psychoactieve medicijnen, maar twee ervan worden het frequentste aan HSP's voorgeschreven. Tot de eerste soort behoren de snelwerkende kalmerende medicijnen, zoals Librium, valium en Xanex (van de meeste word je slaperig – wat soms een voordeel is, en soms niet – maar van Xanex niet). Ze maken allemaal binnen een paar minuten een eind aan je prikkeling. (Zoals je nu weet hoeft prikkeling geen spanning te zijn, dus ga niet akkoord met het etiket 'spanningsgevoelig'. Prikkeling kan gewoon overstimulatie zijn.)

Veel mensen zweren bij deze medicijnen om in slaap te vallen of te kunnen optreden of met periodes van stress in hun leven te kunnen omgaan. Maar hoewel het effect van korte duur is, kunnen deze medicijnen op de lange termijn verslavend werken. Steeds als er een nieuw kalmerend middel op de markt komt, wordt er gewoonlijk beweerd dat het minder verslavend is dan zijn voorgangers. Maar het ligt voor de hand dat alle medicijnen die ons snel naar ons optimale prikkelingsniveau brengen, uit een toestand van onderprikkeling of overprikkeling, tot op zekere hoogte verslavend moeten zijn. Alcohol en kalmerende middelen halen ons uit onze overprikkeling; cafeïne en amfetaminen zorgen voor extra prikkeling. Deze zijn allemaal verslavend. Sterker nog, alle middelen die een probleem oplossen, zullen steeds opnieuw genomen worden, tenzij de neveneffecten de voordelen overschaduwen.

Het probleem met stimulerende of kalmerende middelen is echter dat de hersenen zich erop instellen, zodat je steeds meer nodig hebt om hetzelfde effect te bereiken. Op dat punt kunnen ze een schadelijk effect hebben op diverse delen van het lichaam, zoals de lever of de nieren. Bovendien zal het natuurlijk prikkelevenwicht van het lichaam worden onderdrukt.

Als je al voortdurend overprikkeld bent, is dat evenwicht natuurlijk al ver te zoeken. Dan kan de ingelaste pauze door af en toe een kalmerend middel te nemen misschien precies zijn wat je nodig hebt.

Maar er zijn ook andere manieren om de lichaamschemie te veranderen – een wandeling, diep ademhalen, een massage, een gezond tussendoortje, geknuffeld worden door iemand van wie je houdt, naar muziek luisteren, dansen. Deze lijst is onuitputtelijk.

Van 'natuurlijke' kalmerende kruiden heeft de mens al sinds de oertijd gebruikgemaakt. Kamillethee is een goed voorbeeld, evenals lavendel, passiebloem, hop en haverthee. Gezondheidswinkels kunnen je hierin adviseren en verkopen vaak lekkere mixen in de vorm van theezakjes of capsules. Ook het effect hiervan verschilt van persoon tot persoon – sommige kruiden werken bij jou beter dan andere. Als je de juiste soort voor het slapen inneemt, zal dat ervoor zorgen dat je slaperig wordt, zodat je gemakkelijker in een diepe slaap valt. Als je een tekort aan calcium en magnesium hebt, kun je ook rustiger worden van een grotere dosis van deze mineralen. Maar wees voorzichtig. 'Natuurlijke' medicijnen kunnen ook bijzonder krachtig zijn.

Het punt is dat je arts deze oudere of simpeler behandelingen misschien niet aanstipt. Hij of zij wordt vaak bezocht door artsenbezoekers. Er komt niemand langs om dokters ertoe te bewegen om een wandeling of een kop kamillethee voor te schrijven.

Medicijnen om de effecten van langetermijnprikkeling te herstellen

Antidepressiva vormen de andere aanpak die HSP's wellicht aangeraden krijgen om met de veronderstelde of werkelijke nadelen van hun eigenschap om te gaan. In een crisis voorkomen ze beslist dat je lijdt en kunnen ze zelfs je leven redden. (Onder depressieve mensen is het sterftecijfer hoger als gevolg van zelfmoord en ongelukken.) En ze kunnen je geld besparen in de zin dat ze je aan het werk kunnen houden, wat je anders niet zou kunnen.

Antidepressiva elimineren niet noodzakelijkerwijs alle gevoel. Ze kunnen gewoon een soort vangnet zodanig herstellen dat je niet zo diep meer kunt zinken als daarvoor. Aangezien deze dieptepunten het gevolg kunnen zijn van het feit dat je hersenen uitgeput zijn in plaats van 'normaal' functionerend, kan het zinnig zijn om de hersenen een steuntje in de rug te geven door iets in te nemen. Als je eenmaal weer beter slaapt en eet, heb je er vaak geen behoefte meer aan.

Antidepressiva hebben pas na twee tot drie weken effect, dus ze zijn niet erg verslavend. Er is geen onmiddellijke beloning. Toch vinden sommige mensen het moeilijk om ermee op te houden, en je kunt er niet zonder problemen per direct mee stoppen. Ik ken niemand die zijn laatste bezittingen heeft opgegeven om aan antidepressiva te komen, maar op hun eigen milde manier zijn ze wel verslavend te noemen.

Als je besluit een antidepressivum te nemen, wend je dan tot een psychiater die ervaring heeft in het voorschrijven van deze medicijnen – iemand die enige intuïtie heeft ontwikkeld op basis van jarenlange ervaring met de wijze waarop verschillende mensen en hun symptomen op verschillende medicijnen reageren – wat opnieuw een bewijs is van de hemelsbrede verschillen tussen mensen. Maar een deskundige op het gebied van deze medicijnen zal uiteraard in hun nut geloven, dus je zou pas deze vorm van hulp moeten opzoeken als je hebt besloten dat je het waarschijnlijk wel wilt.

Wat antidepressiva doen

Je hersenen bestaan uit miljoenen cellen, genaamd neurons, die met elkaar communiceren door het sturen van berichten door lange vertakkingen. Maar die vertakkingen raken elkaar niet. Dus als de boodschap het eind van een tak bereikt, moet het oversteken naar de volgende, per veerpont als het ware. Dit is om verschillende redenen een briljante manier om een brein op te bouwen.

Om de onderlinge afstand te overbruggen maken de neurons kleine chemische bootjes, genaamd neurotransmitters, piepkleine hoeveelheden van substanties die in die ruimte worden gebracht. Neurons nemen hun neurotransmitterbootjes ook weer terug als ze niet meer worden gebruikt. Door ze los te laten en weer terug te nemen houden ze de in hun ogen juiste hoeveelheid neurotransmitters beschikbaar.

Een depressie lijkt te worden veroorzaakt door het feit dat bepaalde neurotransmitters te weinig beschikbaar zijn. Antidepressiva zorgen ervoor dat er meer neurotransmitters beschikbaar zijn. Maar dat doen ze niet door neurotransmitters toe te voegen. De hersenen zijn voor dat soort grappenmakerij volledig afgesloten, en simpelweg toevoegen is niet mogelijk. In plaats daarvan voeg je iets toe wat de hersenen binnen kan gaan en ervoor kan zorgen dat de medicijnen worden opgenomen in plaats van de neurotransmitters. Daardoor blijven er meer neurotransmitters in circulatie.

Maar het zit nog ingewikkelder in elkaar. Wat er waarschijnlijk gebeurt, is dat sommigen van ons ook 'te veel' receptoren voor neurotransmitters ontwikkelen (wat een reden kan zijn waarom we zo gevoelig zijn voor stimuli), zodat we sneller door onze neurotransmitters heen zijn. Extra receptoren ontwikkelen zich waarschijnlijk tijdens periodes van stress of langetermijnprikkeling. Een ander effect van antidepressiva is dat het aantal receptoren wordt verminderd, hetgeen de reden lijkt te zijn waarom antidepressiva pas na een paar weken effect hebben. Het duurt zo lang voordat de receptoren vernietigd zijn. Of misschien werken de hersenen zo niet. Eigenlijk weet niemand hoe het precies werkt. Daar komen we zo op terug.

Vraag je je af waarom een voortdurende overprikkeling zou kunnen leiden tot een depressie of verholpen zou kunnen worden door antidepressiva? Als mensen gedurende lange tijd onder druk staan – overprikkeld zijn – lijken ze maar in beperkte mate te beschikken over bepaalde neurotransmitters. (Andere zaken, zoals bepaalde virussen, zullen ook deze belangrijke hersensappen terugdringen.) Als de hoeveelheid eenmaal laag is, blijft dat bij sommigen ook laag: ze worden depressief. Maar dat geldt niet voor iedereen, en hoe dat komt is nog onbekend. En als je een HSP bent, wil dat niet automatisch zeggen dat je gevoeliger bent voor depressies. De langetermijnprikkeling is de boosdoener.

Er zijn nogal wat neurotransmitterachtige stoffen, en elk jaar worden er nieuwe ontdekt. Lange tijd hadden de beschikbare antidepressiva effect op diverse neurotransmitters. Een deel van de heisa rond Prozac is dat het op slechts één neurotransmitter effect heeft, namelijk serotonine. Prozac en vergelijkbare middelen worden *selective serotonin-reuptake inhibitors* (selectieve serotonineheropnameremmers) oftewel SSRI's genoemd. Niemand weet waarom deze selectiviteit zo'n groot voordeel is bij het behandelen van bepaalde problemen. Maar wetenschappers proberen inmiddels meer te weten te komen over serotonine.

Serotonine en persoonlijkheid

Wat het boek *Listening to Prozac* een aantal jaren geleden zo populair maakte, was het feit dat de auteur, Peter Kramer, de zorgen van alle psychiaters onder woorden bracht die hadden ontdekt dat een paar mensen dankzij het innemen van SSRI's waren 'genezen' van wat diepgewortelde persoonlijkheidskenmerken hadden geleken. Een van deze kenmerken was een aangeboren neiging om 'te sterk te reageren op stress'. Of zoals wij zeggen, gemakkelijk overprikkeld te raken.

Zoals ik echter al eerder heb gezegd, denk ik dat we zeer voorzichtig moeten zijn om dokters onze basiseigenschap te laten omschrijven als 'te sterk reagerend op stress'. Wie bepaalt wat te sterk is? (Mijn gebruik van de term 'overprikkeling' is relatief ten opzichte van je eigen optimale prikkelingsniveau.) Maar hoe staat het met het positieve aspect van onze eigenschap en het negatieve aspect van een cultuur waarbinnen hoge stressniveaus normaal zijn? We zijn niet echt geboren met een neiging om 'te sterk te reageren op stress'. We zijn sensitief geboren.

Hoe dan ook, Kramer heeft fascinerende sociale vragen opgeworpen over een medicijn dat in staat is om iemands complete persoonlijkheid te veranderen. Hoe vinden we het dat we misschien ooit in staat zullen zijn om even gemakkelijk van persoonlijkheid als van kleding te wisselen? Wat gebeurt er met ons zelfbesef als het ego zo gemakkelijk kan worden veranderd? Als een medicijn wordt ingenomen als er niet genoeg mis is met mensen om ze ziek te noemen – ze willen zich alleen maar op een bepaalde manier voelen – in hoeverre verschilt dit dan van het nemen van drugs? Zal iedereen Prozac moeten nemen, en vervolgens Super Prozac, om mee te kunnen komen op het gebied van hoge stresstolerantie? En de vraag waar Kramer steeds op terugkomt is: wat zou de maatschappij verliezen als iedereen ervoor koos om dergelijke medicijnen te slikken?

Ik blijf stilstaan bij het boek van Kramer en de reacties daarop, omdat het door veel dokters is gelezen, die nu sensitiviteit gelijkstellen aan een behoefte aan Prozac, en ook omdat Kramer de sociale en filosofische kwesties zo goed aan de orde stelt. Als je een echte HSP bent, zul je over dergelijke kwesties evengoed willen nadenken als over je persoonlijke situatie als je voor de keus staat om al dan niet een SSRI te gaan gebruiken.

Serotonine en HSP*'s*

Het is moeilijk om tot in detail te bespreken waarom serotonine belangrijk is, omdat het op veertien verschillende plekken in de hersenen de 'voorkeursneurotransmitter' is. Peter Kramer vergelijkt serotonine met de politie. Als er voldoende serotonine is, net als wanneer er voldoende politie op de weg is, lopen de zaken over het geheel ordelijker en veiliger. Maar de verbeteringen verschillen afhankelijk van de problemen op elk gebied. De politie regelt het verkeer bij een opstopping en is op haar hoede voor misdaad als dat het probleem is. Op dezelfde wijze beëindigt serotonine een depressie als een bepaald deel van de hersenen een depressie veroorzaakt en voorkomt het dwangmatig en perfectionistisch gedrag als een ander deel dat veroorzaakt. Om de analogie nog even voort te zetten, met al die politie op straat lijkt een schaduw in een donker steegje een stuk minder gevaarlijk. Dat zou een belangrijke aanpassing zijn voor HSP's, met ons krachtige controlepauzesysteem. Maar dat geldt alleen als meer serotonine – meer politie op straat – zou helpen.

Toen ik de praktijkgevallen in het boek van Kramer las, kon ik het niet laten me af te vragen hoeveel van zijn patiënten HSP's waren die gewoon niet met hun eigenschap wisten om te gaan en niet wisten hoe ze voor zichzelf moesten zorgen in een minder sensitieve maatschappij. Als gevolg daarvan waren ze chronisch overprikkeld, was hun serotoninegehalte een beetje laag, en hielp Prozac. Kijk maar eens naar de andere problemen die Kramer opgelost zag worden met Prozac: dwangmatigheid (een overijverige poging om spanning en overprikkeling onder controle te houden?), weinig gevoel van eigenwaarde en grote gevoeligheid voor kritiek (als gevolg van het behoren tot een minderheid die zich algauw in gebreke voelt staan?)

Dus wanneer zou een HSP een SSRI moeten nemen om al lang bestaande persoonlijkheidskenmerken te veranderen, als ze dat al zouden moeten doen? Veel hangt af van het precieze verband tussen serotonine en onze eigenschap. Helaas is het te vroeg om hier zeker van te kunnen zijn. (En als er meer antwoorden bestaan, wees dan op je hoede voor alles wat niet ingewikkeld is of dat op iedereen van toepassing is.) Overigens zijn er bepaalde aanwijzingen dat het opnieuw allemaal afhankelijk is van de mate waarin je chronisch overprikkeld bent.

Sommige apen worden geboren met de neiging om bij nieuwe beelden en geluiden een controlepauze te houden. Dat is onze eigenschap, naast de menselijke voordelen van een diep inzicht in het verleden en de toekomst en ons grotere menselijke vermogen om onze controlepauzes aan te sturen als we daarvoor kiezen. Deze apen gedragen zich over het algemeen hetzelfde als andere apen. Maar als jong waren ze trager op het gebied van ontdekkingen en lieten ze een snellere en onregelmatiger hartslag zien, alsmede hogere stresshormoonniveaus. Ze lijken veel op de kinderen die door Jerome Kagan worden beschreven, zoals besproken in hoofdstuk 2. Maar merk op dat ze op dit punt niet minder serotonine hebben.

Het grote verschil doet zich voor als deze apen gedurende lange tijd onder hoge druk komen te staan (overprikkeld zijn). Dan lijken deze sterker reagerende apen ten opzichte van andere apen gespannen, depressief en dwangmatig. Als ze steeds weer van slag raken, vertonen ze vaker dit gedrag, en *op dat punt* nemen hun neurotransmitters in aantal af.

Dit gedrag en fysieke veranderingen komen ook voor bij *elke willekeurige* aap die in zijn kindertijd is getraumatiseerd doordat hij van zijn moeder is gescheiden. Het is interessant dat bij een eerste traumatisering de stresshormonen zoals cortisol toenemen. Maar opnieuw neemt in de loop der tijd het serotonineniveau af, vooral in combinatie met andere stressveroorzakende factoren, zoals geïsoleerd zijn. Dan reageren de apen voortdurend sterker dan andere apen.

Wat we uit deze twee onderzoeken moeten concluderen, is dat het probleem wordt veroorzaakt door chronische overprikkeling of stress of een jeugdtrauma – niet door de aangeboren eigenschap. Dat punt werd ook in hoofdstuk 2 al aangestipt. Sensitieve kinderen ervaren meer korte momenten van prikkeling, met een toename van adrenaline, maar als ze zich veilig voelen is er niets aan de hand. Maar als een sensitief kind (of welk kind dan ook) zich onveilig voelt, gaat de kortetermijnprikkeling over in langetermijnprikkeling, waarbij het cortisolgehalte toeneemt. Uiteindelijk is ook alle serotonine opgebruikt (volgens de onderzoeken met de apen).

Dit onderzoek is van belang voor HSP's. Het maakt heel concreet waarom we chronische overprikkeling moeten zien te vermijden. Als we door onze jeugd zijn geprogrammeerd om ons door alles bedreigd te voelen, moeten we meestal in therapie het innerlijke werk gaan doen om die programmering te wijzigen, ook al duurt dat jaren. Kramer haalt bewijs aan dat wanneer het serotonineniveau niet genormaliseerd wordt, zich een voortdurende ontvankelijkheid voor overprikkeling en depressie kan ontwikkelen en er flinke schade kan optreden. Dus is het zaak om ons veilig en uitgerust te voelen en ons serotonineniveau op peil te houden. Hierdoor blijven we in staat te genieten van de voordelen van onze eigenschap, de onderkenning van het subtiele. Het betekent dat de onvermijdelijke momenten van overprikkeling niet leiden tot een dagenlange toename van cortisol en een verminderd serotonineniveau gedurende maanden en jaren. Als het ons niet is gelukt, kunnen we de situatie nog steeds corrigeren. Maar dat kost tijd, en we kunnen ervoor kiezen om een poosje medicijnen te nemen om dit herstel te ondersteunen.

Serotonine en een slachtoffer zijn

Een ander feit dat je misschien ter ore komt, is dat dominante apen, of in ieder geval enkele van de soorten die geneigd zijn dominant te zijn, meer serotonine hebben. Door gewoon het serotonineniveau bij deze soort aap te verhogen gaat bij de andere apen die een medicijn hebben gekregen dat het serotoninegehalte verlaagt overheersen. Wanneer je een aap van deze soort boven aan de hiërarchische ladder plaatst, neemt het serotoninegehalte in zijn hersenen toe. Onthef je hem van zijn status, dan neemt het serotoninegehalte af. Dit is wellicht een andere reden waarom dokters je serotoninegehalte graag willen verhogen – om je te helpen dominanter en succesvoller te zijn in een op dominantie gerichte maatschappij.

Ik vergelijk niet graag 'timide' apen met hoog sensitieve mensen, die daarin verschillen dat ze meer hebben van juist dat wat mensen zo menselijk maakt (vooruitziendheid, intuïtie, verbeeldingskracht). Maar als HSP's geneigd zijn snel zonder serotonine te zitten, moet ik me wel afvragen waardoor dat wordt veroorzaakt. Er lijkt te worden aangenomen dat we minder dominant zijn omdat we misschien weinig serotonine hebben. Maar wellicht is het in ieder geval in bepaalde gevallen een gevoel van iets te mankeren of onder aan de hiërarchische ladder te staan dat ons serotoninegehalte verlaagt. Zou een laag serotoninegehalte en een depressie en al het andere kunnen voortkomen uit stress als gevolg van het feit dat HSP's in deze cultuur 'klein' worden gehouden?

Bedenk eens wat het serotonineniveau van 'verlegen, gevoelige' Chinese kinderen kan zijn die (volgens het onderzoek dat in hoofdstuk 1 wordt aangehaald) de bewonderde leiders van hun klas zijn. Bedenk wat het serotoninegehalte zal zijn van hun tegenvoeters in Canada, die onder aan de hiërarchie in hun klas staan. Misschien hebben we geen Prozac nodig, maar gewoon *respect*!

Zou je je eigenschap moeten proberen te veranderen met een SSRI?

Ik zou willen dat ik gegevens had over de effecten van deze medicijnen op niet-depressieve HSP's. Maar aan de andere kant zouden hun effect op de gemiddelde HSP nog steeds niet veel zeggen over hun effect op jou. Het is alom bekend dat een antidepressivum dat bij de ene persoon de depressie doet verdwijnen, bij de ander geen effect hoeft te hebben. Dat zou ook moeten gelden voor medicijnen die de persoonlijkheid beïnvloeden. Zoals uitgelegd is in hoofdstuk 2, zijn er ongetwijfeld vele manieren waarop je hoog sensitief kunt zijn. Dat is alvast één reden om op je hoede te zijn voor trendy enkelvoudige verklaringen voor alles, zoals serotonine, als je het over je eigenschap hebt.

Nu volgen enkele zaken die ik zou willen betrekken bij het nemen van een beslissing. In de eerste plaats: hoe ontevreden ben je met jezelf zoals je bent? In de tweede plaats: ben je bereid de rest van je leven een medicijn te slikken om de door jou gewenste veranderingen in stand te blijven houden? Dat besluit vergt een zorgvuldige overweging van de potentiële neveneffecten en uitgestelde langetermijneffecten, die nog geen van alle bekend zijn bij een dergelijk nieuw medicijn.

Het belangrijkste neveneffect is dat deze nieuwe medicijnen zich voor ten minste 10 tot 15 procent van de gebruikers een beetje gedragen als een stimulerend middel zoals amfetamine (iets wat door de producent van Prozac, Eli Lilly, wordt gebagatelliseerd). Sommige mensen die Prozac gebruiken hebben geklaagd over slapeloosheid, emotionele dromen, onbeheersbare rusteloosheid, trillen, misselijkheid of diarree, gewichtsverlies, hoofdpijn, spanning, overmatig transpireren en knarsetanden in hun slaap. Een oplossing daarvoor is om een kalmerend middel voor te schrijven, gewoonlijk voor 's nachts, om de opwinding te neutraliseren. Maar ik zou me persoonlijk een beetje geïrriteerd voelen als zou blijken dat ik nu twee zware medicijnen moest nemen. En het tweede werkt verslavend.

Veel van de HSP's die ik ken en die Prozac en vergelijkbare medicijnen hebben genomen, zijn daar later mee opgehouden omdat het medicijn niet zoveel hielp of omdat ze de stimulerende effecten niet prettig vonden. De mogelijkheid bestaat dat het gedragsactiveringssysteem, dat is besproken in hoofdstuk 2, wordt geprikkeld om tegenwicht te bieden aan het controlepauzesysteem. Dus deze medicijnen werken wellicht beter als je 'probleem' bestaat uit een rustig activeringssysteem. Maar degenen bij wie beide systemen krachtig zijn, kunnen wel eens degenen zijn die te geagiteerd raken.

Deze medicijnen hebben soms invloed op de seksuele prestaties, vooral bij mannen. Uit één onderzoek blijkt dat Prozac het geheugen beïnvloedt; uit een ander dat dat niet zo is. Uit één onderzoek onder dieren zou geconcludeerd kunnen worden dat antidepressiva de groei van tumoren bevorderen, maar uit eerdere onderzoeken bleek dat niet. Er zal tijd overheen gaan om erachter te komen of dit voor mensen een groot probleem is. Ook zijn SSRI's zeer gevaarlijk als ze worden gecombineerd met bepaalde andere medicijnen, vooral andere antidepressiva, omdat een teveel aan serotonine schadelijk is en zelfs tot de dood kan leiden.

Je krijgt dus niets voor niets.

Ik vertel dit niet allemaal om je bang te maken of je te weerhouden van het nemen van antidepressiva, vooral als je in een crisis zit. (Maar de langer bestaande antidepressiva werken gemiddeld genomen even goed bij een depressie. De neveneffecten zijn onprettiger, maar deze medicijnen draaien al langer mee en lijken geen ernstige nadelige gevolgen te hebben.) Ik wil alleen maar een goedgeïnformeerde gebruiker van je maken. In het boek *Listening to Prozac* vind je niet het hele verhaal. Kramer ging met opzet niet in op de neveneffecten van Prozac, omdat hij meer geïnteresseerd was in de maatschappelijke invloed van een groep medicijnen waarvan hij aanneemt dat ze uiteindelijk geen belangrijke neveneffecten zullen hebben. Ook minimaliseert hij de individuele verschillen, die bij een paar mensen een zeer negatieve reactie zouden kunnen veroorzaken. En je kunt ook niet verwachten dat je het hele verhaal te horen krijgt van de producenten die geld verdienen aan deze enorm winstgevende medicijnen, of van de huisartsen die – zoals uit onderzoek blijkt – de werking van de meest geadverteerde medicijnen overschatten. Zelfs de bijsluiter met de waarschuwingen voor de neveneffecten wordt door de producent zelf opgesteld, en zij verontrusten hun klanten uiteraard niet meer dan absoluut noodzakelijk.

De schaduw van Prozac

Om meer over de schaduw van Prozac te weten te komen is het misschien nuttig om het boek *Talking Back to Prozac* van Peter en Ginger Breggin te lezen. Zij geven een heel andere, zij het soms misschien te alarmerende kijk op de medicijnindustrie, met haar te grote rol in het proces van de goedkeuring van medicijnen in de Verenigde Staten. De Food and Drug Administration (FDA) voert het onderzoek op nieuwe medicijnen niet zelf uit; ze houdt er slechts toezicht op. De onderzoeken worden uitgevoerd door onderzoekers die vaak financiële connecties hebben met de producenten. Als er na goedkeuring van de medicijnen nieuwe neveneffecten verschijnen, worden die uiteraard door het bedrijf geminimaliseerd. Als er een rechtszaak van komt, wordt deze in alle stilte in de rechtszaal beslist. Sterker nog, producent Eli Lilly heeft aangeboden de juridische onkosten op zich te nemen voor elke arts die voor een medische fout wordt aangeklaagd terwijl hij Prozac correct heeft voorgeschreven.

Het echtpaar Breggin wijst er ook op dat alle onderzoek naar deze nieuwe medicijnen gericht is geweest op het gebruik gedurende enkele maanden, bij wijze van behandeling voor een ernstige depressie. In deze gevallen vertonen de hersenen duidelijk afwijkend gedrag, en is het doel om de hersenen weer in het gareel te brengen. Niemand weet wat de effecten zijn als je ze neemt met het doel om een ongewenste maar in principe normale, aangeboren eigenschap in een voor het overige gezond persoon te laten verdwijnen. Antidepressiva voegen niet gewoon iets toe wat er niet is. Het kost weken voordat ze effect hebben, omdat ze de structuur van neurons (zenuwcellen) drastisch veranderen. Ook is er geen onderzoek gedaan naar hun effect op jonge mensen, hoewel deze medicijnen aan hen worden voorgeschreven.

De eerste van elke groep antidepressiva, waaronder Prozac,

werd per ongeluk ontdekt. Het is niet bekend hoe ze precies werken. En ze bemoeien zich absoluut – en dat wordt ook van ze verwacht – voortdurend met de normale gang van zaken in de hersenen. Vandaar de hekeling van het echtpaar Breggin van de blije metaforen over Prozac, waardoor je dokter in staat is om je hersenen 'beter af te stemmen' of 'de balans te herstellen' door 'de hoeveelheid neurotransmitters te vergroten'. Volgens het echtpaar Breggin lijkt de betreffende dokter meer op 'een onhandige collega die koffie op je computer morst – hoewel Prozac veel krachtiger is dan cafeïne en je hersenen veel kwetsbaarder en gemakkelijker beschadigd zijn dan je computer'.

Inderdaad lijkt het echtpaar Breggin iets duivels in Prozac te zien. Maar in ons allemaal zit iets duivels, en daar kun je maar beter van op de hoogte zijn dan net te doen of het anders is.

Een psychofysioloog die zijn brood verdient met het uitvoeren van dierproeven met deze medicijnen voor de farmaceutische industrie, vertelde me dat hij ervan overtuigd is dat bedrijven inspelen op ons verlangen naar een snelle oplossing, die eenvoudig niet bestaat. Volgens hem vereisen de meeste van onze problemen zelfkennis, die we gewoonlijk door middel van hard werken in psychotherapie opdoen.

In feite is Peter Kramer het daarmee eens:

Psychotherapie blijft de enige best werkende technologie om kleine depressies en spanningen te behandelen [...] De overtuiging – niet zelden gesteund door sommige prijsaanbieders uit de gezondheidszorg – dat medicijnen psychotherapie overbodig maken, verhult naar mijn mening een cynische bereidheid om mensen te laten lijden [en] dient als een excuus om patiënten psychotherapie te onthouden.

Ik ben opgehouden met het opschrijven van paginanummers voor verwijzingen toen ik twintig plekken had genoteerd waar Kramer zijn bezorgdheid uitte over een maatschappij waarin Prozac te vrijelijk werkt gebruikt, waardoor mensen vlakker, egocentrischer en ongevoeliger werden. Tegelijkertijd heeft hij ook kritiek op 'farmacologisch calvinisme', dat beweert dat als je je goed voelt door een medicijn, het ethisch slecht moet zijn. Dat pijn een bevoorrechte toestand is. Dat kunst altijd het product is van een gekwelde, lijdende geest. Dat alleen de mensen die in de ellende zitten diepe gedachten hebben. Dat spanning noodzakelijk is om een oorspronkelijk bestaan te leiden. Dit zijn belangrijke sociale vragen waar wij HSP's over moeten nadenken als we overwegen medicijnen te gebruiken die niet bedoeld zijn om ons door een crisis te helpen, maar om onze basisbenadering van het leven – onze persoonlijkheid – te veranderen.

Als je besluit ze te gebruiken (of dat al doet)

Ik besef dat sommigen of misschien zelfs velen van jullie al een SSRI gebruiken. Anderen zullen daartoe besluiten. Behalve de voordelen die jij daarvan hebt, draag je ook in belangrijke mate bij aan onze kennis omtrent deze medicijnen, net zoals degenen die het niet gebruiken de 'controlegroep' vormen.

Kramer vraagt zich af of deze medicijnen ons gevoel van stabiliteit zullen wegnemen. Daar ben ik niet zo zeker van. Elke maand ondergaan veel vrouwen vergelijkbare ingrijpende veranderingen in hun stemmingen en basisfysiologie. Zij weten nog steeds wie ze zijn. Ze erkennen gewoon dat ze ingewikkeld in elkaar steken. Misschien begrijpen ze dat ze uit diverse overlappende persoonlijkheden bestaan, die op verschillende momenten anders kunnen zijn. In het geval van een medicijn bepaal jij welke persoon je wilt zijn. Wie bepaalt dat? Een of andere degelijke innerlijke getuige van dit alles. Jouw bewustzijn van *dat* deel van jezelf zal groeien als nooit tevoren. En je zult nadenken over de persoon die je wilt zijn en vrijer zijn in je keuzes dan ooit tevoren.

Het is een opwindende tijd voor een HSP om in te leven. Misschien wist je voordat je dit boek las, niet eens dat je was wat je bent. Nu je het ten overstaan van medische deskundigen voor je eigenschap opneemt en met de onderliggende fysiologie van je eigenschap experimenteert (of dat weigert), ben je een van de pioniers. Dus wat maakt het uit als we af en toe een beetje overprikkeld zijn? Houd het onder controle en ga lekker door.

WERKEN MET WAT JE HEBT GELEERD
Wat je zou veranderen als een veilige pil het zou veranderen

Pak een vel papier en zet in het midden een verticale lijn. Maak aan de linkerkant een lijst van alles van jezelf dat ook maar enigszins in verband staat met je sensitiviteit waar je van af zou willen als er een veilige pil was waarmee dat kon. Dit is jouw kans om compleet tabak te hebben van de nadelen van het HSP-zijn. Ook is het je kans om te dromen over de perfecte persoonlijkheidsveranderingspil. (Deze oefening gaat *niet* over het gebruik van medicijnen als je in een crisis zit, depressief bent of zelfmoordneigingen hebt.)

Schrijf nu voor ieder onderwerp dat je aan de linkerkant hebt opgeschreven aan de rechterkant op wat je zou verliezen als dat negatieve effect van je sensitiviteit door deze wonderbaarlijke pil werd weggenomen. (Net als alle pillen kan jouw pil geen tegenstellingen bevatten.) Een voorbeeld dat met de eigenschap geen verband houdt: 'koppigheid' hoort links, maar zonder dat zou je 'doorzettingsvermogen' verliezen, wat rechts hoort.

Als je wilt, kun je met een 1, 2 of 3 voor elk onderwerp aan de linkerkant aangeven hoe graag je ervan verlost zou willen zijn (3 geeft aan het meest) en aan de rechterkant hoe graag je het wilt behouden. Een veel hoger puntentotaal aan de linkerkant wijst erop dat je wellicht wilt blijven zoeken naar een geschikt medicijn (of dat je er nog steeds moeite mee hebt te accepteren wie je bent).

10 Ziel en geest
Waar de ware schat begraven ligt

Er is iets met HSP's wat duidt op meer innerlijke bewogenheid en spiritualiteit. Met ziel bedoel ik datgene wat subtieler is dan het fysieke lichaam, maar nog steeds belichaamd is, zoals dromen en verbeelding; de geest stijgt uit boven en bevat tegelijkertijd alles dat behoort tot de ziel, het lichaam en de wereld.

Welke rol zouden ziel en geest in jouw leven moeten spelen? Diverse mogelijkheden passeren op deze laatste bladzijden de revue, waaronder een psychologische opvatting dat we zijn voorbestemd om de heelheid te ontwikkelen waaraan zoveel behoefte is in het menselijk bewustzijn. We hebben tenslotte een groot talent om te beseffen wat anderen missen of verloochenen, en keer op keer is het onwetendheid die de schade veroorzaakt.

Maar in dit hoofdstuk komen ook andere, minder psychologische stemmen, zowel hemelse als goddelijke stemmen aan de orde.

Vier aanwijzingen

Nu ik erop terugkijk, zie ik dat het bijna een historisch moment was: de eerste bijeenkomst van HSP's op de campus van de University of California in Santa Cruz op 12 maart 1992. Ik had een lezing aangekondigd over de resultaten van mijn interviews en eerste vragenlijsten, waarbij ik de deelnemers had uitgenodigd, alsmede geïnteresseerde studenten en therapeuten, van wie de meesten ook HSP's bleken te zijn.

Wat mij als eerste opviel, was de stilte in de zaal voor ik begon. Ik had er niet bij stilgestaan wat me te wachten stond, maar een beleefde stilte zou logisch geweest zijn. Maar dit was zelfs meer dan pure stilte. Er hing een tastbare stilte, zoals in een diep oerwoud. Een gewoon zaaltje was veranderd door de aanwezigheid van deze mensen.

Toen ik klaar was om te beginnen, merkte ik de hoffelijke alertheid op. Natuurlijk sprak het onderwerp hen zeer aan. Maar ik had het gevoel dat ze met me meegingen op een manier die ik nu associeer met alle HSP-publieken. We neigen ernaar mensen te zijn met een grote belangstelling voor ideeën, waarbij we ieder concept bekijken en over alle mogelijkheden ervan nadenken. We zijn ook hulpvaardig. We zullen beslist niet proberen iets voor anderen te verpesten door te gaan fluisteren, gapen of een zaal binnenstappen of uitlopen op een ongepast moment.

Mijn derde observatie komt uit mijn cursussen voor HSP's. Ik houd graag diverse pauzes, waaronder één samen in stilte, om te rusten, te mediteren, te bidden, of te denken wat men wil. Ik weet uit ervaring dat een bepaald percentage van het gemiddelde publiek in de war raakt of zelfs van slag is als ik die gelegenheid bied. Bij HSP's heb ik nooit ook maar enige aarzeling bemerkt.

In de vierde plaats praatte ongeveer de helft van de mensen die ik heb ondervraagd voornamelijk over hun zielen/geestesleven, alsof dat hen definieerde. Als ik bij de anderen naar hun innerlijke leven, filosofie, relatie tot godsdienst of spirituele praktijken vroeg, spraken ze plotseling met nieuwe energie, alsof ik eindelijk de juiste snaar had geraakt.

De gevoelens over 'georganiseerde godsdienst' waren zeer sterk. Een paar van de ondervraagden waren zeer toegewijd, de rest was ontevreden en zelfs minachtend. Maar de ongeorganiseerde godsdienst bloeide; bijna de helft deed een of andere dagelijkse oefening die hen naar binnen keerde om de spirituele dimensie aan te raken.

Hieronder volgen enkele van hun opmerkingen. Teruggebracht tot kernpunten is het haast een soort gedicht geworden.

Mediteert al jarenlang, maar 'laat alles gewoon gebeuren'.
Bidt dagelijks: 'Je krijgt waar je voor bidt.'
'Ik oefen zelf; ik probeer een leven te leiden dat de dierlijke en menselijke natuur recht doet.'

Mediteert dagelijks. Heeft geen 'geloof' behalve een geloof dat alles goed zal komen.

Weet dat er een geest is, een hogere macht, een leidende kracht.

'*Als ik man was geweest, zou ik een jezuïet zijn geweest.*'

'*Alles wat leeft is belangrijk; er is iets groters, dat weet ik gewoon.*'

'*We zijn hoe we met andere mensen omgaan. Godsdienst? Het zou een troost zijn als ik zou kunnen geloven.*'

'*Taoïsme, de kracht die in het universum aan het werk is: laat de strijd los.*'

Begon met God te praten op vijfjarige leeftijd, zittend op een boomtak; wordt geleid door een stem tijdens crises, wordt bezocht door engelen.

Tweemaal per dag diepe ontspanningsoefeningen.

'*We zijn hier om de aarde te beschermen.*'

Mediteert dagelijks twee keer; heeft 'immense ervaringen gehad, een paar dagen van aanhoudende euforie; maar het spirituele leven is ook een kwestie van groeien en vereist inzicht'.

'*Voor ik bij de* AA *kwam was ik een atheïst.*'

'*Ik denk over Jezus en de heiligen. Ik heb golven van spirituele gevoelens.*'

Mediteert, heeft visioenen, haar dromen geven haar 'stralende energie; vele dagen staan bol van een overweldigende blijdschap en dankbaarheid'.

Op vierjarige leeftijd hoorde ze een stem haar beloven dat ze altijd beschermd zou zijn.

Zegt dat het leven in zijn geheel goed is, maar dat het niet bedoeld is als iets gemakkelijks. Het is om over God te leren. Het vormt je karakter.

'*Ik voel me aangetrokken en afgestoten door de godsdienst uit mijn jeugd, maar voel me altijd getroffen door het transcendente, de mysteries waarvan ik niet weet wat ik ermee aan moet.*'

Veel religieuze ervaringen. De zuiverste onderging hij tijdens de geboorte van zijn kind.

Streefde haar godsdienst voorbij en zocht rechtstreeks contact met God (door middel van meditatie) – en met de behoeftigen.

Beoefent samen met een groep een spirituele methode uit Indonesië, waarbij door middel van dans en zang een 'natuurlijke zijntoe-

stand wordt bereikt die intens goddelijk is'.
  Bidt elke ochtend een halfuur lang, waarbij de vorige dag en de komende dag worden overdacht – 'de Heer geeft inzicht, corrigeert en leidt de weg'.
  'Ik geloof dat als we opnieuw in Christus worden geboren dat we het vermogen krijgen om ons te ontwikkelen zodat we ons leven kunnen leiden in de glorie van God.'
  'Ware religieuze ervaringen doen zich in het dagelijks leven voor als het vertrouwen dat alle gebeurtenissen een goede reden hebben.'
  'Ik ben een boeddhistische hindoeïstische pantheïst: alles gebeurt zoals het hoort; maak plezier ten koste van alles; weet je altijd omringd door schoonheid.'
  'Ik voel me vaak één met het universum.'

Waar wij goed in zijn – waar is dat goed voor?
Ik heb vier herhaalde ervaringen genoemd die ik met HSP's heb gehad: een spontane diepe stilte die een gewijde soort collectieve aanwezigheid creëerde, attent gedrag, directheid inzake de ziel c.q. geest, en inzicht in dit alles. Deze vier ervaringen vormen voor mij afdoende bewijs dat wij, de klasse van koninklijke adviseurs, de 'priesterklasse' vormen, en een soort onverwoordbare voeding aan onze maatschappij verstrekken. Ik kan me niet veroorloven om het een naam te geven. Maar ik kan wel enkele observaties aanbieden.

Heilige ruimte creëren
Hoe antropologen praten over ritueel leiderschap en rituele ruimte, spreekt mij wel aan. Rituele leiders creëren voor anderen die ervaringen die alleen kunnen plaatsvinden binnen een rituele, heilige of overgangsruimte, die losstaat van de alledaagse wereld. Ervaringen die in een dergelijke ruimte plaatsvinden, zijn transformerend en geven betekenis. Zonder deze ervaringen wordt het leven saai en leeg. De rituele leider kadert de ruimte af en beschermt deze, bereidt anderen voor om erin toe te treden, leidt hen terwijl ze daar zijn, en helpt hen, gewapend met de juiste betekenis van de ervaring, terug te keren in de maatschappij. Van oudsher waren dit vaak inwijdingservaringen die de grote overgangen in het le-

ven markeerden – naar de volwassenheid, het huwelijk, ouderschap, ouderdom en de dood. Andere hadden een helend doel, om een visioen of een openbaring te brengen die richting gaf, of om iemand in meer harmonie met het goddelijke te brengen.

Tegenwoordig worden heilige plekken algauw alledaags gemaakt. Om deze plekken te laten voortbestaan is veel privacy en zorg nodig. Ze worden net zo makkelijk gecreëerd in de kantoren van bepaalde psychotherapeuten als in kerken, komen net zo vaak voor in een bijeenkomst van mannen of vrouwen die ontevreden zijn over hun godsdienst, als in een gemeenschap die haar traditionele gebruiken uitvoert, en worden net zo gemakkelijk aangekondigd door een kleine verandering van onderwerp of toon in een gesprek als door het aantrekken van sjamanistische kledij en het trekken van een ceremoniële cirkel. Vandaag de dag zijn de grenzen van heilige ruimte altijd flexibel, symbolisch en zelden zichtbaar.

Hoewel slechte ervaringen ervoor hebben gezorgd dat sommige HSP's alles wat naar heiligheid riekt verwerpen, voelt de meerderheid zich in een dergelijke omgeving het meest op zijn gemak. Sommigen wekken het bijna spontaan om zich heen op. Zodoende beantwoorden ze vaak aan de roeping om het ook voor anderen te creëren, waardoor HSP's de priesterklasse worden in de zin van het creëren en onderhouden van heilige ruimte in deze tijden van agressieve niet-religieuze strijders.

Voorspellen

Een andere manier om HSP's als 'priesters' te beschouwen stamt van psycholoog Marie-Louise von Franz, die nauw samenwerkte met Carl Jung. Ze schrijft over wat jungianen het introverte intuïtieve type noemen, wat de meeste HSP's zijn. (Aan degenen die weten dat je niet beide of zelfs maar een van deze typen bent, maak ik mijn excuses dat ik jullie even buitensluit.)

Het introverte intuïtieve type heeft hetzelfde vermogen als de extraverte intuïtieve typen om de toekomst aan te voelen [...] Maar zijn intuïtie is naar binnen gekeerd, en daardoor is hij voornamelijk het type van de religieuze profeet, of de ziener. Op een primitief niveau is hij de sjamaan die weet wat de goden en geesten en voorvaderlijke geesten van plan zijn en die hun boodschappen aan de stam doorgeeft [...]. Hij kent de langzame processen die plaatsvinden in het collectieve onbewuste.

Tegenwoordig zijn velen van ons kunstenaars en dichters in plaats van profeten en zieners, en produceren een soort kunst waarvan Von Franz zegt dat het 'gewoonlijk pas door latere generaties wordt begrepen, als een weergave van wat op dat moment in het collectieve onbewuste gaande was'. Toch vormen profeten van oudsher de religie, geen kunst, en we kunnen allemaal zien dat er tegenwoordig iets heel vreemds aan de hand is met religie.

Vraag eens aan jezelf of de zon opkomt in het oosten. Kijk dan eens hoe je je voelt over je 'foute' antwoord. Omdat je er uiteraard naast zit. De zon komt niet op. De aarde draait. Om maar een persoonlijke ervaring te noemen. We kunnen er niet op vertrouwen, althans zo lijkt het. We kunnen alleen de wetenschap vertrouwen.

De wetenschap heeft getriomfeerd als de Beste Manier om Alles Te Weten. Maar wetenschap is gewoonweg niet ontwikkeld om antwoord te geven op de grote spirituele, filosofische en morele vragen in het leven. Dus we gedragen ons haast alsof deze niet belangrijk zijn. Maar dat zijn ze wel. Ze worden altijd impliciet beantwoord door de normen en de opstelling van de samenleving – wie de samenleving respecteert, van wie ze houdt, voor wie ze bang is, en wie ze aan haar lot overlaat. Als deze vragen expliciet aan de orde worden gesteld, is dat gewoonlijk door HSP's.

Maar vandaag de dag zijn zelfs HSP's niet zeker hoe ze iets kunnen ervaren of ergens in kunnen geloven wat niet zichtbaar is, vooral gezien alle zaken waarin ooit werd geloofd en waarvan de wetenschap inmiddels heeft aangetoond dat ze niet kloppen. We geloven maar nauwelijks onze zintuigen, en nog minder onze intuïtie, als blijkt dat het verhaal van een opkomende zon een domme menselijke fout is. Kijk maar eens naar alle dogma's die de priesters of de priesterklasse ooit in ere hield. Daarvan is zoveel inmiddels 'bewezen niet te kloppen' of erger nog, gebleken alleen uit eigenbelang te zijn uitgedragen.

Niet alle klappen die het geloof te verwerken heeft gehad, zijn direct door de wetenschap uitgedeeld. Daarnaast is er ook communicatie en reizen. Als ik geloof in de hemel en een paar miljard mensen aan de andere kant van de aarde geloven in reïncarnatie, hoe kunnen we dan allebei gelijk hebben? En als mijn godsdienst er op dat punt naast zit, hoe staat het dan met de rest? En blijkt niet uit het vergelijkend onderzoek naar religie dat het allemaal slechts een poging is om natuurlijke verschijnselen te verklaren? Alsmede een behoefte aan steun met de dood in het vooruitzicht? Dus waarom zouden we dit bijgeloof en deze emotionele steunpilaren niet overboord zetten? Bovendien, als God bestaat, hoe verklaar je dan alle ellende in de wereld? En als we het daar toch over hebben, leg dan eens uit waarom er zoveel van die problemen juist door religie zijn veroorzaakt? En zo klinken de sceptische geluiden.

Er zijn vele reacties op de teruggang van religie. Sommigen van ons zijn het helemaal eens met de sceptici. Sommigen houden vast aan een of andere abstracte kracht of goedheid. Sommigen klampen zich sterker dan ooit vast aan hun tradities en worden fundamentalisten. Anderen verwerpen de godsdienstige voorschriften als een bron van grote problemen in de wereld, en genieten toch van de rituelen en bepaalde beginselen van hun religieuze traditie. Tot slot is er een nieuw soort religieuze wezens die op zoek is naar de rechtstreekse ervaring, niet de lessen van autoriteiten. Tegelijkertijd weten ze dat om een of andere reden anderen weer andere ervaringen hebben, dus proberen ze hun eigen ervaring niet als de Waarheid te verkondigen. Ze zijn wellicht de eerste mensen die met een directe spirituele kennis moeten leven die als fundamenteel onzeker wordt erkend.

In elke categorie vind je HSP's. Maar op grond van mijn interviews en cursussen geloof ik dat de meerderheid tot de laatste groep behoort. Net als onderzoekers en wetenschappers kammen ze het onbekende gebied uit en komen dan terug om er verslag van te doen.

Alleen aarzelen velen van ons verslag te doen. De hele toestand van religie, bekering, sektes, goeroes en new-ageovertuigingen kan zo'n puinhoop zijn. We kennen allemaal de plaatsvervangde schaamte voor onze medemensen die met een fanatieke blik in hun ogen folders uitdelen. We zijn bang dat anderen ons ook zo zullen zien. HSP's zijn al voldoende aan de kant gezet in een cultuur waarin de fysieke kant de voorkeur heeft boven de ziel en de geest.

Toch is er in deze tijd behoefte aan ons. Een gebrek aan balans tussen de aspecten van de koninklijke adviseurs en die van de strijders/leiders van de samenleving is altijd gevaarlijk, maar vooral wanneer de wetenschap voorbijgaat aan intuïtie en de 'grote levensvragen' zonder diepzinnigheid worden beantwoord op grond van wat op dat moment gemakkelijk voor de hand ligt.

Juist op dit vlak is er behoefte aan jouw bijdrage.

De grondregels van jouw religie opschrijven

Of je nu een georganiseerde of een ongeorganiseerde religie aanhangt, er zijn grondregels. Ik stel voor dat je deze opschrijft, zo mogelijk nu meteen. Wat accepteer je, geloof je of weet je uit eigen ervaring? Als lid van de klasse van koninklijke adviseurs is het goed om dit in je eigen woorden te kunnen omschrijven. Als je vervolgens het gevoel hebt dat iemand er baat bij zou hebben om dit te horen, dan zou je het kunnen verkondigen. Als je jezelf daarvoor niet wilt lenen of niet dogmatisch wilt zijn, maak dan van je onzekerheid en het niet bereid zijn om te preken je eerste grondregel. Het hebben van overtuigingen wil niet zeggen dat die niet kunnen veranderen, dat ze vastliggen of aan anderen moeten worden opgedrongen.

Hoe we anderen inspireren bij de zoektocht naar de zin van het leven

Ik kan het je niet kwalijk nemen als je je niet op je gemak voelt in de rol van profeet. Maar in een 'existentiële crisis' kun je toch tot de ontdekking komen dat je op een voetstuk wordt geplaatst of zelfs op de kansel. Dat overkwam Victor Frankl, een joodse psychiater die in een naziconcentratiekamp was opgesloten.

In zijn boek *Man's Search for Meaning* beschrijft Frankl (overduidelijk een HSP) hoe er vaak een beroep op hem werd gedaan om zijn medegevangenen te inspireren, hoe hij intuïtief begreep waar behoefte aan was en hoezeer ze het nodig hadden. Hij bemerkte ook dat onder die afschuwelijke omstandigheden gevangenen die van anderen een soort zingeving konden verkrijgen psychologisch beter overeind konden blijven, en daardoor ook fysiek:

Sensitieve mensen die gewend waren aan een rijk intellectueel leven hebben misschien veel pijn geleden (ze waren vaak teer gebouwd), maar de schade aan hun innerlijk leven was minder. Ze waren in staat om zich af te zonderen van hun verschrikkelijke omgeving in een leven van innerlijke rijkdom en spirituele vrijheid. Alleen op deze manier valt de ogenschijnlijke paradox te verklaren dat sommige gevangenen van een minder robuuste aard het kampleven vaak beter leken te doorstaan dan degenen die sterker waren gebouwd.

In de ogen van Frankl is zingeving niet altijd religieus. In de kampen ontdekte hij soms dat zijn reden om te leven was om anderen te helpen. Op andere momenten was het het boek dat hij schreef op stukjes papier, of zijn diepe liefde voor zijn vrouw.

Etty Hillesum is nog een voorbeeld van een HSP die de zin van het leven had ontdekt en dat met anderen deelde gedurende diezelfde moeilijke tijden. In haar dagboeken, geschreven in Amsterdam in 1941 en 1942, kan men haar horen streven om haar ervaring, in historische en spirituele zin te begrijpen en te transformeren – en altijd naar binnen gekeerd. Geleidelijk groeit er een zachtaardige, rustige, persoonlijke overwinning van de geest uit haar angst en twijfel. Ook valt uit haar aantekeningen op te maken hoeveel mensen haar als een steunpilaar begonnen te beschouwen. Haar laatste woorden, geschreven op een papiertje dat ze van een veewagen gooide op weg naar Auschwitz, vormen misschien wel mijn favoriete citaat van haar: 'We gingen zingend het kamp weer uit.'

Etty Hillesum leunde zwaar op de psychologie van Jung en de poëzie van Rilke (beide HSP's). Over Rilke schreef ze:

Het is een vreemde gedachte dat [Rilke] wellicht gebroken zou zijn geweest door de omstandigheden waarin wij nu leven. Is dat geen verder bewijs dat het leven een delicaat evenwicht kent? Bewijs dat sensitieve kunstenaars in tijden van vrede en onder gunstige omstandigheden, op zoek kunnen zijn naar de zuiverste en meest toepasselijke uitdrukking van hun diepste gedachten, zodat anderen in turbulenter en uitputtende tijden zich hiertoe kunnen wenden voor steun en een pasklaar antwoord op hun verwarrende vragen? Een antwoord dat ze niet voor zichzelf kunnen formuleren aangezien al hun energie wordt opgebruikt om te voorzien in hun eerste levensbehoeften. Helaas hebben we de neiging om in moeilijke tijden het spirituele erfgoed van kunstenaars uit een 'gemakkelijker' tijdperk van ons af te schudden onder het mom van 'wat hebben we daar nu aan?'

Dat is een begrijpelijke maar kortzichtige reactie. En bijzonder verarmend.

In welke tijd het ook plaatsvindt, lijden heeft uiteindelijk invloed op ieder leven. Hoe we ermee leven en anderen daarbij helpen, is een van de grote creatieve en ethische kansen voor HSP's.

Wij HSP's bewijzen onszelf en anderen een slechte dienst als we onszelf beschouwen als zwak vergeleken met de strijder. Onze kracht is anders, maar vaak is die machtiger. Vaak vormt ze het enige soort dat een begin kan maken om met lijden en kwaad om te gaan. Ze vergt zonder twijfel evenveel moed en ze neemt toe wanneer ze wordt geoefend. Noch draait ze altijd om het verdragen, accepteren en zin vinden in lijden. Soms is er behoefte aan acties, waarvoor een grote handigheid en strategie nodig is.

Op een ijskoude winternacht tijdens een verduistering smeekte een barak vol wanhopige gevangenen Frankl om hen in de duisternis toe te spreken. Diversen onder hen waren van plan zelfmoord te plegen. (Niet alleen heeft zelfmoord demoralisatie tot gevolg, maar ook wordt iedereen in de barak gestraft als er een wordt gepleegd.) Frankl deed een beroep op al zijn psychologische vaardigheden om de juiste woorden te vinden en sprak hen in het donker toe. Toen de lichten weer aangingen, kwamen de mannen om hem heen staan om hem te bedanken met tranen in hun ogen. Een HSP had zijn eigen soort strijd gewonnen.

Wij wijzen de weg bij de zoektocht naar heelheid

In de hoofdstukken 6 en 7 beschreef ik het individuatieproces in de zin van je innerlijke stemmen leren kennen. Op deze manier kun je je eigen zin van het leven ontdekken, je eigen roeping. Zoals Marsha Sinetar schreef in haar boek *Ordinary People As Monks and Mystics*: 'Waar het om draait om een heel persoon te zijn is dit: wie erachter komt wat voor hem of haar goed is en daaraan vasthoudt, wordt heel.' Ik zou daar alleen aan willen toevoegen dat waar iemand zich aan vasthoudt geen vastomlijnd doel is, maar een proces. Waar behoefte aan is, kan van dag tot dag en van jaar tot jaar verschillen. Zo weigerde Frankl ook altijd te reageren op *de* zin van het leven:

> [...] Aangezien de zin van het leven van mens tot mens, van dag tot dag en van uur tot uur verschilt [...]. Om de vraag in algemene termen te stellen, het zou vergelijkbaar zijn met de vraag aan een schaakkampioen: 'Vertel eens, grootmeester, wat is de beste zet ter wereld?' Er bestaat simpelweg niet iets als de beste of zelfs een goede zet los van een specifieke situatie in een spel [...]. Men zou niet naar een abstracte zin van het leven moeten zoeken.

Het streven naar heelheid is in feite een soort steeds dichterbij cirkelen via verschillende zingevingen en verschillende stemmen. Men komt er nooit, maar krijgt een steeds beter idee van wat zich in het centrum bevindt. Maar als we daadwerkelijk rondjes draaien, is er weinig ruimte voor arrogantie omdat we door elke soort ervaring van onszelf heen gaan. Dit is het streven naar *heelheid*, niet naar volmaaktheid, en heelheid moet per definitie ook het onvolmaakte in zich hebben. In hoofdstuk 7 beschreef ik deze onvolmaaktheden als iemands schaduw, datgene wat alles bevat wat we hebben onderdrukt, verworpen en ontkend in onszelf en wat we van onszelf niet leuk vinden. Consciëntieuze HSP's hebben net zoveel onaardige trekken en onethische ingevingen als ieder ander. Als we ervoor kiezen daar niet naar te luisteren, zoals het hoort, verdwijnen ze nog niet volledig. Sommige verdwijnen gewoon onder de oppervlakte.

Bij het leren kennen van onze schaduw draait het erom dat je beter je onprettige of onethische kanten kunt erkennen en er een oogje op kunt houden, in plaats van ze 'voorgoed' van je af te schudden terwijl ze de kop weer opsteken als we even niet opletten. Gewoonlijk zijn de in moreel opzicht gevaarlijkste mensen degenen die er zeker van zijn dat ze nooit iets fout zouden doen, die vol eigendunk zitten en geen idee hebben dat ze een schaduwkant hebben of hoe die eruitziet.

Naast de grotere kans op moreel gedrag dat inherent is aan het kennen van je schaduwkant, brengt de daaruit voortvloeiende energie vitaliteit en diepte in een persoonlijkheid als ze op een bewuste manier wordt geïntegreerd. In hoofdstuk 6 had ik het over 'geëmancipeerde', zich niet conformerende, uiterst creatieve HSP's. Je schaduwkanten een beetje leren kennen (je weet nooit veel of genoeg erover) is de beste en wellicht de enige manier om verlost te zijn van de dwangbuis van overmatige socialisatie die HSP's vaak in hun jeugd aantrekken. De consciëntieuze HSP in jou die het anderen graag naar de zin maakt, leert de toegevoegde waarde van een machtige, listige, zelfverheerlijkende, zelfverzekerde, impulsieve HSP kennen en doet er zijn voordeel mee. Als een team waarin ieder de voorkeuren van de anderen respecteert en in de gaten houdt, zijn zij – ben jij – een prettige toevoeging aan de wereld.

Dit vormt allemaal onderdeel van wat ik bedoel met het streven naar heelheid, en HSP's kunnen een leidende rol vervullen in dit soort belangrijk menselijk werk. Heelheid doet een speciaal beroep op HSP's omdat we zijn geboren aan het uiterste eind van een dimensie – de dimensie van sensitiviteit. Bovendien vormen we in onze cultuur niet slechts een minderheid, maar ook nog een die als verre van ideaal wordt beschouwd. Het zou erop kunnen lijken dat we naar het andere eind van de dimensie moeten gaan, van ons zwak, gebrekkig en tot slachtoffer gemaakt voelen tot ons sterk en superieur voelen. En dit boek heeft dat tot nu toe een beetje aangemoedigd. Ik vond dat een noodzakelijke compensatie. Maar voor veel HSP's bestaat de ware uitdaging uit het bereiken van de middenpositie. Niet langer 'te verlegen' of 'te gevoelig' of te wat dan ook. Gewoon prima, gewoon, normaal.

Heelheid vormt ook een centraal aandachtspunt voor HSP's in

relatie tot het spirituele en psychologische leven, omdat we daar zo vaak al goed in zijn. Sterker nog, als we hierin volharden door al het andere buiten te sluiten, zijn we te eenzijdig bezig. Het valt ons zwaar om te zien dat het meest spirituele wel eens zou kunnen zijn om minder spiritueel te zijn, en dat de psychologische houding die getuigt van het meeste inzicht, wel eens zou kunnen zijn om wat minder stil te blijven staan bij onze psychologische inzichten. Een roep om heelheid in plaats van perfectie zou wel eens de enige manier kunnen zijn om de boodschap te laten doordringen.

Naast deze twee algemene stellingen is de sturing naar heelheid een zeer individuele aangelegenheid, zelfs voor HSP's. Als we in onze schulp zijn blijven zitten, zullen we geprikkeld worden of uiteindelijk gedwongen worden om eruit te komen. Als we naar buiten zijn getreden, zullen we ons naar binnen moeten keren. Als we onszelf hebben gepantserd, zullen we uiteindelijk aan onze kwetsbaarheid moeten toegeven. Maar als we verlegen zijn geweest, zullen we pas voelen wat er van binnen mis is als we assertiever worden.

Met betrekking tot de jungiaanse opvattingen over introversie en extraversie dienen de meeste HSP's extraverter te worden om meer heelheid te creëren. Ik heb het verhaal gehoord dat Martin Buber, die zo welsprekend heeft geschreven over de 'ik-gij'-relatie, zei dat zijn leven op een dag veranderde toen een jongeman hem om hulp vroeg. Buber vond dat hij het te druk had met mediteren en in het algemeen te heilig was om het bezoek van de jonge man te kunnen waarderen. Kort daarna stierf zijn bezoeker in de oorlog. Bubers toewijding aan de 'ik-gij'-houding begon toen hij dat nieuws vernam en de eenzijdigheid van zijn introverte spirituele eenzaamheid inzag.

Het streven naar heelheid door middel van de vier functies

Nogmaals, niemand bereikt heelheid. Het belichaamde menselijk leven heeft zijn grenzen – we kunnen niet zowel schaduw als licht zijn, zowel mannelijk als vrouwelijk, zowel bewust als onbewust.

Ik denk dat mensen af en toe een vleugje heelheid proeven. Veel traditionele leren beschrijven een ervaring van zuiver bewustzijn, die de gedachten en de tegenstrijdigheden daarin overstijgt. Dat ondervinden we als we diep mediteren, en een bewustzijn dat daarvan doordrenkt is, kan de basis van ons leven worden.

Zodra we echter in deze onvolmaakte wereld in actie komen, gebruikmakend van onze onvolmaakte lichamen, zijn we tegelijkertijd zowel een volmaakt als een onvolmaakt wezen. Als onvolmaakte wezens leven we altijd slechts de ene helft van elke willekeurige tegenstrijdigheid. We zijn een poosje introvert en moeten daarna extravert worden om daar tegenwicht aan te geven. We zijn een poosje sterk; dan zijn we zwak en moeten we uitrusten. De wereld dwingt ons om op een bepaald moment op een bepaalde beperkte manier te zijn. 'Je kunt niet zowel een cowboy als een brandweerman zijn.' Ons beperkte lichaam versterkt die grenzen nog. We kunnen alleen maar zorgen dat we onszelf steeds weer in balans proberen te brengen.

Vaak dient de tweede helft van ons leven als tegenwicht voor de eerste helft. Het lijkt erop dat we een bepaalde manier van zijn hebben versleten of het vreselijk saai vinden en het tegengestelde moeten proberen. De verlegen persoon treedt naar buiten om als komiek te gaan optreden. De persoon die zich in dienst van anderen stelt, raakt opgebrand en vraagt zich af hoe hij of zij ooit zo 'wederzijds afhankelijk' heeft kunnen worden.

In het algemeen dient alles wat onze bijzondere specialiteit is geweest door het tegengestelde ervan in evenwicht te worden gehouden, waar we slecht in zijn of waar we bang voor zijn om te proberen. Eén tegenstrijdigheid waar jungianen het over hebben, betreft de twee manieren om informatie te verwerken, door middel van de zintuiglijke waarneming (slechts de feiten) of door middel van intuïtie (de subtiele betekenis van de feiten). Een andere tegenstrijdigheid betreft de twee manieren waarop we omgaan met de informatie die we opnemen, door middel van onze ratio (gebaseerd op logica of wat universeel waar lijkt te zijn) of door middel van ons gevoel (gebaseerd op persoonlijke ervaring en wat goed lijkt te zijn voor onszelf en voor anderen om wie we geven).

We beschikken allemaal over een specialiteit uit deze vier 'functies' – zintuiglijk waarnemen, intuïtief waarnemen, denken en voelen. Voor HSP's is dat vaak intuïtief waarnemen. (Denken en voelen komen allebei veel voor bij HSP's). Als je echter introvert bent – zoals 70 procent van de HSP's – maak je vooral in je innerlijke leven gebruik van je specialiteit.

Hoewel er tests zijn ontwikkeld om te kunnen zien wat je specialiteit is, dacht Jung dat we meer konden opsteken van zorgvuldig observeren in welke functie we het slechtst zijn. Dit is de functie die ons geregeld vernedert. Voel je je een echte amateur als je logisch probeert te denken? Of als je moet bepalen wat je persoonlijke gevoel over iets is? Of als je intuïtief moet aanvoelen wat zich op een subtiel niveau afspeelt? Of als je je aan de feiten en details moet houden zonder dat je mag uitweiden, je creativiteit mag gebruiken of je fantasie mag laten werken?

Niemand kan even goed worden in het gebruiken van allevier de functies. Maar volgens Marie-Louise von Franz, die een uitgebreid essay schreef over de ontwikkeling van de 'inferieure functie', vormt het werken aan het versterken van dit zwakke en stuntelige deel van ons een bijzonder waardevolle weg naar heelheid. Het brengt ons in contact met wat in het onbewuste ligt begraven en stemt ons daardoor beter af op alles. Zoals de jongste, domste broer in het sprookje, is deze functie degene die er met het goud vandoor gaat.

Als je een intuïtief type bent (zeer waarschijnlijk voor HSP's) zou je inferieure functie het zintuiglijk waarnemen zijn – je houden aan de feiten en omgaan met de details. Beperkingen in de zintuiglijke functie komen bij iedereen anders tot uiting. Ik beschouw mezelf bijvoorbeeld als tamelijk artistiek, maar op een intuïtieve manier. Woorden vind ik gemakkelijker, hoewel ik de neiging heb te veel ideeën te hebben en te veel te zeggen. Ik vind het moeilijk om artistiek te zijn op een concretere, beperktere manier – om een kamer of kantoor aan te kleden, of te bepalen wat ik zal aantrekken. Ik vind het leuk om me mooi aan te kleden, maar neem gewoonlijk genoegen met wat anderen voor me hebben gekocht. Omdat het ware probleem in beide gevallen is dat ik een bloedhekel heb aan winkelen. Er zijn zo veel *dingen* die me te veel stimuleren en me in verwarring brengen. En daarnaast moet ik knopen doorhakken. Dit alles – de stimulering van de zintuigen, de praktische zaken en de beslissingen – zijn doorgaans heel moeilijk voor een introvert intuïtief persoon.

Aan de andere kant zijn sommige intuïtieve personen geweldige winkelaars. Ze kunnen ergens mogelijkheden in zien waar anderen overheen kijken, en hoe het eruit zal zien in een bepaalde inrichting. Het is moeilijk om te generaliseren waar intuïtieve personen goed in zijn. Het is beter om het te beschouwen als een manier van doen. Wiskunde, koken, kaartlezen, een bedrijf leiden – het kan allemaal intuïtief worden gedaan of 'volgens het boekje'.

Von Franz merkt op dat intuïtieve mensen vaker volledig in beslag genomen worden door zintuiglijke ervaringen – muziek, eten, alcohol of drugs en seks. Dan zetten ze alle gezond verstand overboord. Maar ze zijn er ook zeer intuïtief over en kunnen de diepere betekenis ervan inzien.

Het probleem dat zich voordoet als we proberen in contact te komen met de inferieure functie, in dit geval de zintuiglijke waarneming, is dat de dominante functie zich er toch vaak mee bemoeit. Von Franz geeft het voorbeeld van een intuïtief persoon die gaat boetseren (een prima manier om de zintuiglijke waarneming te ontwikkelen omdat het zo concreet is), maar vervolgens verstrikt raakt in de gedachte hoe goed het zou zijn als op alle scholen boetseerles werd gegeven en hoe de hele wereld zou veranderen als iedereen elke dag zou boetseren en hoe men in de klei het hele universum kan zien, in die microkosmos, de zin van het leven!

Uiteindelijk hoeven we misschien voornamelijk in onze verbeelding met onze inferieure functie te werken of bij wijze van een soort zeer persoonlijk toneelstukje. Maar volgens Jung en Von Franz is het toch echt een ethische verplichting om er de tijd voor te nemen. Veel van het irrationele collectieve gedrag dat we zien, heeft betrekking op het feit dat mensen hun inferieure functie op anderen projecteren of kwetsbaar zijn als er een beroep wordt gedaan op hun inferieure functie, wat de manipulatieve media en de leiders kunnen uitbuiten. Toen Hitler de Duitse haat jegens de joden uitdroeg, deed hij een beroep op de inferieure functie van de specifieke groep die hij toesprak. Als hij intuïtieve personen toesprak, degenen met een inferieure zintuiglijke waarneming, beschreef hij de joden als financiële magnaten en kwade manipulators van markten. Intuïtieve personen waren vaak onpraktisch en niet goed in geld verdienen (onder wie intuïtieve joden). Intuïtieve personen kunnen zich al snel inferieur en beschaamd voelen over hun gebrek aan zakelijk inzicht, waardoor de stap snel gezet is naar een gevoel tot slachtoffer gemaakt te zijn door iedereen die daar beter in is. Wat is het toch heerlijk om iemand anders de schuld te geven van je eigen gebrek.

Voor de gevoelstypen bij wie het denken inferieur was, zette Hitler de joden neer als ongevoelige intellectuelen. Tegen de rationele typen bij wie het gevoel inferieur was, zei hij dat de joden op een egoïstische manier de joodse belangen nastreefden zonder enige universele, rationele ethiek. En tegenover zintuiglijk geöriënteerde mensen met een inferieure intuïtie suggereerde hij dat de joden geheime, magische, intuïtieve kennis en macht bezaten.

Als we de inferieure reacties van onze inferieure functie kunnen doorzien – het 'minderwaardigheidscomplex' – kunnen we dit soort schuld afschuiven een halt toeroepen. Daarom is het onze morele plicht om precies te weten te komen in welk opzicht we niet heel zijn. Nogmaals, in dit soort innerlijk werk kunnen HSP's uitblinken.

Dromen, actieve verbeelding en innerlijke stemmen

Het bereiken van heelheid in jungiaanse zin wordt ook mogelijk gemaakt door dromen en een 'actieve verbeelding' met die dromen, die ons beide helpen om met onze innerlijke stemmen en afgewezen delen van onszelf in gesprek te raken. Als ik voor mezelf spreek, hebben dromen meer betekenis gehad dan slechts informatie uit het onbewuste. Sommige hebben me letterlijk gered in tijden van zware problemen. Weer andere hebben me informatie gegeven waar ik, mijn ego, gewoon niet over kon beschikken. Andere hebben gebeurtenissen voorspeld of zijn daarmee samengevallen op een onheilspellende manier. Ik zou wel een heel koppig, sceptisch persoon moeten zijn om niet te beseffen (voor mezelf – voor niemand anders) dat ik door iets word geleid.

De Naskapi zijn Amerikaanse indianen die in kleine families verspreid over Labrador leven. Aldus hebben ze geen collectieve rituelen ontwikkeld. In plaats daarvan geloofden ze in een Grote Vriend die iedere persoon bij de geboorte binnentreedt om hen te voorzien van betekenisvolle dromen. Hoe deugdzamer de persoon (en daartoe behoort ook respect voor dromen), des te meer steun de persoon van zijn Vriend zal ontvangen. Soms als aan mij wordt gevraagd welke godsdienst ik aanhang, denk ik dat ik 'Naskapi' zou moeten zeggen.

Engelen en wonderen, gidsen en synchroniciteiten

Tot nu toe heb ik de spiritualiteit van HSP's besproken in het kader van hun speciale leidende rol in de menselijke zoektocht naar rituele ruimte, religieuze inzichten, bestaanszin en heelheid. Sommigen van jullie zullen zich afvragen wanneer ik het ga hebben over je eigen meest betekenisvolle spirituele ervaringen – van visioenen, stemmen of wonderen en van een intieme persoonlijk relatie met God, engelen, heiligen of gidsen.

HSP's beschikken over een overvloed van deze ervaringen. We lijken er bijzonder ontvankelijk voor te zijn. Deze ontvankelijkheid lijkt op bepaalde momenten in iemands leven ook toe te nemen – bijvoorbeeld als je in dieptetherapie gaat. Jung noemde deze ervaringen synchroniciteiten, mogelijk gemaakt door een 'niet-oorzakelijk verbindend principe'. Zijn punt was dat naast de verbanden die we kennen – object A dat kracht uitoefent op object B – er ook iets anders is dat zaken aan elkaar verbindt maar (nog) niet meetbaar is. Zo kunnen ze elkaar op afstand beïnvloeden. Of ze staan op andere, niet-fysieke manieren in verbinding met elkaar.

Als dingen of situaties of mensen verbonden zijn door de kracht van bij elkaar te horen, impliceert dat een onzichtbare organisatie – een zekere intelligentie, een plan of misschien een incidentele, barmhartige, goddelijke tussenkomst. Als mijn cliënten van dergelijke gebeurtenissen verslag doen, probeer ik voorzichtig duidelijk te maken dat er iets zeer belangrijks is voorgevallen (hoewel ik het aan de persoon zelf overlaat om de betekenis ervan te bepalen). Ik dring er ook altijd op aan om dergelijke ervaringen op te schrijven, zodat het aantal keer dat ze voorkwamen gewicht in de schaal begint te leggen. Anders worden ze begraven onder het alledaagse, bespot door de innerlijke scepticus en aan hun lot overgelaten bij gebrek aan 'logische verklaringen'.

Nogmaals, dit zijn cruciale momenten, waarvoor geldt dat HSP's bijzonder geschikt zijn om er van te genieten en ervoor te pleiten. In het rouw- en helingsproces dat een groot onderdeel kan vormen van het bewuste leven, wijzen ze op hetgeen dat uitstijgt boven het persoonlijke lijden of naar een diepere betekenis, waarvan we soms de moed hebben opgegeven om die te vinden.

De bezoekers van Deborah

Met de komst van een sneeuwstorm, wat erg zeldzaam is in de bergen van Santa Cruz, begon voor Deborah een reeks synchroniciteiten. Tijdens ons interview herinnerde ze zich dat ze destijds 'depressief, dood, en gevangen in een slecht huwelijk' was. Vanwege de sneeuw had haar man voor de eerste keer sinds ze getrouwd waren niet thuis kunnen komen. In plaats daarvan stond er een onbekende voor de deur, die om een schuilplaats vroeg. Om de een of andere reden aarzelde ze niet om hem binnen te laten, en ze zaten tot diep in de nacht voor de open haard over esoterische zaken te praten. Ze had opgeschreven wat er daarna gebeurde:

Ik voelde een heel hoog belgeluid in mijn oren en een enorme leegheid in mijn hoofd, en ik wist dat hij iets met me deed, maar ik voelde geen angst. Ik heb geen idee hoelang het duurde (misschien maar een paar seconden? minuten?), maar daarna stroomde alles weer terug in mijn hoofd en hield het bellen op.

Ze zei er niets over tegen de vreemdeling, en naderhand kwam er een buurman langs die de man uitnodigde om bij hem thuis te overnachten. Kennelijk verdween de onbekende 's nachts – de volgende ochtend was hij nergens te bekennen.

Maar toen die sneeuwstorm was gaan liggen en de weg weer begaanbaar was, stapte ik uit mijn huwelijk en begon ik aan de lange en totaal andere weg naar waar ik nu ben. De afschuwelijke depressie verdween die avond en al mijn oude energie en goede zin was teruggekomen. Dus ik heb altijd gedacht dat hij een engel moet zijn geweest.

> ### DE TAAK OP JE NEMEN OM JE ZIELEN/ GEESTESWERELD BIJ TE HOUDEN
>
> Ik nodig je uit om slechts één maand een spiritueel dagboek bij te houden, een getuigenis van al je gedachten en ervaringen die met de niet-materiële wereld te maken hebben. Schrijf elke dag je inzichten, stemmingen, dromen, gebeden en alle kleine wondertjes en 'vreemde toevalligheden' op. Je hoeft hier niet over uit te weiden of het mooi te verwoorden. Door het op te schrijven word je vanzelf een getuige van wat heilig is – dan maak je deel uit van een lange traditie van dagboekschrijvers, onder wie Victor Frankl, Etty Hillesum, Rilke, Buber, Jung, Von Franz en zoveel andere mede-HSP's.

Twee jaar later werd ze bezocht door een typischer wezen.

Op een avond gaf de kat een gil en sprong van mijn bed af de deur uit, dus ik deed gealarmeerd mijn ogen open en was direct klaarwakker. Aan mijn voeteneind stond een 'wezen' van ongeveer één meter twintig lang, zonder haar, niet naakt maar in een soort nauwsluitend pak met minimalistische trekken: spleetjes bij wijze van ogen, gaten bij wijze van neus, zonder oren en om hem heen was een vreemd licht dat leek samengesteld uit kleuren die ik niet herkende. Ik was totaal niet bang. Hij 'bracht gedachten over' naar mij: 'Wees niet bang. Ik wil je alleen maar bekijken.' En ik 'zei' tegen hem: 'Nou, ik geloof niet dat ik dit aankan, dus ik ga maar weer slapen!' Wat ik verbazend genoeg ook deed.

De volgende ochtend voelde Deborah zich nog steeds aangeslagen en ze vertelde niemand over deze ervaring. Maar daarna nam haar leven een diepgaande spirituele wending, en 'begon een hele reeks mysterieuze en fantastische gebeurtenissen plaats te vinden, die pas na een paar jaar langzaam minder werd.'

Een deel van deze meer spirituele fase leidde tot een verhouding met een charismatische maar onevenwichtige spirituele leraar – een van degenen, zoals ik in hoofdstuk 8 heb beschreven, die zich ongelijkmatig heeft ontwikkeld, waardoor hij 'boven' heel licht was maar op de 'benedenverdieping' donker was, waar het praktische en het spirituele bij de ethische beslissingen van het echte leven moeten samenwerken. Omdat zij zijn kracht duidelijk voelde, en slechts een vaag besef had van zijn zwakheid en het gevaar waarin ze verkeerde, bad ze om hulp: 'Als beschermengelen echt bestaan en ik er een heb, wilt u me dan alstublieft laten weten dat u er bent?'

Vervolgens ging Deborah naar haar werk in een boekwinkel. Toen ze naar het voorste gedeelte van de winkel liep, zag ze dat er een boek van een van de tafels op de grond was gevallen. Terwijl ze het opraapte, sloeg ze het impulsief open. Wat ze las, was een gedicht getiteld 'De beschermengel', dat begon met: 'Je hebt inderdaad een beschermengel, hij...'

Toch bleef ze nog een poosje bij de meeslepende spirituele leider, zelfs toen hij zijn volgelingen vroeg om al hun bezittingen aan hem te geven. Daarna had ze vaak het gevoel dat ze weg wilde, maar ze had de kracht of de moed niet om financieel gezien helemaal opnieuw te beginnen. Maar haar beschermengel leek zich haar te herinneren. Op een dag was ze even alleen en mopperde tegen zichzelf: 'Ik heb niet eens meer een wekkerradio!' De volgende dag, toen ze met de hele groep op stap was met de auto die ooit van haar was geweest, zat ze te kijken hoe een kever een hoopje aarde beklom. Ze bedacht verdrietig dat die kever meer vrijheid had dan zij. Maar hoe langer ze zat te kijken, des te meer ze zich realiseerde dat zij ook zo vrij kon zijn. Dus ze volgde de kever de heuvel op. Toen liet ze hem achter en liep naar *haar* auto, waar ze toevallig de sleutels van had omdat haar was gevraagd om te rijden die dag.

Toen ze de auto instapte om 'naar de vrijheid te rijden', keek ze achterin en zag een 'keverzwarte' wekkerradio liggen die precies leek op het exemplaar dat ze aan de groep had gegeven. Toen ze eenmaal bij een vriendin was aangekomen, zag ze dat het haar eigen oude wekkerradio was, met de bekende krasjes erop. Ze had geen idee hoe die in de auto beland kon zijn. Het leek erop dat het, net als de rest van de dag, het werk was geweest van haar beschermengel.

Je denkt al snel dat je nooit verzeild zal raken in een situatie als die van Deborah, maar het komt heel vaak voor, vooral bij mensen met sterke spirituele drijfveren. We zoeken antwoorden en zekerheid. En sommige mensen bezitten dat soort zekerheid, stralen het uit, en zijn ervan overtuigd dat het hun missie is om dat met anderen te delen. Ze hebben charisma, een onbetwiste air om zich heen. Het probleem is dat *alle* mensen feilbaar zijn, en nog meer als anderen denken dat ze dat niet zijn.

Deborah stond nog één keer in de verleiding om naar deze man terug te keren. Een vriendin waarschuwde haar dat ze 'gek' was als ze dat deed. Dus Deborah bad om helderheid. 'Als ik er idiote gedachten op na houd, laat me dat dan weten.' Vervolgens zette ze de televisie aan.

Op het scherm verscheen een scène uit een stomme film uit de jaren vijftig over een 'krankzinnigengesticht', vol met duidelijk geflipte patiënten! Ik lachte hardop. Toen ging ik liggen en vroeg om hulp en viel in slaap. Toen ik wakker werd, 'zag' ik of voelde ik mezelf omringd door een cirkel van rozen, die elk een ander deel van me beschermden, en ik voelde de net verdwenen aanwezigheid van Christus. Het was een wonder van stil geluk...

Tegen de tijd dat ik Deborah interviewde, kwamen haar spirituele ervaringen steeds meer in haar dromen voor – misschien een indicatie dat haar bezoekers een manier hadden gevonden om haar te bereiken zonder op andere mensen te hoeven worden geprojecteerd. Het is mijn ervaring met dromen dat hoe meer we ermee werken, des te minder risico we lopen in bizarre situaties te belanden, in ons leven of in onze dromen.

Als je spirituele leven lijkt op vloedgolven

Ik heb soms gesproken over het zielen/geestesleven als een troost, en dat is het ook denk ik. Maar het kan ook bijzonder overprikkelend zijn, zolang we tenminste niet hebben geleerd om met onze beide benen op de grond te blijven staan zogezegd. Dat valt niet mee als we overspoeld worden door vloedgolven. En HSP's worden vaak door de grootste overvallen, misschien omdat het moeilijk is om tot sommigen van ons door te dringen. Ken je Jonas nog? Ik besluit dit hoofdstuk en dit boek met een verhaal over een HSP als Jonas.

Op het moment dat het volgende incident plaatsvond, was Harper een chronisch overprikkelde, uiterste intellectuele HSP (denken was zijn dominantste functie). Hij had vier jaar in jungiaanse psychotherapie gezeten en wist precies hoe hij alles moest verwoorden: 'God is inderdaad zeer echt – omdat alles wat psychologisch is echt is. God is onze troost biedende psychologische projectie van het "ouderbeeld".' Harper beschikte over alle antwoorden, zelfs met precies de juiste dosis onzekerheid. Overdag.

's Nachts werd hij vaak wakker in een diepe depressie en stond hij op het punt zelfmoord te plegen. Er was geen onzekerheid meer. Overdag deed hij dergelijke nachten af als 'niets anders dan het product van een negatief moedercomplex' als gevolg van een heel moeilijke jeugd en daarom 'geen echte bedreiging'. Maar dan kwam er weer 'zo'n nacht' die zo veel wanhoop bracht dat de dood de enige oplossing was die zijn intuïtie en logisch verstand konden verzinnen. Iets in hem probeerde steeds het uitvoeren van deze oplossing uit te stellen, tot de dag aanbrak, als de ergste wanhoop weer verdwenen was.

Op een nacht werd hij echter zo wanhopig wakker dat hij er zeker van was dat hij de ochtend niet zou halen. Terwijl hij daar zo lag, schoot hem de spontane gedachte te binnen dat hij alleen kon blijven leven als hij er zeker van kon zijn dat God echt bestond en om hem gaf. Niet als zijn projectie. Als iets tastbaars. Wat uiteraard onmogelijk was. Onmogelijk te geloven omdat het onmogelijk was om het zeker te weten.

Wat hij wilde was een soort van 'goddelijk teken'. De gedachte kwam even spontaan op als de schreeuw om hulp van een drenkeling. Hij wist dat het nergens op sloeg. Maar direct daarop, zo vertelde hij me, kreeg hij spontaan een beeld door van een auto-ongeluk, een kleintje, waar een paar mensen naderhand zonder verwondingen bij stonden. Dit was het teken, en het zou de volgende dag plaatsvinden.

Hij walgde meteen van zichzelf van dat afgezaagde verlangen naar een teken van God en een kenmerkend negatief idee van wat het zou moeten zijn. Als HSP hield Harper helemaal niet van toestanden als een ongeluk, waar zijn lichaam overprikkeld van raakte en waar zijn schema van in de war raakte. Terwijl hij vervolgens wegdoezelde in zijn sombere overpeinzingen, vergat hij het verder.

De volgende dag stond de auto voor hem op de oprit van de snelweg plotseling op de rem, en hij ook. De auto achter hem zat er te dicht op en raakte hem van achteren. Het was een ongeluk waarop hij met geen mogelijkheid invloed kon hebben gehad.

'Ik werd onmiddellijk overspoeld door een gevoelsgolf. Dat kwam niet door het ongeluk. Maar ik herinnerde me de avond daarvoor.' Hij was vervuld van angst en ontzag, alsof hij 'God recht in Zijn gezicht aankeek'.

Het was een klein ongeluk, niemand was gewond, hij hoefde alleen maar zijn uitlaat en demper te vervangen. Hij stond er samen met de andere bestuurder en zijn passagiers omheen, terwijl ze informatie over hun verzekeringen uitwisselden, net als in het beeld dat hij de vorige nacht had gezien. Sceptisch als hij was geloofde hij niet dat zelfs het meest onbewuste verlangen dit allemaal veroorzaakt kon hebben. Dit was iets wat tot een totaal nieuwe categorie ervaringen behoorde. Een nieuwe wereld.

Maar wilde hij die nieuwe wereld wel? Als HSP was hij daar niet zeker van.

Een week lang was hij depressiever dan ooit. Overdag echter, 's nachts niet. 's Nachts sliep hij prima. Toen besefte hij dat hij onbewust had gedacht dat hij nu op zijn beurt iets voor God moest doen. Misschien zijn carrière opgeven en op straat zijn geloof gaan verkondigen. Hij zag dat voor hem God altijd iemand was geweest die verwachtte dat je je in naam van God vernederde, dat je een enorme prijs betaalde voor de steun die je kreeg, dat je je hele leven op zijn kop zette, en wel meteen. In feite alles wat Harper altijd van zichzelf had verwacht. Nu bedacht hij dat dwang en schuldgevoel niet de bedoeling leken te zijn van wie of wat dit had gedaan. Zoals het aan hem was verschenen in antwoord op zijn nachtelijke wanhoop, was het hele incident als troost bedoeld geweest. Dus zo begon hij het langzamerhand te beschouwen. Als steuntje in de rug.

Maar toen realiseerde Harper zich dat hij, in lijn met zijn nieuwe ervaring, zou moeten stoppen met zijn wanhopige en sceptische gedrag. Dat zou wel eens heel moeilijk voor hem kunnen zijn. Dus bij die ervaring hoorde toch een soort opdracht.

Op dit punt beland was hij volledig in de war en probeerde hij met een paar anderen over het incident te praten, van wie er één even onder de indruk was als hijzelf. Maar de twee vrienden die hij het meest respecteerde, zeiden tegen hem dat het gewoon toeval was.

'Dat maakte me kwaad. Om *Gods* bestwil. Ik bedoel, God bewees me een gunst, en moet ik dan teruggaan en zeggen: "Dat was heel aardig, maar nu wil ik een teken dat met geen mogelijkheid toeval zou kunnen zijn"?'

Harper was ervan overtuigd dat het beslist verkeerd was om het ongeluk als toeval te beschouwen. Dus hij besloot dat hij gewoon maar in de ervaring moest groeien, ook al zou dat zijn hele leven duren. Hij moest zichzelf dwingen het te onthouden. Erover nadenken. Het koesteren zoveel hij kon. En zich erover verbazen dat hij, die zijn hele leven zo weinig steun had ontvangen, plotseling zoveel meer had ontvangen dan de meeste heiligen in de zin van een onmiskenbaar teken van liefde.

'Dat mij dit toch is overkomen,' besloot hij, terwijl hij voor de verandering eens om zichzelf lachte. Toen herinnerde hij zich het belang van mijn onderzoek. 'Wat een goddelijke puinhoop voor zo'n *sensitieve* jongen als ik.'

Onze waarde en samenwerking

De strijders/leiders vertellen ons regelmatig dat het een teken van zwakte is om te geloven in de aanwezigheid van de zielen/geesteswereld. Ze zijn bang voor alles wat hun soort fysieke moed en macht zou verzwakken en kunnen het dus alleen als zodanig in anderen zien. Maar wij beschikken over een ander soort macht, talent en moed. Om ons talent voor het zielen/geestesleven zwak te noemen of alleen maar uit angst geboren of uit een behoefte aan troost is ongeveer hetzelfde als zeggen dat vissen zwemmen omdat ze te zwak zijn om te lopen, een zielige behoefte hebben om in het water te zijn en gewoon bang zijn om te vliegen.

Of misschien zouden we gewoon de bal moeten terugkaatsen: de strijders/leiders zijn bang voor het zielen/geestesleven, er te zwak voor, en kunnen niet zonder de troost van hun eigen kijk op de realiteit.

Maar het is niet nodig om elkaar te beledigen, als we onze eigen waarde maar kennen. De dag breekt altijd aan waarop de strijders/leiders blij zijn dat we over genoeg innerlijke rijkdom beschikken om met hen te kunnen delen, net als er dagen zijn waarop wij blij zijn met hun specialiteit. Een toast op onze samenwerking!

Moge jouw sensitiviteit een zegen zijn voor jou en anderen. Moge jij zo veel mogelijk vrede en plezier beleven in deze wereld. En moge steeds meer van de andere werelden zich voor jou openen naarmate je leven voortschrijdt.

WERKEN MET WAT JE HEBT GELEERD
Vriendschap sluiten, of tenminste vrede sluiten, met je inferieure functie.

Kies iets uit om te doen waarvoor je je inferieure functie moet gebruiken – bij voorkeur iets wat je nog niet eerder hebt geprobeerd en wat niet al te moeilijk lijkt. Als je een gevoelstype bent, zou je misschien een boek over filosofie kunnen lezen of een cursus theoretische wiskunde of natuurkunde kunnen volgen die past bij jouw achtergrond. Als je een rationeel type bent, zou je misschien naar een museum voor beeldende kunst kunnen gaan en jezelf voor deze keer kunnen dwingen niet te letten op de titel en maker van het kunstwerk – maar gewoon je persoonlijke reactie op elk schilderij toe te laten. Als je een zintuiglijk type bent, zou je kunnen proberen om op basis van het uiterlijk van mensen die je op straat tegenkomt je voor te stellen hoe hun innerlijke ervaringen, persoonlijke geschiedenis en toekomst eruit zien. Als je een intuïtief type bent, zou je een vakantie kunnen boeken door gedetailleerde informatie te verzamelen over waar je heen zult gaan en van tevoren bepalen wat je allemaal zult meenemen en gaat doen. Of als dat te gemakkelijk voor je is, koop dan een ingewikkeld elektronisch apparaat – een computer of een videorecorder – en gebruik de gebruiksaanwijzing om het in gebruik te stellen en onderzoek *alle* gebruiksmogelijkheden. Roep niet iemand anders erbij om je hierbij te helpen.

Terwijl je jezelf langzaam voorbereidt om je activiteit te gaan uitvoeren, observeer dan je gevoelens, je weerstanden en de beelden die bij je opkomen. Hoe stom en vernederd je je ook voelt door 'deze simpele dingen die je gewoon niet voor elkaar krijgt', neem je je opdracht heel serieus. Volgens Von Franz staat dit gelijk aan de discipline van monniken, maar dan op jou afgestemd. Je offert de dominante functie op en beperkt je tot deze andere, moeilijker manier.

Wees vooral op je hoede voor de drang om het door je dominante functie te laten overnemen. Als je als intuïtief type eenmaal je vakantiebestemming hebt uitgekozen, houd je daar dan aan. Zorg dat je je tere maar concrete beslissing niet laat ondermijnen door je voor te stellen welke andere reizen je allemaal zou kunnen maken. En kijk met dat elektronische apparaat eens hoe sterk je drang is om de gebruiksaanwijzing over te slaan en gewoon het meest 'voor de hand liggende' te doen met de knopjes en draadjes. Dan is alleen je intuïtie aan het werk. Maar zorg dat je het rustig aan doet en elk detail begrijpt voordat je verdergaat met het volgende.

Tips voor deskundigen in de gezondheidszorg die met hoog sensitieve mensen werken

- HSP's versterken stimulatie, dat wil zeggen dat ze subtiliteiten opvangen. Maar ze ervaren ook meer autonome prikkeling in wat anderen slechts matig prikkelende situaties zouden vinden. In een medische context kunnen ze aldus gespannener of zelfs 'neurotisch' overkomen.
- Haast of ongeduld zal hun fysiologische prikkeling alleen maar verergeren, en uiteraard helpt extra stress niet om met jou in contact te treden of te genezen. HSP's zijn gewoonlijk zeer consciëntieus en zullen meewerken als ze dat kunnen.
- Vraag HSP's wat ze van jou nodig hebben om rustig te blijven – stilte, afleiding zoals een gesprek, stap voor stap te horen krijgen wat er gebeurt, of een bepaald medicijn.
- Maak gebruik van de betere intuïtie en het grotere fysieke bewustzijn van HSP's – je patiënt kan belangrijke informatie voor je hebben als je goed luistert.
- Een geprikkeld persoon luistert slecht en brengt zaken slecht over. Moedig HSP's aan om iemand mee te nemen om hen hierbij te helpen, om zich op het bezoek voor te bereiden door een briefje met vragen en symptomen op te stellen en instructies op te schrijven en ze aan jou voor te lezen aan het eind van het gesprek, en je te bellen als hen later nog vragen of aandachtspunten te binnen schieten. (Er zullen maar weinig mensen misbruik van maken, en de 'tweede kans' zal wat van de druk wegnemen als jullie elkaar spreken.)
- Wees niet verbaasd of geïrriteerd dat de HSP een lagere pijngrens heeft, een sterkere reactie heeft op lage doseringen van medicijnen of meer neveneffecten. Dit heeft allemaal te maken met hun fysiologische en niet met hun psychologische verschillen.

– Deze eigenschap hoeft niet noodzakelijkerwijs met medicijnen te worden behandeld. HSP's met een moeilijke jeugd hebben meer last van spanningen en depressies. Dit geldt niet voor HSP's die daar al mee aan het werk zijn geweest of die een fijne jeugd hebben gehad.

Tips voor leraren die werken met hoog sensitieve leerlingen

- Lesgeven aan HSP's vereist een andere strategie dan het lesgeven aan andere leerlingen. HSP's versterken stimulatie. Dit betekent dat ze het subtiele in een leersituatie opvangen, maar fysiologisch gemakkelijker overprikkeld raken.
- HSP's zijn over het algemeen plichtsgetrouw en doen hun best. Veel van hen zijn begaafd. Maar niemand presteert goed als hij overprikkeld is, en HSP's zijn sneller overprikkeld dan anderen. Hoe meer ze hun best doen als ze in de gaten worden gehouden of op een andere manier onder druk staan, des te eerder zullen ze falen, wat voor hen heel demoraliserend kan werken.
- Een hoog stimulatieniveau (bijvoorbeeld een rumoerige klas) zal HSP's sneller dan anderen van slag brengen en uitputten. Terwijl sommigen in hun schulp zullen kruipen, zal een aanzienlijk aantal jongens juist hyperactief worden.
- Houd rekening met de eigenschap terwijl de leerling sociaal uithoudingsvermogen opdoet. Als er een presentatie moet worden gehouden, zorg er dan voor dat er geoefend kan worden of dat er aantekeningen mogen worden gebruikt of dat er hardop mag worden voorgelezen – wat ook maar de prikkeling tempert en een succesvolle ervaring bevordert.
- Neem niet zonder meer aan dat een leerling die alleen maar toekijkt verlegen of bang is. Dat kan een heel verkeerde uitleg zijn, terwijl het etiket dan al is opgeplakt.
- Wees je bewust van het vooroordeel binnen je cultuur tegen verlegenheid, stil zijn, introversie en dat soort zaken. Let erop bij jezelf en bij andere leerlingen.
- Breng respect bij voor verschillen in karakters zoals je ook voor andere verschillen tussen mensen onderling zou doen.

– Wees alert op de creativiteit en intuïtie die kenmerkend is voor HSP's en moedig deze aan. Probeer eens een toneelstuk of rollenspel of lees voor uit werken die hen raken, om hun tolerantie voor het groepsgebeuren en hun sociale status tussen hun leeftijdgenoten te vergroten. Of lees hun werk hardop voor voor de klas. Maar let erop dat je hen niet in verlegenheid brengt.

Tips voor werkgevers van hoog sensitieve mensen

- HSP's zijn van nature zeer plichtsgetrouw, loyaal, fel op kwaliteit, goed in details, intuïtieve visionairs, vaak begaafd, attent op de behoeften van klanten of relaties, en hebben een goede invloed op het sociale klimaat op de werkplek. Kortom, het zijn *ideale* medewerkers. Elke organisatie heeft er een paar nodig.
- HSP's versterken stimulatie. Dit houdt in dat ze zich bewust zijn van subtiliteiten maar ook gemakkelijk overgestimuleerd zijn. Ze werken dan ook beter met minder stimulatie van buitenaf. Om hen heen moet het rustig en stil zijn.
- HSP's presteren niet zo goed als ze bij wijze van evaluatie worden geobserveerd. Zoek andere manieren om uit te vinden hoe ze het doen.
- HSP's zoeken vaak minder gezelschap tijdens pauzes of na werktijd, omdat ze die tijd nodig hebben om hun ervaringen alleen te verwerken. Hierdoor kunnen ze minder zichtbaar zijn of een minder groot netwerk hebben in de organisatie. Bij het beoordelen van hun prestaties dient hiermee rekening te worden gehouden.
- HSP's houden meestal niet van agressieve persoonlijke promotie, en hopen op te vallen door hun eerlijke, harde werken. Zorg ervoor dat je hierdoor niet een waardevolle medewerker over het hoofd ziet.
- HSP's kunnen als eerste last hebben van een ongezonde situatie op de werkplek, waardoor je de indruk kunt hebben dat ze problemen veroorzaken. Maar in de loop der tijd zullen anderen er ook last van krijgen, dus hun sensitiviteit kan je helpen om latere problemen te voorkomen.

DANKWOORD

In het bijzonder wil ik alle hoog sensitieve mensen bedanken die ik heb geïnterviewd. Jullie zijn als eerste naar buiten getreden en hebben als eerste gepraat over wat je al lange tijd in het geheim over jezelf wist, waarmee jullie jezelf hebben veranderd van geïsoleerde individuen in een groep die respect verdient. Mijn dank gaat ook uit naar allen die aan mijn cursussen hebben deelgenomen, bij mij in psychotherapie zijn geweest of mij een bezoek hebben gebracht voor een consult. Elk woord in dit boek weerspiegelt wat jullie me allemaal hebben bijgebracht.

Ook mijn vele onderzoeksassistenten – te veel om op te noemen – verdienen een dikke pluim, evenals Barbara Kouts, mijn agent, en Bruce Shostak, mijn redacteur bij Carol Publishing Group, voor hun inspanningen om ervoor te zorgen dat dit boek jullie allen heeft bereikt. Barbara heeft een uitgever met visie gevonden; Bruce heeft het manuscript zijn huidige vorm gegeven door me op de juiste plekken wat in te tomen maar me verder volledig vrij te laten in mijn aanpak.

Voor mijn echtgenoot Art vind ik het moeilijker om de juiste woorden te vinden. Maar hier zijn er een paar: vriend, collega, steun en toeverlaat, geliefde – dank je wel, met heel mijn hart.

NOTEN

De cijfers voorin verwijzen naar de pagina's waar het citaat op voorkomt

HOOFDSTUK 1

27 *door dezelfde stimulansen*: bijv. J. Strelau, 'The Concepts of Arousal and Arousability As Used in Temperament Studies', in: *Temperament: Individual Differences*, editie J. Bates en T. Wachs (Washington, D.C.: American Psychological Association, 1994), pp. 117-141.

27 *waarneembare verschillen*: R. Plomin, *Development Genetics and Psychology* (Hillsdale, N.J.: Erlbaum, 1986).

27 *die anderen ontgaan*: bijv. G. Edmund, D. Schalling en A. Rissler: 'Interaction Effects of Extraversion and Neuroticism on Direct Thresholds', *Biological Psychology* 9 (1979).

27 *een zorgvuldiger informatieverwerking*: R. Stelmack: 'Biological Bases of Extraversion: Psychophysiological Evidence', *Journal of Personality* 58 (1990): pp. 293-311.

31 *gemiddeld genomen*...: Als ik nergens aan refereer vloeit dit uit mijn eigen onderzoek voort. Wanneer ik refereer aan onderzoeken naar introversie of verlegenheid, ga ik ervan uit dat de meeste deelnemers HSP waren.

31 *vermijden van fouten*: H. Koelega, 'Extraversion and Vigilance Performance: Thirty Years of Inconsistencies', *Psychological Bulletin* 112 (1992): pp. 239-258.

31 *consciëntieus*: G. Kochanska, 'Toward a Synthesis of Parental Socialization and Child Temperament in Early Development

of Conscience', *Child Development* 64 (1993): pp. 325-347.

32 *zonder afleiding*: L. Daoussis en S. McKelvie: 'Musical Preferences and Effects of Music on a Reading Comprehension Test for Extraverts and Introverts', *Perceptual and Motor Skills* 62 (1986): pp. 283-289.

32 *kleine verschillen*: G. Mangan en R. Sturrock: 'Liability and Recall', *Personality and Individual Differences* 9 (1988): pp. 519-523.

32 *'semantisch geheugen'*: E. Howarth en H. Eysenck: 'Extraversion Arousal and Paired Associate Recall', *Journal of Experimental Research in Personality* 3 (1968): pp. 114-116.

32 *over ons eigen denken*: L. Davis en P. Johnson: 'An Assessment of Conscious Content As Related to Introversion-Extraversion', *Imagination, Cognition and Personality* 3 (1983-1984): pp. 149-168.

32 *zonder dat we ons ervan bewust zijn dat we hebben geleerd*: P. Deo en A. Singh: 'Some Personality Correlates of Learning Without Awareness', *Behaviorometric* 3(1973): pp. 11-21.

32 *beter talen leren*: M. Ohrman en R. Oxford: 'Adult Language Learning Styles and Strategies in an Intensive Training Setting', *Modern Language Journal* 74 (1990): pp. 311-327.

32 *verfijnde motorische bewegingen*: R. Pivik, R. Stelmack en F. Bylsma: 'Personality and Individual Differences in Spinal Motoneuronal Excitability', *Psychophysiology* 25 (1988): pp. 16-23.

32 *goed zijn in stilhouden*: Ibid.

32 *'ochtendmensen'*: W. Revelle, M. Humphreys, L. Simon en K. Gillian: 'The Interactive Effect of Personality, Time of Day, and Caffeine: A Test of the Arousal Model', *Journal of Experimental Psychology General* 109 (1980): pp. 1-31.

33 *beïnvloed door... cafeïne*: B. Smith, R. Wilson en R. Davidson: 'Electrodermal Activity and Extraversion: Caffeine, Preparatory Signal and Stimulus Intensity Effects', *Personality and Individual Differences* 5 (1984): pp. 59-65.

33 *meer georiënteerd op de werking van de rechterhersenhelft*: S. Calkins en N. Fox: 'Individual Differences in the Biological Aspects of Temperament', in *Temperament*, editie Bates en Wachs, pp. 199-217.

33 *dingen in de lucht*: bijv. D. Arcus: 'Biological Mechanisms

and Personality: Evidence from Shy Children', *Advances: The Journal of Mind-Body Health* 10 (1994): pp. 40-50.

33   *niet 'chronisch geprikkeld'*: Stelmack: 'Biological Bases', pp. 293-311.

34   *minder in staat zijn om gelukkig te zijn*: bijv. R. Larsen en Timothy Ketelaar: 'Susceptibility to Positive and Negative Emotional States', *Journal of Personality and Social Psychology* 61 (1991): pp. 132-140.

35   *sensitiviteit is aangeboren*: bijv. D. Daniels en R. Plomin: 'Origins of Individual Differences in Infant Shyness', *Developmental Psychology* 21 (1985): pp. 118-121.

35   *met oudere broers en zussen vaker* HSP*'s zijn*: J. Kagan, J. Reznick en N. Snidman: 'Biological Bases of Childhood Shyness', *Science* 240 (1988): pp. 167-171.

35   *die sensitief zijn geboren*: J. Higley en S. Suomi: 'Temperamental Reactivity in Non-Human Primates', in *Temperament in Childhood*, editie G. Kohnstamm, J. Bates en M. Rothbart (New York: Wiley, 1989): pp. 153-167.

36   *kan de sensitiviteit doen afnemen*: T. Wachs en B. King: 'Behavioral Research in the Brave New World of Neuroscience and Temperament', in *Temperament*, editie Bates en Wachs, pp 326-327.

37   *'in iedere vezel...'*: M. Mead, *Sex and Temperament in Three Primitive Societies* (New York: Morrow, 1935): p. 284.

37   *andere eigenschappen worden genegeerd*: G. Kohnstamm: 'Temperament in Childhood: Cross-Cultural and Sex Differences', in *Temperament in Childhood*, editie Kohnstamm *et al.*, p. 483.

37   *en Yuerong Sun*: 'Social Reputation and Peer Relationships in Chinese and Canadian Children: A Cross-Cultural Study', *Child Development* 63 (1992): pp. 1336-1343.

39   *introversie associëren met een slechte geestelijke gezondheid*: B. Zumbo en S. Taylor: 'The Construct Validity of the Extraversion Subscales of the Myers-Briggs Type Indicator', *Canadian Journal of Behavioral Science* 25 (1993): pp. 590-604.

40   *beter presteren, en dat doen ze ook*: M. Nagane: 'Development of Psychological and Physiological Sensitivity Indices to Stress Based on State Anxiety and Heart Rate', *Perceptual and Motor Skills* 70 (1990): pp. 611-614.

40 *de niet-sensitieve mensen ermee omgaan*: K. Nakano: 'Role of Personality Characteristics in Coping Behaviors', *Psychological Reports* 71 (1992): pp. 687-690.

41 *beschermen van onze planeet en de mensen zonder machtsmiddelen*: zie Riane Eisler: *The Chalice and the Blade*, (San Francisco: Harper and Row, 1987); Riane Eisler: *Sacred Pleasures*, (San Francisco: HarperSanFrancisco, 1995).

HOOFDSTUK 2

48 *het grootst als ze moe waren*: M. Weissbluth: 'Sleep-Loss Stress and Temperamental Difficultness: Psychobiological Processes and Practical Considerations', in *Temperament in Childhood*, editie Kohnstamm, *et al.*, pp. 357-377.

48 *de werkelijke oorzaak van het huilen*: *Ibid.*, pp. 370-371.

51 *zich aan zijn verzorgers aan te passen...*: M. Main, N. Kaplan en J. Cassidy: 'Security in Infancy, Childhood and Adulthood: A Move to the Level of Representation', in *Growing Pains of Attachment Theory and Research, Monographs of the Society for Research in Child Development*, editie I. Bretherton en E. Waters, 50 (1985): pp. 66-104.

52 *Kagan... een groot deel van zijn loopbaan*: J. Kagan, *Galen's Prophecy* (New York: Basic Books, 1994).

53 *Slechts 10 procent vertoonde lagere angstniveau's*: *Ibid.*, pp. 170-207.

53 *zo geboren zijn*: S. Calkins en N. Fox: 'Individual Differences in the Biological Aspects', in *Temperament*, editie Bates en Wachs, pp. 199-217.

54 *dat de balans tussen deze twee sensitiviteit creëert*: Charles A. Nelson in *Temperament*, editie Bates and Wachs, pp. 47-82.

56 *genegeerd en verwaarloosd*: G. Mettetal: 'A Preliminary Report on th IUSB Parent Project' (essay, International Network on Personal Relationships, Normal, Ind. mei 1991).

56 *de University of Oregon*: M. Rothbart, D. Derryberry en M. Posner: 'A Psychobiological Approach to the Development of Temperament', in *Temperament*, editie Bates and Wachs, pp. 83-116.

59   *een interessant experiment*: M. Gunnar: 'Psychoendocrine Studies of Temperament and Stress in Early Childhood', in *Temperament*, editie Bates and Wachs, pp. 175-198.

60   *dat die oppas je eigen moeder is*: M. Nachmias: 'Maternal Personality Relations With Toddler's Attachment Classification, Use of Coping Strategies, and Adrenocortical Stress Response', (essay, 60ste jaarlijkse bijeenkomst van de Society for Research in Child Development, New Orleans, Louisiana, maart 1993).

61   *hoe meer angst, hoe meer cortisol*: Weissbluth: 'Sleep-Loss Stress', p. 360.

61   *tot in volwassenheid voortduren...*: Ibid., p. 367.

62   *'archetypische' dromen*: R. Cann en D. C. Donderi: 'Jungian Personality Typology and the Recall of Everyday and Archetypal Dreams', *Journal of Personality and Social Psychology* 50 (1988), pp. 1021-1030.

63   *een neurose ontwikkelden*: C. Jung, *Freud and Psychoanalysis*, deel 4 van *The Collected Works of C.G.Jung*, editie W. McGuire (Princeton, N.J.: Princeton University Press, 1961).

63   *een bepaalde aangeboren sensitiviteit...*': Ibid., p. 177.

63   *leraren en cultuurbeschermers...*': C.G. Jung, *Psychological Types*, deel 6 van *The Collected Works*, pp. 404-405.

63   *een 'profetisch vooruitzien'*: Ibid., p. 401.

HOOFDSTUK 3

66   *'Er dreigt een storm...*': D. Stern, *Diary of a Baby* (New York: Basic Books, 1990) p. 31.

67   *'Alles is nieuw...*': Ibid., p. 37.

67   *'Het zenuwstelsel van een baby...*': Ibid., p. 18.

69   *minder in plaats van meer zal gaan huilen*: S. Bell en M. Ainsworth: 'Infant Crying and Maternal Responsiveness', *Children Development* 43 (1972): pp. 1171-1190.

70   *'goed gehechte' kinderen*: J. Bowlby, *Attachment and Loss* (New York: Basic Books, 1973).

72   *'Met armen om ons heen...*': R. Josselson, *The Space Between Us: Exploring the Dimensions of Human Relationships* (San Francisco: Jossey-Bass, 1992), p. 35.

83   *in een verduisterde ruimte*: T. Adler: 'Speed of Sleep's Arrival Signals Sleep Deprivation', *The American Psychological Association Monitor*, 24 (1993): p. 20.

85   *(De hoeveelheid cortisol in het bloed van de mediterende persoon neemt af.)*: R. Jevning, A. Wilson en J. Davidson: 'Adrenocortical Activity During Meditiation', *Hormones and Behavior* 10 (1978): pp. 54-60.

86   *echter een krachtige drug voor* HSP*'s*: Smith, Wilson en Davidson: 'Electrodermal Activity and Extraversion', pp. 59-60.

HOOFDSTUK 4

101   *de situatie creëert*: H. Goldsmith, D. Bradshaw en L. Rieser-Danner: 'Temperament as a Potential Developmental Influence', in *Temperament and Social Interaction in Infants and Children*, editie J. Lerner en R. Lerner (San Francisco: Jossey-Bass, 1986), p. 14.

101   *'Haar volgende windvlaag komt op me af...'*: Stern, *Diary of a Baby*, pp. 59-60.

104   *dat behoorlijk duurzaam kan zijn*: Main *et al.* 'Security in Infancy'.

104   *een sterker gevoel van bemind worden opleveren dan gewoonlijk*: G. Mettetal, telefonisch contact, 30 mei 1993.

105   *'onredelijke' angsten en fobieën*: A. Lieberman, *The Emotional Life of the Toddler* (New York: The Free Press, 1993), pp. 116-117.

106   *evenveel jongetjes als meisjes worden geboren als* HSP: bijv. Gunnar: 'Psychoendocrine Studies', in *Temperament*, editie Bates and Wachs, p. 191.

107   *behandelen meisjesbaby's en jongensbaby's verschillend*: J. Will, P. Self en N. Datan: 'Maternal Behavior and Perceived Sex of Infant', *American Journal* 46 (1976): pp. 135-139.

107   *'kan worden beschouwd als een uitvloeisel van het door de moeder gehanteerde systeem van waarden en normen...'*: Hinde, 'Temperament as an Intervening Variable', p. 32.

107   *erg goed opschieten met hun moeder*: *Ibid*.

107   *kritiek, afwijzing, kilheid*: J. Cameron: 'Parental Treat-

ment, Children's Temperament, and the Risk of Childhood Behavioral Problems', *American Journal Orthopsychiatry* 47 (1977), pp. 568-576.

108   *door beide ouders, in positieve of negatieve zin*: Ibid.

110   *'verlegen kind'*: Liebermann, *Emotional Life*.

114   *hoe normaal het is*: J. Asendorpf: 'Abnormal Shyness in Children', *Journal of Child Psychology and Psychiatry* 34 (1993): pp. 1069-1081.

115   *een onderzoeker*: L. Silverman: 'Parenting Young Gifted Children', speciale uitgave: *Intellectual Giftedness in Young Children, Journal of Children in Contemporary Society*, 18 (1986).

116   *betere richtlijnen om begaafde kinderen op te voeden*: Ibid.

119   *prestaties op het professionele vlak*: A. Caspi, D. Bem en G. Elder: 'Continuities and Consequences of Interactional Styles Across the Life Course', *Journal of Personality* 57 (1989): pp. 390-392.

120   *'stille onafhankelijkheid...'*: Ibid., p. 393.

HOOFDSTUK 5

126   *75 procent... sociaal zeer extravert is*: Silverman: 'Gifted Children', p. 82.

127   *bang, in zichzelf gekeerd en timide*: H. Gough en A. Thorne: 'Positive, Negative, and Balances Shyness: Self-Definitions and the Reactions of Others', in *Shyness: Perspectives on Research and Treatment*, editie W. Jones, J. Cheek en S. Briggs (New York: Plenum, 1986) pp. 205-225.

127   *dezelfde negatieve termen*: Ibid.

127   *Phily Zimbardo*: S. Brodt en P. Zimbardo: 'Modifying Shyness-Related Social Behavior Through Symptom Misattribution', *Journal of Personality and Society Psychology* 41 (1981): pp. 437-449.

131   *zichzelf 'verlegen'*: P. Zimbardo, *Shyness: What It Is, What to Do About* (lezing, Massachussetts: Addison-Wesley, 1977).

131   *beter opmerken dan in de praktijk het geval is*: M. Bruch, J. Gorsky, T. Collins en P. Berger: 'Shyness and Sociability Reexamined: A Multicomponent Analysis', *Journal of Personality and Social Psychology* 57 (1989): pp. 904-915.

131   *gewoon niet genoeg hun best doen*: C. Lord en P. Zimbardo: 'Actor-Observer Differences in the Perceived Stability of Shyness', *Social Cognition* 3 (1985): pp. 250-265.

133   *meer beïnvloed door hun sociale relaties*: S. Hotard, R. McFatter, R. McWhirter, M. Stegall: 'Interactive Effects of Extraversion, Neuroticism, and Social Relationships on Subjective Well-Being', *Journal of Personality and Social Psychology* 57 (1989): pp. 321-331.

134   *hoe introverte mensen daadwerkelijk omgaan met anderen*: A. Thorne: 'The Press of Personality: A Study of Conversations Between Introverts and Extraverts', *Journal of Personality and Social Psychology* 53 (1987): pp. 718-726.

135   *als in- en uitademen*: C.G. Jung, *Psychological Types*, deel 6, *The Collected Works*, pp. 5-6.

135   *de 'objectieve' wereld*: Ibid., pp. 373-407.

136   *'Zij zijn het levende bewijs...'*: Ibid., pp. 404-405.

136   *hoe slimmer het kind, hoe groter de kans... introvert is*: Silverman: 'Gifted Children', p. 82.

136   *op de inktvlekkentest van Rorschach*: R. Kincel: 'Creativity in Projection and the Experience Type', *British Journal of Projective Psychology and Personality Study* 28 (1983): p. 36.

143   *Gretchen Hill...*: 'An Unwillingness to Act: Behavioral Appropriateness, Situational Constraint and Self-Efficacy in Shyness', *Journal of Personality* 57 (1989): pp. 870-890.

HOOFDSTUK 6

156   *'je geluk te volgen'*: J. Campbell: *The Power of Myth with Bill Moyers*, editie B. Flowers (New York: Doubleday, 1988), p. 148.

162   *een sleutelrol speelt bij het goed opvoeden van kinderen*: A. Wiesenfeld, P. Whitman and C. Malatasta: 'Individual Differences Among Adult Women in Sensitivity to Infants', *Journal of Personality and Social Psychology* 40 (1984): pp. 110-124.

169   *emotionele gevoeligheid en non-conformisme*: D. Lovecky: 'Can You Hear the Flowers Sing? Issues for Gifted Adults', *Journal of Counseling and Development* 64 (1986): pp. 572-575. Een groot

deel van de rest van dit hoofdstuk is gebaseerd op de verhandelingen van Lovecky over begaafde volwassenen.

174   *onder hun competentieniveau*: J. Cheek: *Conquering Shyness* (New York: Dell, 1989), pp. 168-169.

HOOFDSTUK 7

183   *het zelfbeeld kan oppoetsen*: A. Aron, M. Paris en E. Aron: 'Prospective Studies of Falling in Love and Self-Concept Change', *Journal of Personality and Social Psychology*.

186   *een hechte band met zijn verzorgers in zijn jeugd*: C. Hazan en P. Shaver: 'Romantic Love Conceptualized As an Attachment Process', *Journal of Personality and Social Psychology* 52 (1987): pp. 511-524.

189   *twee thema's het meest voorkomen*: A. Aron, D. Dutton en A. Iverson: 'Experiences of Falling in Love', *Journal of Social and Personal Relationships* 6 (1989): pp. 243-257.

190   *verliefd worden op de hangbrug*: D. Dutton en A. Aron: 'Some Evidence for Heightened Sexual Attraction under Conditions of High Anxiety', *Journal of Personality and Social Psychology* 30 (1974): pp. 510-517.

190   *grappige conference*: G. White, S. Fishbein en J. Rutstein: 'Passionate Love and Misattribution of Arousal', *Journal of Personality and Social Psychology* 41 (1981): pp. 56-62.

191   *van wie het gevoel van eigenwaarde niet was aangetast*: E. Walster: 'The Effect of Self-Esteem on Romantic Liking', *Journal of Experimental Social Psychology* 1 (1965): pp. 184-197.

191   *het eerste jaar dat ze op eigen benen staan*: Aron et al.: 'Prospective Studies'.

192   *de snelste manier om intiem te worden*: D. Taylor, R. Gould en P. Brounstein: 'Effects of Personalistic Self-Disclosure', *Personality and Social Psychology* 7 (1981): pp. 487-492.

198   *het contact met hun 'oorspronkelijke zelf' verliezen*: J. Ford: 'The Temperament/Actualization Concept', *Journal of Humanistic Psychology* 35 (1995): pp. 57-77.

203   *los van het moment*: J. Gottman, *Marital Interaction: Ex-*

perimental Investigations (New York: Academic Press, 1979).

209   *iets groters: 'wij'*: A. Aron en E. Aron: 'The Self-Expansion Model of Motivation and Cognition in Close Relationships', in *The Handbook of Personal Relationships*, 2de editie, editie S. Duck en W. Ickes (Chicester, UK: Wiley, 1996).

209   *veel minder bevredigend*: N. Glenn: 'Quantitative Research on Marital Quality in the 1980s: a Critical Review', *Journal of Marriage and the Family* 52 (1990): pp. 818-831.

209   *dat verval vertraagt*: H. Markman, F. Floyd. S. Stanley en R. Storaasli: 'Prevention of Marital Distress: A Longitudinal Investigation', *Journal of Consulting and Clinical Psychology* 56 (1988): pp. 210-217.

209   *(niet slechts 'plezierig')*: C. Reissman, A. Aron en M. Bergen: 'Shared Activities and Marital Satisfaction', *Journal of Social and Personal Relationships* 10 (1993): pp. 243-254.

211   *hun verzorgers sensitief zijn*: Wiesenfeld *et al.*: 'Sensitivity to Infants'.

HOOFDSTUK 8

217   *laten geen overlappingen zien*: J. Braungart, R. Plomin, J. DeFries en D. Fulker: 'Genetic Influence on Tester-Rated Infant Temperament As Assessed by Bayley's Infant Behavior Record', *Development Psychology* 28 (1992): pp. 40-47.

225   *ze gewoon opschrijven*: J. Pennebaker: *Opening Up: The Healing Power of Confiding in Others* (New York: Morrow, 1990).

225   *een depressie te genezen*: 'Update on Mood Disorders: Part II', *The Harvard Mental Health Letter* 11 (January 1995): p. 1.

HOOFDSTUK 9

240   *gevoeliger voor medicijnen*: N. Solomon en M. Lipton: *Sick and Tired of Being Sick and Tired* (New York: Wynwood, 1989).

243   *veel pijn voelen gedurende hun leven*: C. Nivens en K. Gijsbers: 'Do Low Levels of Labour Pain Reflect Los Sensitivity to

Noxious Stimulation?' *Social Scientific Medicine* 29 (1989): pp. 585-588.

253   *Wat het boek* Listening to Prozac...: Peter J. Kramer, *Listening to Prozac* (New York: Penguin Group, 1993).

255   *worden geboren met de neiging om*...: S. Suomi: 'Uptight and Laid-Back Monkeys: Individual Differences in the Response to Social Challenges', in *Plasticity of Development*, editie S. Branch, W. Hall en E. Dooling (Cambridge, Massachussetts: MIT Press, 1991), pp. 27-55.

256   *van zijn moeder is gescheiden*: S. Suomi: 'Primate Separation Models of Disorder', in *Neurobiology of Learning, Emotion and Affect*, editie J. Madden IV (New York: Raven Press, 1991): pp. 195-214.

257   *dominante apen hebben meer serotonine*: M. Raleigh en M. McGuire: 'Social and Environmental Influences on Blood Serotonin and Concentration in Monkeys', *Archives of General Psychiatry* 41 (1984): pp. 405-410.

257   *status, dan neemt het serotoninegehalte af*: M. Raleigh, *et al.*: 'Serotonergic Mechanisms Promote Dominance Acquisition in Adult Male Vervet Monkeys', *Brain Research* 559 (1991): pp. 181-190. Het zoogdier dat het meest op mensen lijkt, de bonobos chimpansee, is in feite helemaal niet overheersend ten opzichte van zijn soortgenoten. Dit hele verband tussen serotonine en dominantie is sterk afhankelijk van culturele vooroordelen.

258   *wordt gebagatelliseerd door Eli Lilly*: P. Breggin en G. Breggin: *Talking Back to Prozac* (New York: St. Martin's Press, 1994).

258   *spanning, overmatig transpireren*: *Ibid.*, pp. 69-71.

258   *en knarsetanden in hun slaap*: J. Ellison en P. Stanziani: 'SSRI-Associated Nocturnal Bruxism in Four Patients', *Journal of Clinical Psychiatry* 54 (1993): pp. 432-434. In enkele zeldzame gevallen is Prozac ook in verband gebracht met geweld of zelfmoord.

259   *uit eerdere onderzoeken bleek dat niet*: voor naslag alsmede relevante kritische noten, zie Kramer: *Listening*, p. 138.

259   *de meest geadverteerde medicijnen*: J. Chen en R. Hartley: 'Scientific Versus Commercial Sources of Influence on the Prescribing Behavior of Physicians', *American Journal of Medicine* 73 (juli 1982): pp. 5-28.

260 *terwijl hij Prozac correct heeft voorgeschreven*: Breggin et al., *Talking Back to Prozac*, p. 184.
261 *meer op 'een onhandige...'*: *Ibid.*, p. 95.
261 *'Psychotherapie blijft...'*: Kramer, *Listening*, p. 292.

HOOFDSTUK 10

267 *rituele ruimte*: R. Moore: 'Space and Transformation in Human Experience', in *Anthropology and the Study of Religion*, editie R. Moore en F. Reynolds (Chicago: Center for the Scientific Study of Religion, 1984).
268 *'Het introverte intuïtieve type...'*: M. Von Franz en J. Hillman: *Lectures on Jung's Typology* (Dallas: Spring, 1984): p. 33.
272 *'Sensitieve mensen...'*: Victor Frankl: *Man's Search for Meaning* (New York: Washington Square Press, 1946/1985): pp. 55-56.
272 *In haar dagboeken...'*: E. Hillesum: *An Interrupted Life* (New York: Simon and Schuster, 1981).
273 *'Het is een vreemde...'*: *Ibid.*, pp. 242-243.
274 *'Waar het om draait om...'*: M. Sinetar: *Ordinary People as Monks and Mystics* (New York: Paulist Press, 1986), p. 133.
274 *'...aangezien de zin van het leven...'*: Frankl, *Man's Search*, pp. 130-131.
278 *denken en voelen*: Jung, *Psychological Types*.
278 *Von Franz,... 'de inferieure functie'*: Hillman en Von Franz: *Jung's Typology*: pp. 1-72.
279 *drugs en seks*: *Ibid.*, pp. 33-35.
279 *verstrikt raakt in de gedachte hoe goed het zou zijn*: *Ibid.*, p. 13.
279 *de groep die hij toesprak*: *Ibid.*, p. 68.
281 *in kleine families*: C. Jung: *Man and His Symbols* (Garden City, New York: Doubleday, 1964): pp. 161-162.
281 *'niet-oorzakelijk verbindend principe'*: C.G. Jung: 'Synchronicity' *The Structure and Dynamics of the Psyche*, deel 8, *The Collected Works*, pp. 417-531.

Van Elaine N. Aron zijn eveneens leverbaar bij Archipel:

Hoog Sensitieve Personen in de liefde
Het Hoog Sensitieve Kind
Het werkboek voor Hoog Sensitieve Personen

Het Hoog Sensitieve Kind

Jarenlange ervaring als psychotherapeute en eigen onderzoek heeft aangetoond dat een Hoog Sensitief Kind bedachtzamer en gevoeliger is, en makkelijker overmand raakt door heftige emoties dan het gemiddelde kind. Hoewel een HSK vaak creatief en slim is, krijgt het vaak het label angstig, geremd en zenuwachtig te zijn. Om te voorkomen dat een HSK nog langer als 'probleemkind' wordt bestempeld, heeft Aron deze gids voor ouders en leraren geschreven.

Het Hoog Sensitieve Kind bevat naast zelfstesten, casestudies en adviezen:
– vier manieren om je HSK succesvol op te voeden in een niet-sensitieve wereld
– hoe kun je een HS peuter en kleuter het beste kalmeren
– hoe kun je school(reisjes) en vriendschappen plezierig maken
– hoe moet je omgaan met verschillende leeftijdsgroepen HSK
– hoe kun je het beste omgaan met slaapproblemen en emotionele uitbarstingen

Bestsellerauteur en psychotherapeute Elaine N. Aron laat in dit baanbrekende boek zien hoe ouders en leraren het Hoog Sensitieve Kind (HSK), vanaf de geboorte tot aan de tienerjaren, het beste kunnen begeleiden.

Hoog Sensitieve Personen in de liefde

Word je makkelijk verliefd, maar ben je tegelijkertijd bang voor intimiteit? Word je moe van al die opmerkingen dat je 'te gevoelig' bent? Heb je moeite om respect op te brengen voor je meer rationele partner? Of heb je al besloten dat liefde voor jou als HSP niet is weggelegd?

Met *Hoog Sensitieve Personen in de liefde* heeft Elaine N. Aron een praktisch zelfhulpboek geschreven voor HSP's die op zoek zijn naar een gelukkige, gezonde en romantische relatie, mét of zónder een HSP als partner. Hierbij behandelt ze de meest uiteenlopende onderwerpen: van een relatie aangaan met een niet-HSP en ruziemaken zonder stress, tot de HSP in bed. Deze onderwerpen worden aangevuld met verhelderende zelftesten en resultaten uit de baanbrekende onderzoeken die Aron heeft gedaan op het gebied van intimiteit en persoonlijkheidsontwikkeling.

Het werkboek voor Hoog Sensitieve Personen

Naar aanleiding van de overweldigende reacties die zij op *Hoog Sensitieve Personen* en *Hoog Sensitieve Personen in de liefde* kreeg besloot Elaine Aron een werkboek te schrijven dat oefeningen en adviezen bevat voor zowel individuele HSP's als werkgroepen. Het leert je onder andere:
– je specifieke sensitiviteit te identificeren met zelftests
– je verleden in een positief daglicht te stellen
– je dromen te interpreteren in relatie tot je sensitiviteit
– om te gaan met een teveel aan prikkelingen door middel van ontspannings-, adem- en visualisatietechnieken.

Het werkboek is natuurlijk gebaseerd op wetenschappelijk onderzoek dat de auteur verrichtte gecombineerd met haar ervaringen als therapeut.